酒を食べる

エチオピア・デラシャを事例として

砂野唯 著

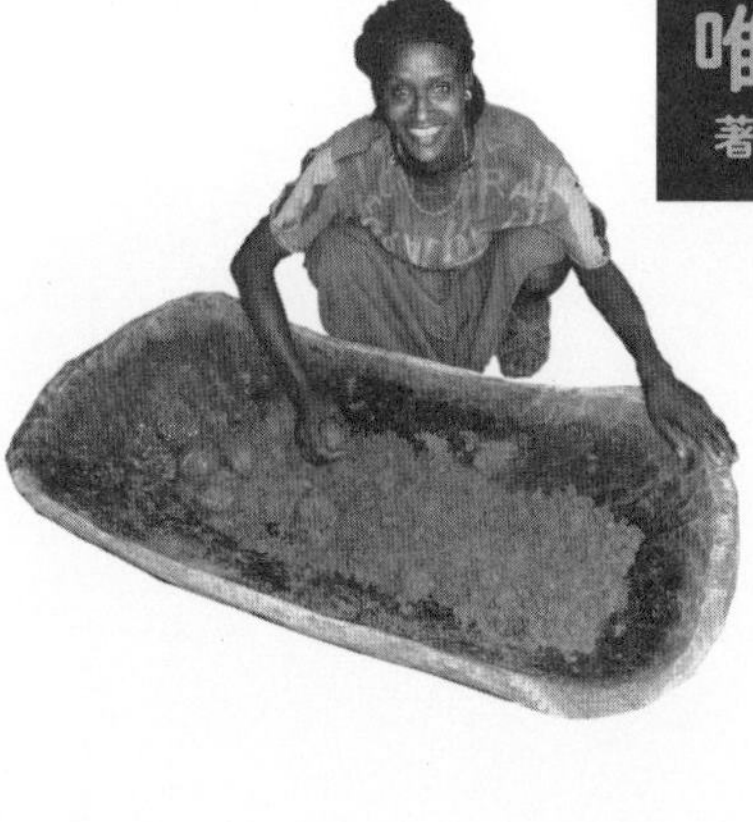

昭和堂

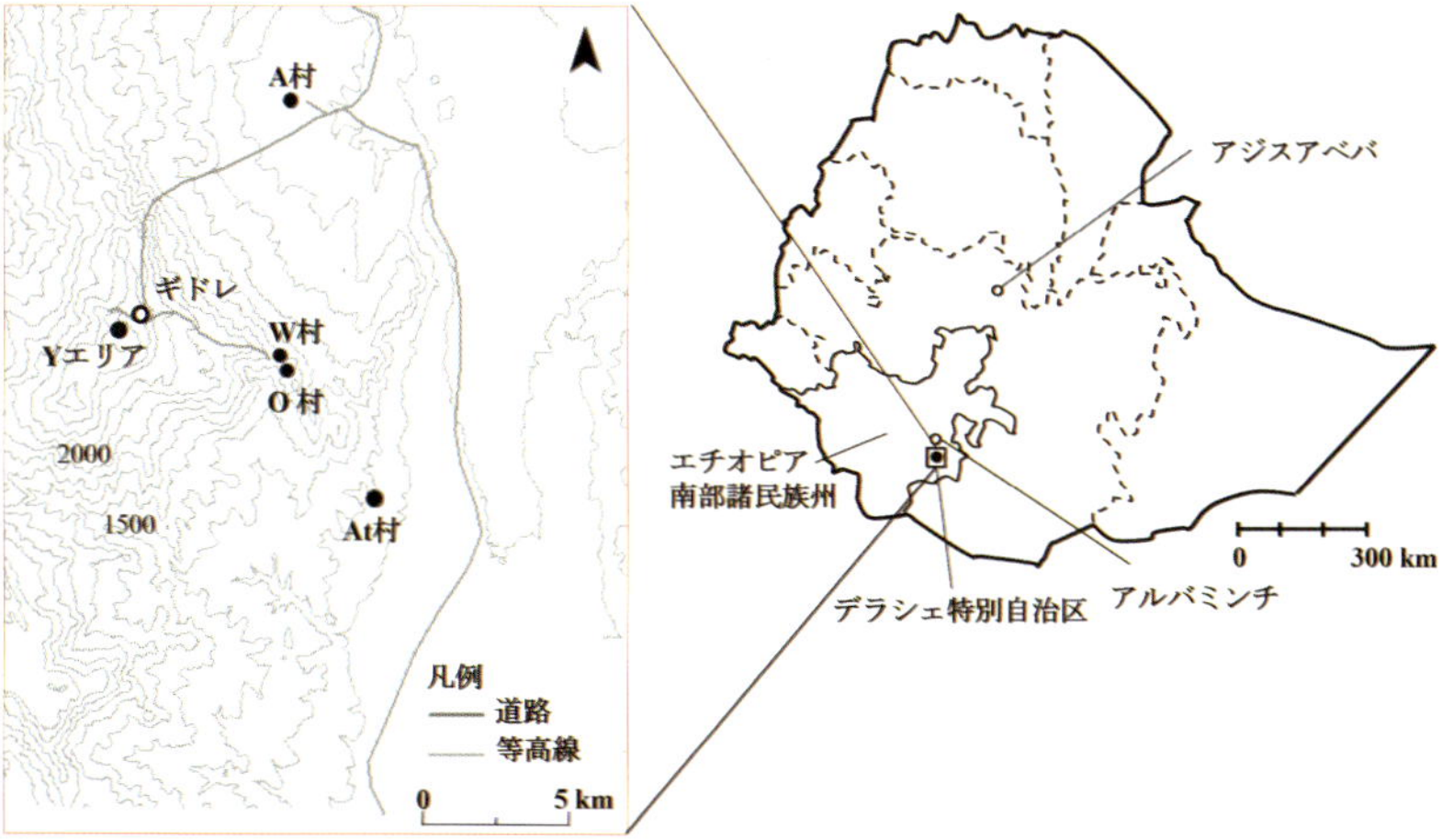

口絵１　本文中図１のデラシェ地域の部分

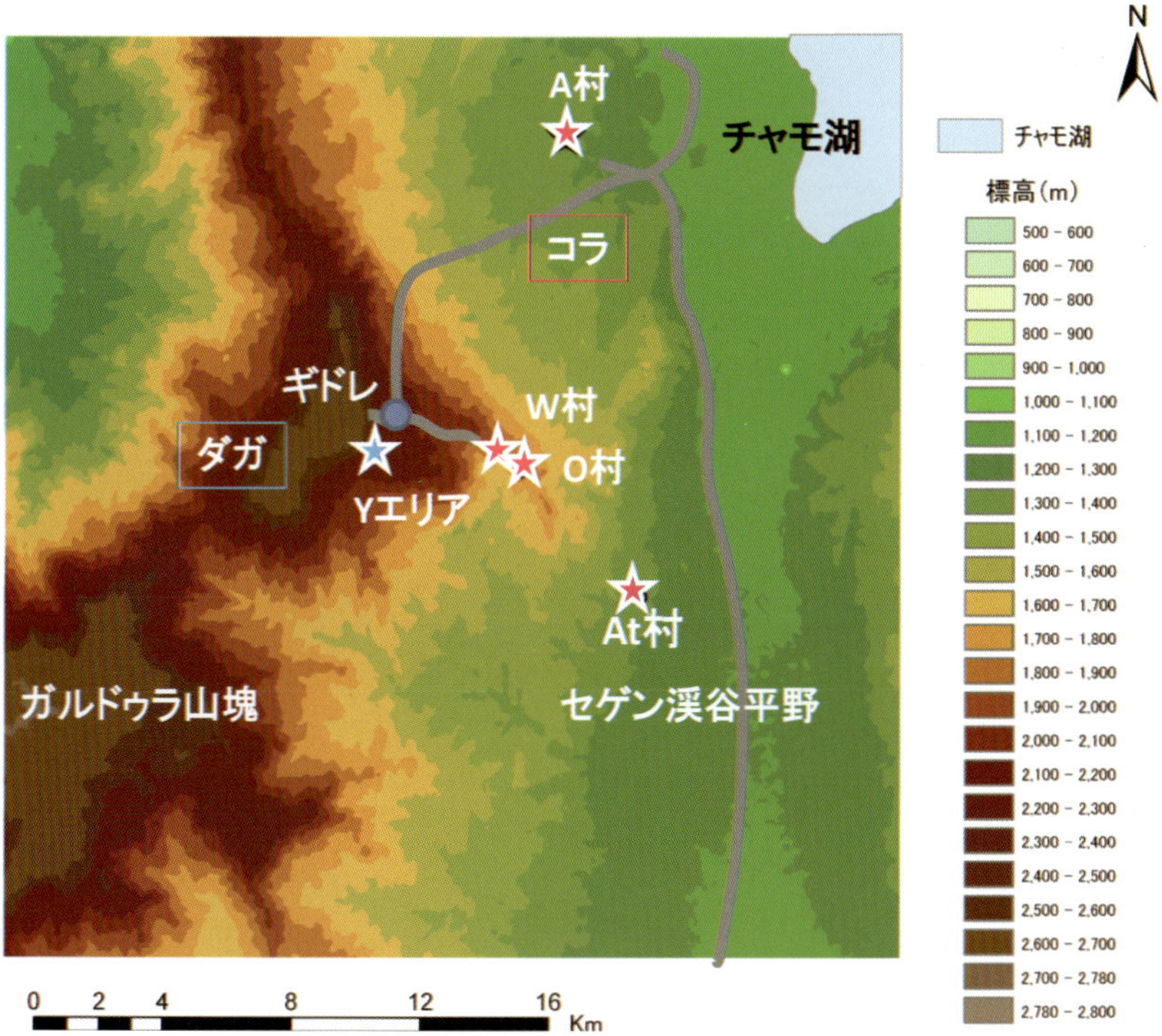

口絵２　口絵１のデラシェ地域の部分

口絵３　ダガからの眺め

口絵４　デラシャの女性

口絵５　パルショータをつくる女性たち

口絵６　チャガベットで酒を飲む男性たち

口絵７　斜面に造られた村

口絵８　斜面に造られた村の中

口絵９　ポロタから穀物を取り出したところ

口絵 10　ポロタの中から見た景色

口絵 11　コラの村の子どもたち

口絵 12　コーヒーの準備をする子どもたち

口絵 13　モッラでの会議

口絵 14　市場へ向かう人々

口絵 15　荷物を運ぶロバ

口絵 16　チェスをして遊ぶ人びと

目次

第1章 食べる酒パルショータのつくり方 35

第2章 酒を主食にする食文化 71

初出一覧

本書は二〇一四年三月に京都大学大学院アジア・アフリカ地域研究研究科に提出した博士論文『モロコシ酒を主食とする人びとの生活様式と農業――エチオピア南部デラシェ地域の事例――』を大幅に改定したものである。また、本書の一部は以下の論文として発表している。

序章の一部

「地酒を主食とする民族の農閑期・農繁期における食文化と生活――エチオピア南部半乾燥地に暮らすデラシャとコンソの事例――」(二〇一五年発行)『沙漠研究』第二六巻・二号、八一―九〇頁。

第1章の一部

"Procedure of Brewing Alcohol as a Staple Food: Case Study of the Fermented Cereal Liquor "Parshot" as a Staple food in Dirashe Special Woreda, Southern Ethiopia"(二〇一五年発行)*Food Science & Nutrition* 3: 1-11.

第1章と第2章の一部

「醸造酒パルショータを主食とする社会――エチオピア南部諸民族州デラシェ特別自治区において――」(二〇一三年発行)『BIOSTORY』一九号、七四―八四頁。

第2章と第3章の一部

「酒が主食の農村」(二〇一五年発行) 博報堂『恋する芸術と科学――食のシリコンバレー――jozo2050』第一巻、七二―七六頁。

第3章の一部

「エチオピア南部デラシェ社会における主食としての醸造酒パルショータ――醸造酒の栄養価と摂取量に注目して――」(二〇一三年発行)『熱帯農業研究』第六巻・二号、六九―七四頁。

「エチオピア南部デラシェ地域における主食としての醸造酒パルショータ」(2014年発行)『日本醸造協会誌』第一〇九刊一二号、八六六―八七三頁。

"Nutritional Value of the Alcoholic Beverage "Parshot" as a Staple and Total Nutrition Food in Dirashe Special Woreda, Southern Ethiopia"(二〇一七年発行)*Journal of Food Processing & Beverages* 5: 1-9.

第5章の一部

「エチオピア南部デラシェ地域における貯蔵穴ポロタの構造と機能について」(二〇一五年発行)『熱帯農業研究』第八巻・一号、一―六頁。

"Structure and Function of Storage Pit, Polota, for Long-Term Storage of Sorghum: A Case Study of Storage Pit in Dirashe Special Woreda, Ethiopia"(2016年発行)*Journal of Food Processing & Technology* 7(3): 1-8.

序章　食べ物である酒との出会い

1　デラシェ地域をフィールドにするまで

はじめてエチオピアを訪れたのは二〇〇八年一二月だった。私はまだ大学院の修士一年生で、教員と先輩、同級生との渡航であったが、調査地も研究テーマも充分に絞り込めていない自分に内心は不安でいっぱいだった。アフリカの在来農業に興味をもって大学院に進学した私には、「植民地化されたことのないエチオピアには、他のアフリカ諸国よりも在来の生業や文化が色濃く残っている」という諸先輩たちの説明はとても魅力的だった。古い文献に出てくる「そのままのアフリカ」をイメージしていた私は、そのころすでにアフリカがグローバル化の波に飲みこまれて大きく変わろうとしていることを知るよしもなかった。

エチオピア高原は、ロシアの植物学者ヴァヴィロフが示した栽培植物発祥地の一つであり、テフ（*Eragrostis tef*）やバショウ科のエンセーテ（*Ensete ventricosum*）などを中心とした独自の農耕文化を発展させてきた地域である。テフはエチオピア起源のイネ科スズメガヤ属の作物で、エチオピア北部を中心に広い地域で主食とされてきた、インジェラ（injera）の材料として知られている。「テフ」は「見失う」を意味するアムハラ語で、粒の大きさが一×二ミリメートルしかないきわめて小さな穀物であるが、エチオピア高原でもっとも親しまれてきた作物の一つといってよい。私は食物や農業に興味はあるものの、どこから手をつけてよいかわからず、とりあえずエチオピアだけで大切に栽培されてきたこの不思議な作物について調べてみることにした。ちょっと調べてみると、テフに関する論文が山のように見つかった。すでにいろんな角度から詳細な研究がされていて、私が入り込める余地が本当にあるのかという不安はあったが、腹を決めて論文の山に挑んだ。

案の定、テフにはエチオピア内外の研究者、とくに農学分野において詳しい調査がなされていた。当時の研究

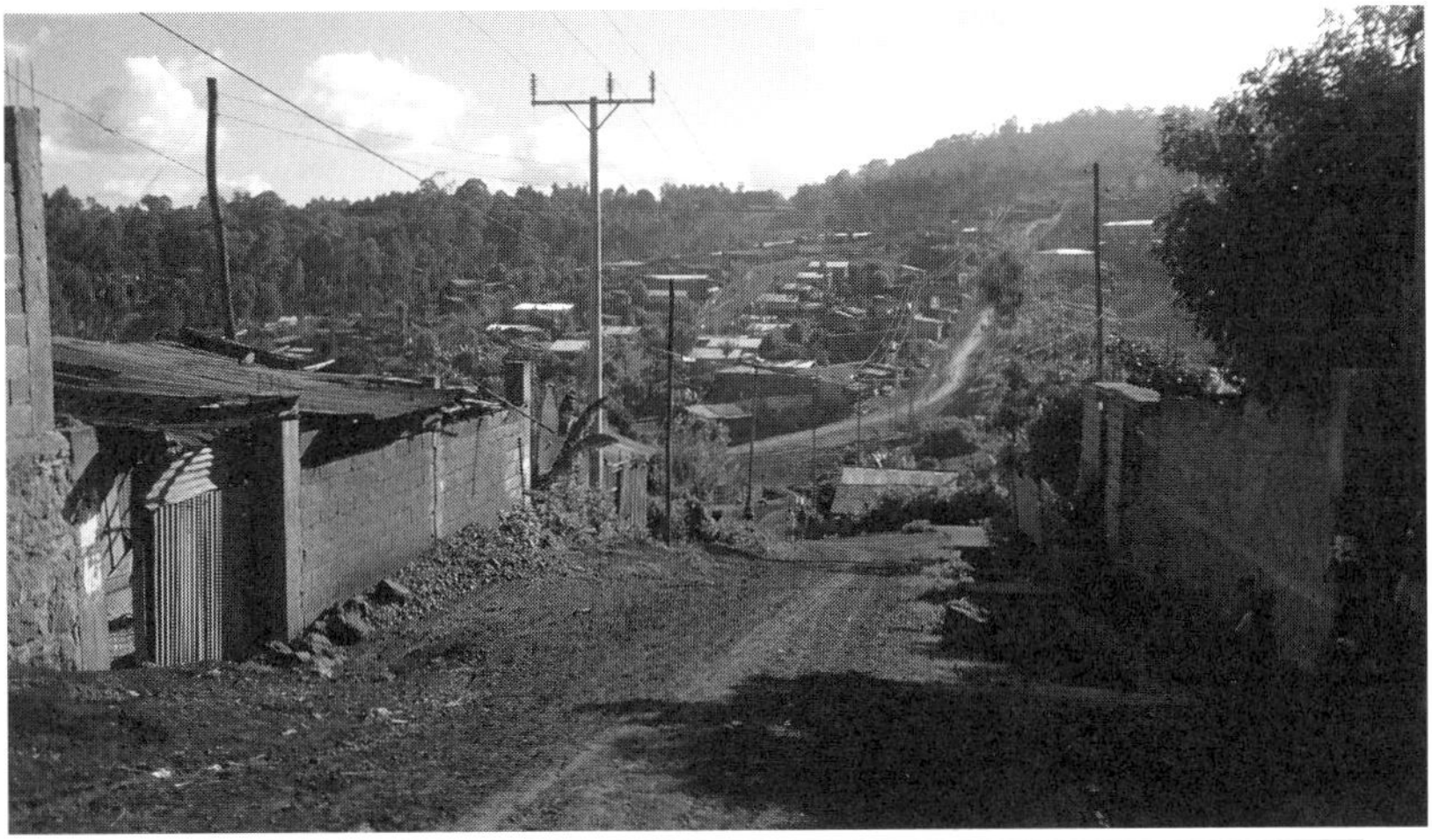
写真１　ギドレ

でとくに目についたのは多収量品種の改良に関するものであった。それは、テフ生産量の低下、そしてそれを補うためにコーンスターチが代用されるようになってきたという食文化に対する危機感を反映するものであった。アジス・アベバではテフが慢性的に不足していて、トウモロコシ（*Zea mays*）の粉を増量剤として用いたインジェラが広く出回っているという報道もあった。それを裏付けるように、エチオピアでもトウモロコシの栽培面積が急速に増えているという統計もみられた（McCann 2001）。テフ研究の焦点はまさに増収という現代農業の中心的な課題であり、私の関心事であったアフリカ在来農業とはかなり離れているようにも思えたが、せっかくつかみかけた研究テーマをそうやすやすと手放すわけにはいかなかった。

私の研究を指導してくださったのは、長年にわたってアフリカ、とくにエチオピアの農村を見てこられたベテランの地域研究者だった。その先生からは、テフではなく、モロコシ（*Sorghum bicolor*）を基盤とする農村社会の研究を勧められていた。今から思えば、現代エチオピア農村の状況から、テフに焦点をあてることで視野が狭くなることを危惧されていたのかもしれない。ただそのときは、いつまでたっても研究テーマも調査地も決まらない不安が、言いようのない焦燥感となって私に重くのしかかっていた。やがて渡航の日が決まり、大きな不安を抱えたまま押し出されるように日本を後にした。

アジス・アベバに着いても私の気持ちは、まだテフとモロコシ調査の間で揺れていたが、先生や先輩に背中を押されてモロコシを栽培する南部諸民族州デラシェ[1]特別自治区に向けて出発した。同自治区の行政の中心地であるギドレ（Gidole）は、チャモ湖の南西にそびえるガルドゥラ山塊の丘陵にある（写真1）。町の中にぽつんとたたずむプロテスタント教会の宿泊施設に仮滞在して予備調査を開始することになった。先生が教会と交渉して英語を話せるアシスタントをつけてくれたので、早速翌日からギドレを中心にデラシェ地域内を歩き回った。じつは、私はそのときまだテフ研究に未練をもっていて、早々に南部でのモロコシ調査を終え、北部に行ってテフ農業について調査しようとひそかに考えていた。その思惑が、朝四時半に教会を出て、片道数時間かけてギドレ周辺に散在する集落や畑を訪ね歩き、手当たり次第に話を聞きまくり、夕方教会に戻って夕食後にデータをまとめるというハードワークを後押ししていた。短期間だからできたのかもしれないが、初めてで、かつたった数日間の調査にしては多くの情報を集めることができた。

帰国後、そのときのデータをまとめて報告会で発表した。「デラシェ地域は農業の調査をしようにも農地が狭く、作物の種類が少なく、収量は低く、乾燥していて水もなく、そこに住むデラシャは四六時中酒ばかり飲んでいる」、といった内容だったと思う。「デラシェ地域には酒を主食とする、世界でもあまり例をみない食習慣があったが、自然と社会のきびしさゆえにこれまでほとんど調査されてこなかった」、とフィールドワーク継続の難しさを訴えた。ところが、報告会に参加していた研究者たちからは、「おもしろそうな調査地だね」、「よいフィールドが見つかったね」などと励まされ、テフを研究しようとする私のひそかな企てを知る知人すらもデラシェでの調査を勧めるようになっていった。そして、その一ヵ月後には、私はデラシェの農村に戻っていた。結局、博士号を取るまで、合計で一四ヵ月もの時間をデラシェで過ごした。滞在期間の三分の一は体調を崩していたように思うが、一年ほどたったころには先生方が言ってくれた「おもしろい」の意味を自分でもようやく実感できるようになっていた。

この本は、調査地の農村で見つけた不可思議な状況や現象に、何もわからないまま体当たりしていったときの体験記である。それは、エチオピアの片隅で細々と継承されてきた食文化と農業の関係性に図らずも光をあてることになり、グローバル化に揺れるエチオピア農村の動態を映し出すことになった。

2 デラシェという地域

デラシャとは、どのような人びとなのだろうか? イタリア人の歴史家コンティ＝ロッシーニが、「民族の博物館である」と言い表したように、エチオピアは八〇以上の民族が暮らす多民族国家である(宮脇・石原二〇〇五)。一九九一年に樹立した現政権は、代表的な民族居住地域をもとに国内を九つの州に分けて連邦制を導入し、民族性を尊重した統治方針をとっている。そのなかの一つである南部諸民族州(Southern Nations, and Nationalities and People's State)には四五の民族がいて、デラシェ特別自治区(Dirashe Special Wereda)には東クシ系の農耕民デラシャが暮らしている(図1)。二〇〇八年に実施された南部諸民族州の統計調査によると、面積約一五〇〇平方キロメートルのデラシェ特別自治区には約一三万人が暮らしている。デラシェ地域は、チャモ湖の湖岸から続く標高約一〇〇〇メートルのセゲン渓谷平野と、標高二五六一メートルの山頂をもつガルドゥラ山塊の急峻な丘陵からなる。標高約一八〇〇メートル以上の山頂付近の斜面を、アムハラ語で「高地」を指すダガ(dega)、山の裾野や平野を、これもアムハラ語で「低地」を意味するコラ(kola)と呼び分けている。標高の

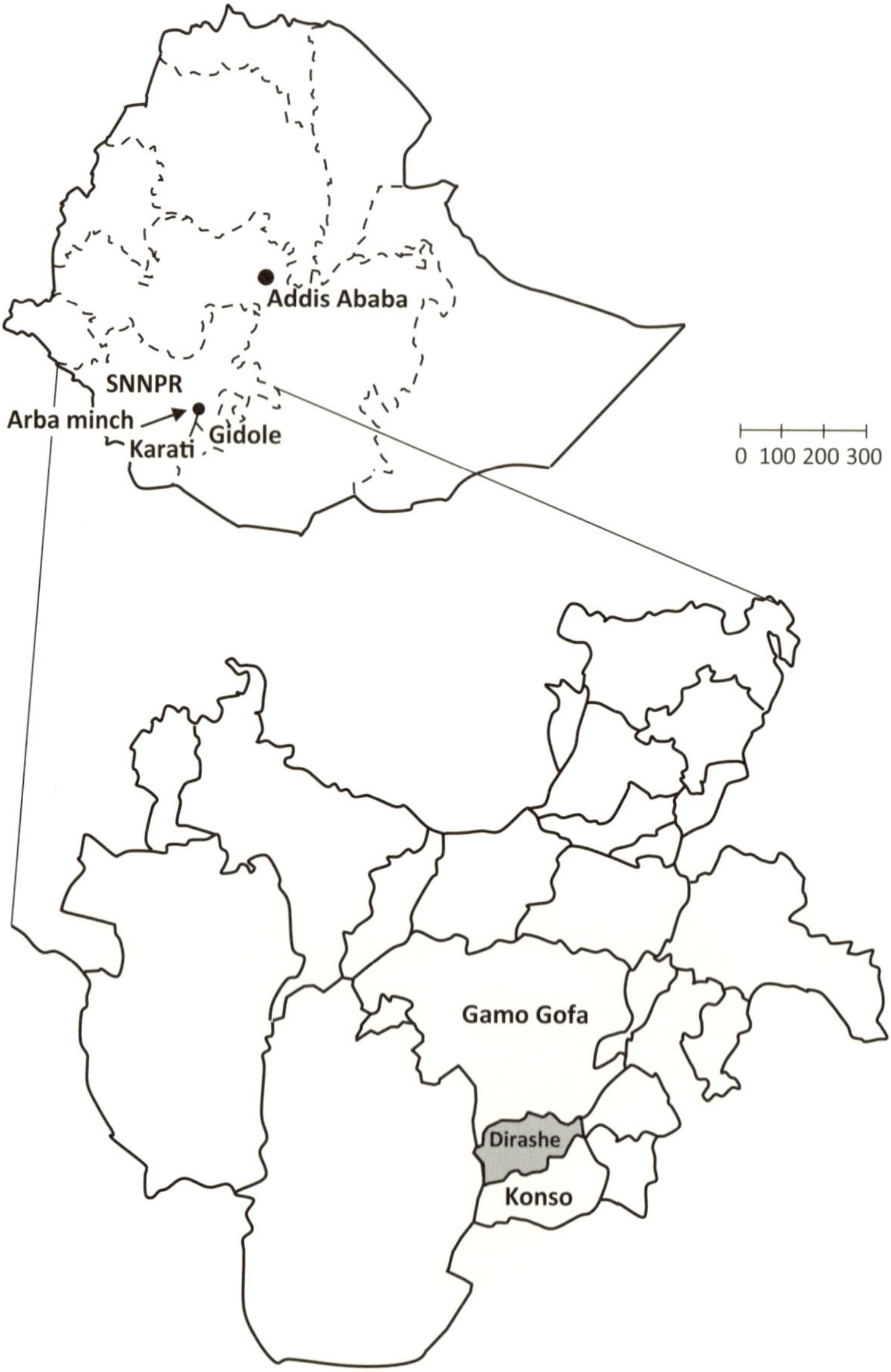

図１　デラシェ地域とコンソ地域

高いダガは冷涼湿潤な気候で、一九九四〜二〇〇一年の年間降水量の平均は一三〇〇ミリメートル、最高気温の平均は摂氏二五度、最低気温の平均は一三度であった（図2）。一方、標高の低いコラは乾燥していて気温が高く、一九八五〜二〇〇五年の年間降水量の平均は七八〇ミリメートル、最高気温の平均は三一度、最低気温の平均は一七度であった（図3）。デラシェ地域には、一二〜一月のボーナ（bona）と呼ばれる乾季と、七、八月の少雨シーズンを挟んで、年に二回の雨季があり、それぞれが別の作付け期となっている。二〜七月の作付け期をカシャナ（kasyana）、八〜一一月の作付け期をハガイテ（hagayte）と呼ぶ。エチオピア気象局が発表している一九九四

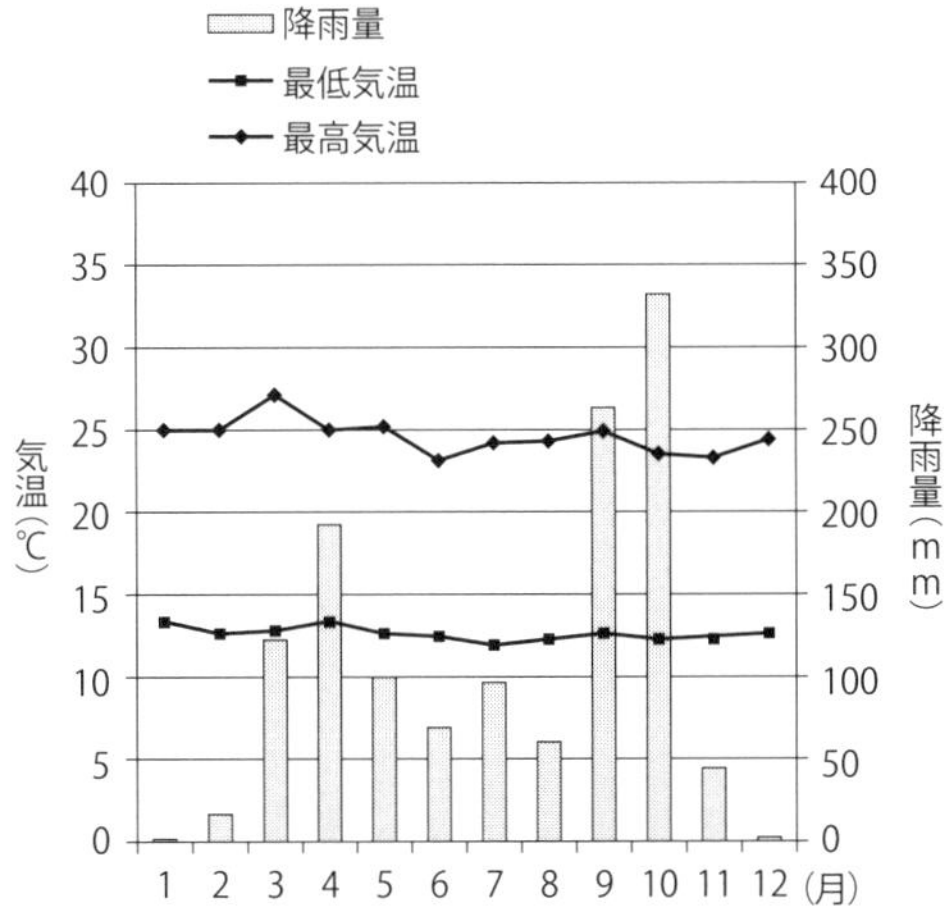

図2　ダガ（高地）の気候（1985〜2005年平均）

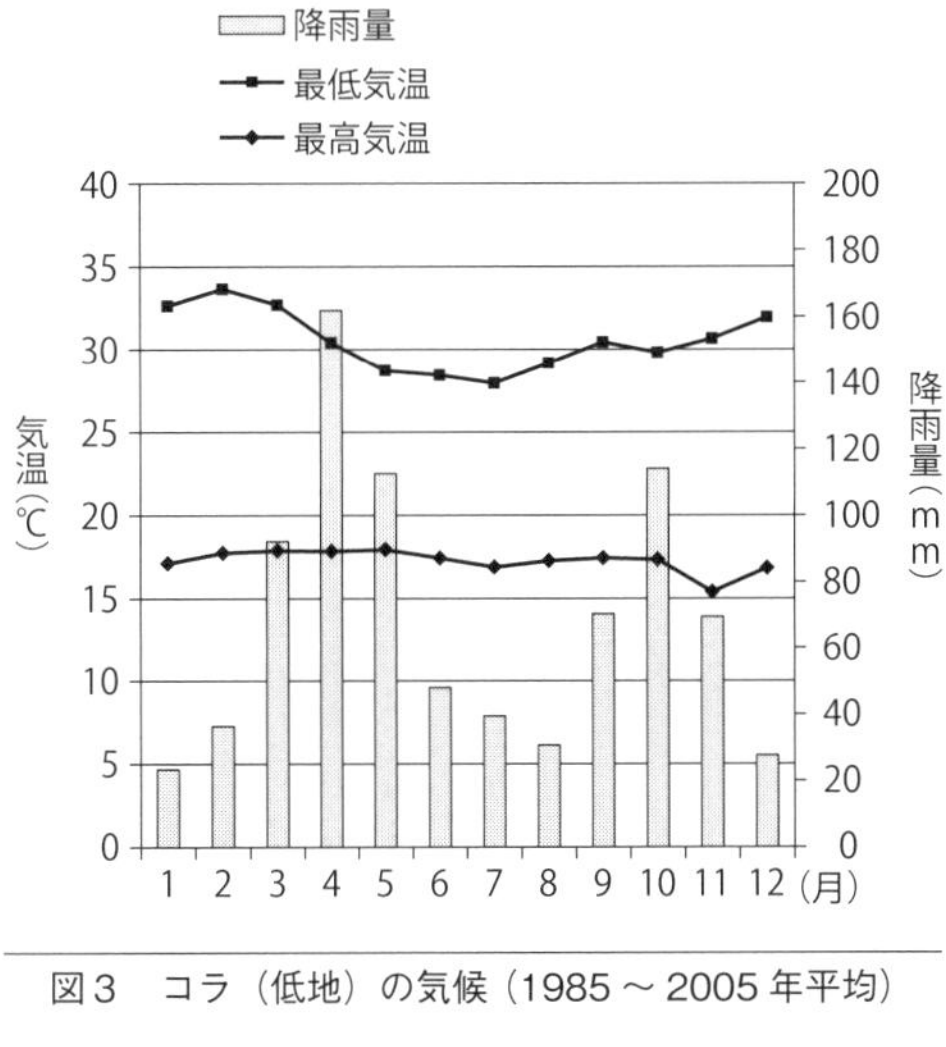

図3　コラ（低地）の気候（1985〜2005年平均）

〜二〇〇一年の雨量データによると、ダガではカシャナに平均六〇〇ミリメートル、ハガイテに平均七〇〇ミリメートルの降水量があった。一方、コラでは一九八五〜二〇〇五年の平均降水量はカシャナに約五〇〇ミリメートル、ハガイテに約二八〇ミリメートルであった。このように、デラシェ地域はダガとコラという明確に異なる気候で構成されている。

デラシェ地域の行政機関がおかれているのはダガにあるギドレという町で、首都アジス・アベバから南西に五五〇キロメートル、最寄りの都市アルバミンチ（Arba Minch）の南五〇キロメートルに位置している（図1）。朝早くアジス・アベバをバスで発てば、夕方にはアルバミンチに到着する。起伏の多い山道が続き、舗装道路はところどころ陥没している。路肩には急カーブを曲がりきれなかったバスの残骸が散在していて、バスの長旅は心身ともに疲れる。アルバミンチは小さな田舎町だが、南部諸民族州ではアワサ（Awasa）に次ぐ大きな町である。大学もあり、電気や水道はもちろん、商店街のほか、毎朝定期市が開かれるなどして活気がある。アルバミンチに一泊し、翌朝中型バスに乗りかえてギドレに向かう。バスの席は予約ができないので、朝四時にバスターミナルのゲートが開いたらギドレ行きのバスにかけよって席取り合戦に参加する。何とか席を確保しても、空席があるとバスは出発しない。バスの席が全部埋まるのを昼過ぎまで待ったこともあった。慌ただしくも、のんびりもしているのがエチオピアのバスの旅である。二回目の渡航では、しばらくギドレに滞在して調査村を探すことにした。

3 調査村を探す

迷いがありながらも渡航した一回目と異なり、再びエチオピアに来た以上、手ぶらでは帰れない。三年間も修士論文作成のために時間を割くわけにはいかず、二年間で修士論文を書くに足るデータを必ず集めるという強い決意で調査に臨んだ。まずは、初めの調査で拠点としたデラシェ地域の中心地ギドレでホストファミリーを定め、そこを拠点として調査対象となる村を探すことにした。たまたま転がりこんだレントハウスに、私よりも一月早く入って暮らしていた一家が、何もできない私を心配し、すぐにホストファミリーとなってくれた。ギドレは停電や断水はあるが、役場や学校、病院、小さな雑貨店が狭い場所にかたまっているため、公的な資料を収集したりまとめたりするには都合がよかった。しかし、町はガルドゥラ山の頂上付近にあるため、どの村に行くのにも大量に石の転がる急坂を上り下りする必要があった。私の足では片道一～三時間もかかり、村に行くだけでかなり体力を消耗していた。

初めは、コラに位置する急斜面につくられた伝統的な村の生活がとてもユニークなので、そこに住み込もうとしたのだが、ギドレのホストファミリーたちに強く反対されてしまった。かれらは、「あのあたりは治安がよくないし、電気や水道がなくて飲み水すら不足している。農民の生活は厳しいから日本人はとてもじゃないが暮らせない。何よりもインジェラが食べられないんだよ。考え直しなさい」と説得された。斜面の集落に電気や水がないのはもとより承知していた。治安については、たしかに一ヵ月ほど前に村内でもめごとがあって何軒かの家が焼かれ、その後も小さな小競り合いが続いているという話は聞いていて、少し心配はしていた。

少し話はそれるが、インジェラは私が研究しようとしていたテフを乳酸発酵させてつくる食品で、先述した

写真２　インジェラを焼く女性

写真３　インジェラ

ようにエチオピア北部の主食である。テフの粉末に水を加えて一～二日かけて乳酸発酵させ、そこにお湯を注ぎ、丸い鉄板や石板の上で円形に薄く焼いたものである（写真2、3）。インジェラの外観はクレープのようであるが、表面に細かい穴が無数にあいている。この穴は生地が発酵したときにできた気泡が熱ではじけたものである。インジェラはふつうワット（wat）というおかずと一緒に食べる。マメ、野菜、肉を油と唐辛子で煮るか、炒めてつくるワットは、インジェラの細かい凹凸にうまく絡みつく。

北部に暮らすアムハラ（Amhara）の人びとにとってインジェラはなくてはならない食べ物のようで、後日、次のようなエピソードがあってそのことを痛感させられた。私がフィールドに少し慣れてきたとき、アジス・アベバ大学に通うアジス・アベバ育ちの都会っ子の学生がデラシェに南接するコンソ特別自治区（Konso Special Wereda）で調査することになり（図1）、私がその調査を手伝うことになった。当時、コンソではテフのみでつくった白いインジェラをほとんど食べることができず、彼は日が経つにつれてイライラしていていった。私は私で、不慣れな日本人がどうしてエチオピア人の調査をサポートするのかよくわからず、「調査する時間を割いて案内してるのに」と思いつつ、彼のふてくされたような態度に苛ついていた。ある日、双方のイライラがぶつかった。「何が不満なのかはっきり言いなさいよ！」と私が怒ると、彼は「インジェラがない。もう耐えられない！」と叫んだ。「インジェラがないくらい別にいいでしょ。ダボ（dabo：パン）を食べなよ。ダボがあるだけ幸せよ」と自分の境遇を憂いながら言うと、彼は「ダボは朝食かおやつだ。インジェラじゃないと食べた気がしないんだ！」と言って調査を放り出し、インジェラが食べられるアルバミンチに行ってしまった。

こういうことは都市で暮らすエチオピア人としては、普通の反応らしい。アジス・アベバで売れっ子の長距離タクシードライバーをホストファザーとする日本人調査者に聞いた話では、アジス・アベバのドライバーには南部に行くのを嫌がる人が多いという。その最大の理由はおいしいインジェラを食べられる店がないためだという。都市部に暮らすエチオピア人にとって、インジェラを食べるというのはそれほど重要なことなのである。ギドレは都会とはいえないが、一八世紀にアムハラ帝国に支配されてから、インジェラを主食とする食文化が少しずつ浸透しており、ギドレの町中に暮らす人びとのあいだではインジェラを食べることに特別な意味があるようだった。看護師をしていた私のホストマザーのHさんは、真剣な顔で「ユイ（私）、農民はインジェラを食べないのよ。ずーっとお酒を飲んでるの。かれらは慣れているけれど、ユイが暮らすのは無理よ」と話していた。それは誇張だろうと思った私は笑いながら「さすがにお酒以外にも何か食べ物はあるでしょう。それに私はお酒を飲まないから、安心して」と答えた。彼女は頭を抱えて「お酒以外の食べ物は本当にないのよ！　餓死する気なの？」と言って呆れ顔で夫のMさんに目をやった。夫のMさんも困り顔で私のことを見つめ、村に住むのを思いとどまるように進言した。

ギドレに住む人には、小学校や役場、病院に勤める公務員が多く、それ以外は店主、家具職人、大工、商人などであり、農業を専業にしている人はほとんどいない。Hさんは「せめて飲み水や食べ物が買える村にしなさい」と言った。Mさんも「あそこは治安が悪いからダメだ。どうしても村に住むなら、治安がよくて、一週間に一回はここに帰ってくることが条件だ」と言って譲らなかった。私が日本人だから多少は大げさに言っているところはあるにせよ、歩いて一時間ほどの農村の生活をまったく別の世界のように表現するギドレ住民の感覚には驚かされた。飲み水は飲料水を箱で買ってもっていけばよいし、毎週ギドレに戻るなんて時間の無駄なので却下だ。食べ物については、インジェラとワットだけの食生活には少々限界を感じていた。インジェラやワットはたしかにおいしいのだが、大量の油とトウガラシを毎日摂取することに、私の胃腸は悲鳴を上げていた。さすがに料理をつくってくれるHさんに「インジェラが食べられません」と伝える勇気はなかったが、「村には油や香辛料がない」と聞かされると、そのときはありがたいとすら思っていた。しかし、それは大きな誤りだった。村での食生活はそんなあまいものではなく、私の想像をはるかに超えていた。

農村で調査しないと何をしに来たのかわからない。ホストファミリーを説得しつつ、かれらの親身な忠告も聞き入れて「治安のよい」村を探したが、数週間もかかってしまった。結局、アルバミンチからギドレに向かう幹線道路の近くで、集落の周囲に畑が広がるコラの農村Aに住み込むことにした。ギドレで仲良くなった一〇代後半の女の子がA村に祖父が居るので、一緒に住めばよいと言ってくれたのがきっかけだった。その家は七〇代の祖父母と、その孫息子（長男の息子）と彼の奥さん、三歳と生後七ヵ月の息子たちが一緒に暮らしていた。デラシェ特別自治区の中でもA村の歴史は新しく、二〇世紀に入ってからつくられた村で、一六世紀頃からある他の古い村とはいろいろな面で性質が異なっていた。A村は交通の便がよく、小学校があり、アムハラ語の読み書きができる人も多い。Mさんたちは、毎週日曜日にギドレに戻ってくるのを条件に村に入るのを認めてくれた。しかし、毎週ギドレに帰るという約束はほとんど守れなかった。A村に入る前に、Hさんは私に病院で配っているピーナッツバター味の栄養食品をいくつか渡してくれた。彼女は「これはアメリカの配給物で栄養が足りていいない幼児が食べるものよ。お腹が減ったらこれを食べなさい。また、帰ってきた時に渡すからね」と言ってくれた。温かい家族と知りあいになれたことに心から感謝した。

4　酒を食べる生活

Hさんの忠告は本当だった。A村の人びとはいつでもどこでもパルショータ（parshot）と呼ばれる緑色の濁酒を飲んでいた（写真4）。そして、かれらはパルショータ以外の食べ物をほとんど口にしないというのも事実だった。詳しくは後述するが、かれらが飲むパルショータは（写真5）、モロコシ（あるいはモロコシとトウモロコシ）に、エチオピア・ケール（以下、ケール）と呼ばれるエチオピア在来の葉菜やワサビノキ（以下、モリンガ）の乾燥した葉を少量加えてつくられる。その醸造工程は複雑で、乳酸発酵とアルコール発酵が微妙なバランスで同時進行している。穀物に含まれるアミノ酸によるコクや糖分の甘み、乳酸発酵によるしっかりとした酸味と漬物に似た香り、モロコシに含まれるタンニンの渋みが渾然一体と

写真４　ランチを取る男たち

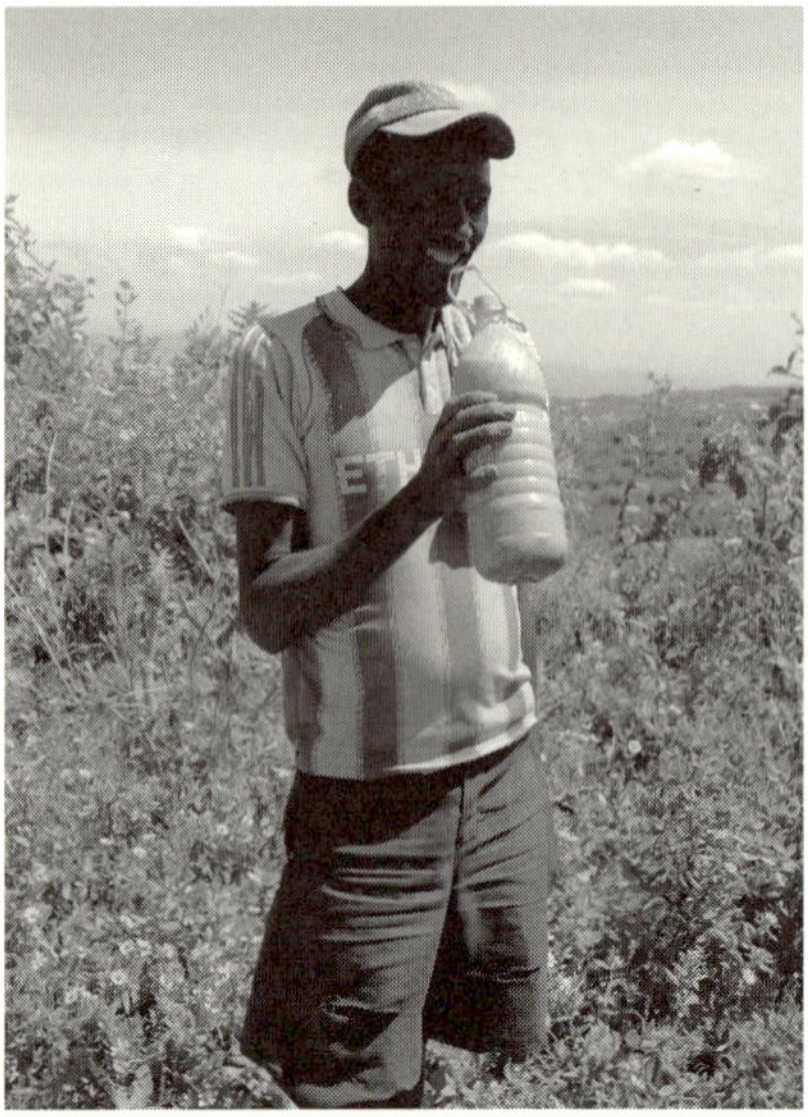

写真６　パルショータをもって畑に行く男性

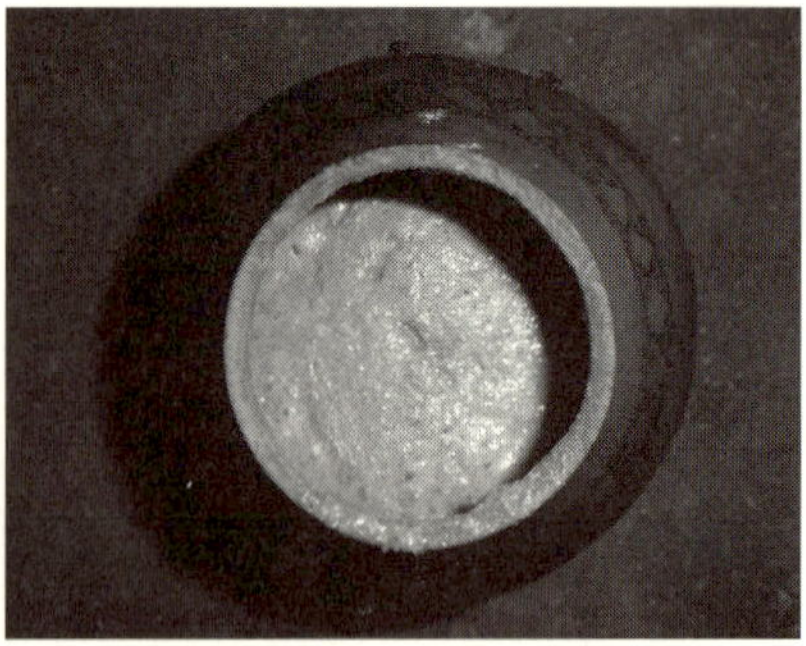

写真５　酒パルショータ

なってパルショータ独特の風味を醸し出す。

A村にかぎらずデラシェならどの村でも、家や広場、寄り合い所、畑などいたるところでパルショータが飲まれている。A村に住むようになる前にいろいろな村を訪ね歩いてきたが、老若男女を問わず、村人たちはふつうにパルショータを入れたヒョウタンやペットボトルをもち歩いていた（写真６）。どこかの家を訪ねるとすぐにパルショータが出てきて飲むように勧められる。デラシャの言葉も礼儀も断り方も知らない私は、勧められるままにパルショータを飲み続けるしかなかった（写真７）。だから、A村に入る前からデラシャが酒好きで、挨拶代わりに酒を飲むことは知っていた。ただ、通いの調査ではデラシャと接するのが昼間だけだったので気づかなかったが、村に住み込んでみると、誇張でもなんでもなく、朝起きてから眠るまで、一日中ずっとパルショータを飲んでいることがわかった。そのあいだ他には何も食べず、ただひたすらパルショータだけを飲み続けていた。こんなに酒ばかり飲んで身体を壊さないのか心配になるほどであった。

写真７　パルショータをご馳走になる私

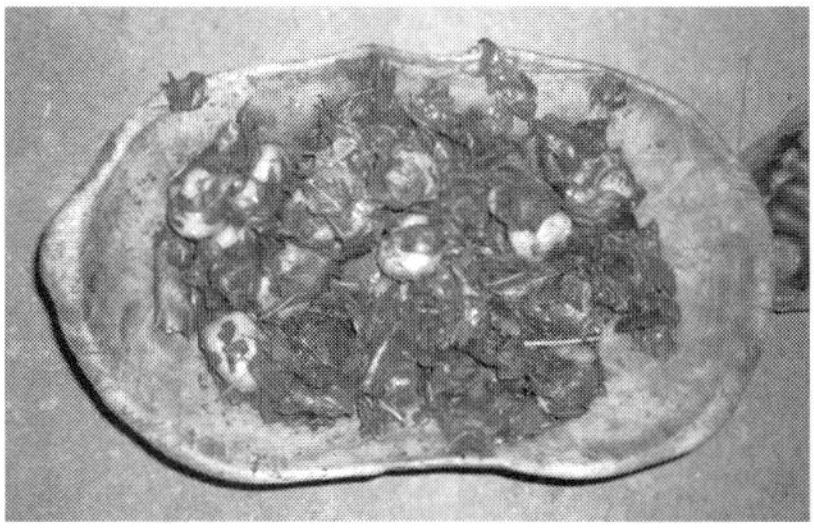

写真８　ハワラタ

写真９　ラッコト

そもそもデラシェ地域には酒以外の食べ物、つまり固形の食べ物が四種類しかなかった。

もっともよく食べられるのが、ハワラタというモロコシやトウモロコシの粉末に水を加えてこね、白玉団子くらいの大きさに丸めて、モリンガと一緒に塩ゆでにした穀物団子である（写真8）。次によく食べるのが、モロコシやトウモロコシの粉末に水を加えてこね、円盤状に固めて発酵させずに焼いたラッコトという食品である（写真9）。これも塩茹でしたモリンガの葉を付け合わせにして食べる。コラにはこの二種類の固形食しかない。高地のダガでは、エンセーテが栽培されており（写真10）、その偽茎からとったデンプンを乳酸発酵させて容器に入れて少量の水を加えつつ揺らしてクスクス（couscous）のような粒にまとめたおからのようなハイソタ（haisota）（写真11）や、水を加えて練り円盤状に固めて焼いたヘッギャダ（hegada）と呼ばれるパンもある。また朝食には、コー

写真10　エンセーテ

写真11　ハイソタ

ヒーの乾燥葉に水と塩を加えて煮出したハーシェ（hashe）と呼ばれる湯薬のような飲み物があり、これはとくに女性が好んで飲んでいる。農閑期には朝と夕食に、農繁期には朝早くから畑に出かけるため夕食に家族そろってハワラタやラッコトを食べる。もちろん、パルショータは欠かせない。農閑期には男性は朝からパルショータをもって友人の家やモッラ（mora）と呼ばれる寄り合い所に出かけてしまうこともあり、そのような日は朝食がない。どうやらデラシャにとって固形物は必須の食べ物ではないらしい。ハワラタやラッコトの食べ方を見ていると、出現回数が少ないだけではなく、一回に食べる量もけっして多くない。これらがとくに腹持ちのよい料理というわけではないが、ハワラタならば十数個、ラッコトはちぎって少しずつパルショータを飲みながらつまむ程度である。パルショータが食事ではない私にとっては、一日に一、二度しか食べられない貴重な固形食なので、できれば二〇個くらいほおばりたいところだが、居候の身なので遠慮して、デラシャの女性と同程度の量を食べるに抑えていた。毎日が空腹との闘いであった。日中歩き回って疲れているので寝つくことはできるのだが、この食生活に慣れるまでは空腹で夜中に目を覚ます日々が続いた。

5 酒が主食

デラシャの男性はだれもが筋骨隆々とした体格で、女性もふっくらと恰幅がよく、男女ともに少しお腹が出ている。この食事でどうやってあの体格を維持し、農作業や日々の仕事をこなしているのか本当に不思議だった。かれらはほぼパルショータしか口にしないのだから、それがバランスのよい総合食品であることは間違いない。1日のパルショータ摂取量は、平均五キログラムにもなる。パルショータは穀物の沈殿をろ過しないので、アルコール発酵した少し酸っぱい流動食を食べているような感じで、少し飲んだだけでもしばらくは満腹感が続く。かれらは、少し満腹感がおさまるとまたパルショータを飲む、といったことを長時間繰り返す。かれらが言うように、パルショータは「酒」ではなく、「食事」なのである。

エチオピアでは、エチオピア正教が広く信仰されているが、デラシェ地域ではプロテスタントが多い。デラシェ地域のプロテスタントは、歌や踊りなどの娯楽や飲酒を禁止されている。そのため、かれらの伝統的な酒である、モロコシ（あるいはモロコシとトウモロコシ）の粉からつくった醸造酒ネッチ・チャガ（nech chaka）を飲むことも少ない。まして、市販のビールやエチオピアの蒸留酒アラケ（araki）を飲むことはまずない。そのような雰囲気のなかでも飲み続けられるパルショータは、デラシャのプロテスタントからしても「酒」でなく「食事」なのである。

各家庭で醸造され、台所や居間に置かれた土器や二〇〜五〇リットルのプラスチック容器には、つねにパルショータがストックされている。小腹がすいたり、喉が渇いたり、口寂しくなったりするとすぐにパルショータを汲んで飲むことができる。四六時中パルショータを飲んでいるので空腹という感覚はあまりないのだろう。デラシャにとってパルショータはもっともおいしい食事であって、パルショータのない暮らしなど考えられない。逆に、パルショータさえあれば他にはなにもいらないので、ハワラタやラッコトなどの食味が劣る食べ物を積極的につくろうという気にはならないのだという。もちろん、毎日飲んでも飽きることはない。かれらにとってパルショータはまさに主食なのである。

6 パルショータを飲めない！

日本にも食事をとるように酒を飲む人はいると思うが、酒だけで生きている人はいない。たとえ人間に必要な栄養分がすべて充たされたとしても、酒しか飲まない食生活が果たしてありえるのだろうか？　私はデラシェ地域の農村で生活するまで、食＝酒という生活など想像するはずもなかったし、ましてそれを自分が体験するなど夢にも思っていなかった。食生活が酒だけになったとき、体がどのように反応するかなど体験してみないとだれもわからないのだが、私の場合は村に入って数日でまず心に症状が現れた。最初は同じ食事の繰り返しに対する「飽き」のようなものだったが、やがてぬか漬けのような発酵臭、口に含んだときの酸味、濁酒特有のザラザラした舌触り、どっしりとした重い喉ごしが気になり始めた。口にふくんだパルショータを飲みこもうとしても喉につっかかって嚥下できない。パルショータは水で希釈して飲むが、それでもアルコール分を三〜四パーセントも含んでいる。悪酔いしたような頭痛をつねに感じながらの調査はつらく、みるみる食欲がなくなっていった。

流動食に対する副作用もあった。パルショータ中心の食事では物を噛む機会がないので、だんだん顎に力が入らなくなるのを感じていた。耳の下から顎にかけてと小鼻の横あたりがむずがゆくなり、たるんでいくような感覚があった。人に指摘されて気づくのだが、口を半開きにしていることが増え、口の中が乾燥するようになった。

物を噛んでいないことを意識すると、物を噛みたいという衝動にかられ、噛める物を探すようになっていた。デラシェ地域で栽培されるモロコシのなかにはサトウキビのように稈にショ糖を貯める品種がある。子どもたちはこの稈をおやつ代わりにしがむのだが、よくそれを分けてもらって噛んだりもした。歩きながら木の小枝をガムのようにしがむようにもなっていた。

デラシャは、ほとんどすべての栄養をパルショータから摂っているといっても過言ではない。かれらと同じ食生活をしながらパルショータを飲まないのであれば、それは絶食しているのに等しかった。村に滞在して一〇日ほど経ったころから私は体調の変化が気になりだしていた。まず体が痩せ始めた。女の子たちと川で水浴びをすると、「痩せたね」と言われるようになった。これはけっして褒められているのではなく、デラシャにとってふっくらとした女性の方が美形なのである。その後も日に日に痩せていき、体重は一ヵ月で一〇キログラム以上も落ちてしまった。ダイエットできたのはとても嬉しかったのだが、このときの私は深刻な栄養失調に陥っていた。村に滞在して二週間ほどたったころから肌が荒れて全身がかゆくなってきた。目も乾きやすくなり三週間目にはコンタクトレンズが入らなくなった。貧血やめまい、感情の不安定、手足の痙攣など、日を追うごとに体調が悪化していった。

しばらくは、ホストマザーのMさんからもらった栄養食品を隠れて夜中にこっそり食べていたが、それも底をつき、一ヵ月半を過ぎたとき、とうとうベッドから起き上がれなくなってしまった。私の風貌だけでなく、過激な言動によって、周囲では悪霊が取り憑いたと噂されるようにもなっていた。さすがにまずいと思って、バスでアルバミンチに行って大きな病院で診てもらうことにした。診断の結果は予想どおり栄養失調で、医者にはとにかく肉と野菜をたくさん食べるように言われ、薬とクッキーのような栄養食品を処方された。そのままアルバミンチの友人宅に泊めてもらい、肉と野菜をひたすら食べて静養した。すると、体調はみるみる回復し、数日後には村に戻ることができた。日本では感じたこともなかったのだが、この一件で栄養摂取の大切さや食生活の重要性を痛感した。そして、「総合食品」としてのパルショータに興味をもつようになっていった。

7　酒を食べる人びと

デラシャ社会には、酒を食事とする以外にも、とてもユニークな農法や穀物の貯蔵方法があった。そうした研究の糸口となったのはデラシャの酒文化であり、いつしか私は地酒を農業と文化の接点として捉えるようになっていった。デラシャ地域のように食＝酒となっている社会はきわめて珍しいが、世界には酒を食事の一部とする食文化は世界各地に存在する。デラシェ特別自治区に隣接するコンソ特別自治区に暮らすコンソも、そうした食文化をもつ民族の一つである。コンソ特別自治区の中心地カラティは、アルバミンチの南約一〇〇キロメートルに位置している（図1）。デラシャもそうであるが、コンソは一六～一七世紀にエチオピア東南部からこの地域に移住してきたオロモ系の人びとと、この地域に先住していた人びととのあいだで形成された民族だとされている（Hallpike 1972）。そのため、デラシャとコンソは社会や文化に共通性も多く（写真12、Abbink 2006）、その1つが酒を中心に据えた食習慣である。コンソ地域には、二〇一一～二〇一三年に三回、合計約一ヵ月半カラティに滞在してコンソの村々を調査した。

コンソの主食もモロコシ（あるいはモロコシとトウモロコシ）をアルコール発酵させた、チャガ（chaka）[2]と呼ばれる醸造酒である（篠原 二〇〇〇：二〇〇二）。醸造方法はパルショータと似ているが、パルショータのようにエチオピア・ケールやモリンガなどの緑葉を加えないため、チャガは穀物本来の白色を呈している（写真13）。また、パルショータほど乳酸の酸味を感じない。デンプン由来の甘みとアミノ酸からくるコク、有色モロコシのもつタ

写真12　コンソの村

写真13　酒チャガをつくるコンソ

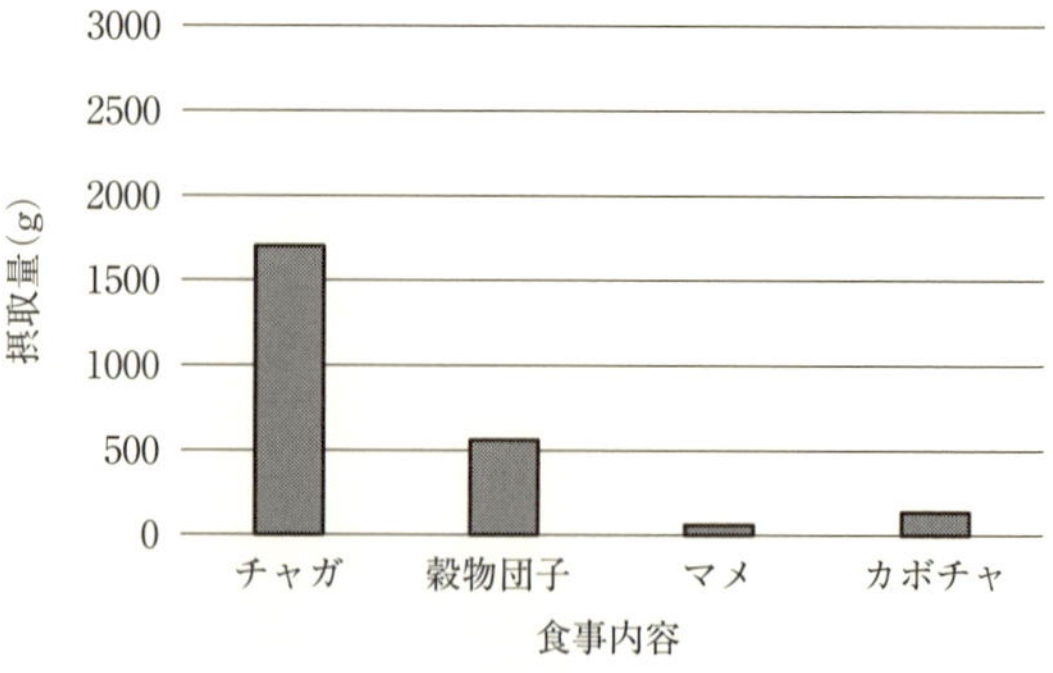

図４　コンソの食事内容・農閑期

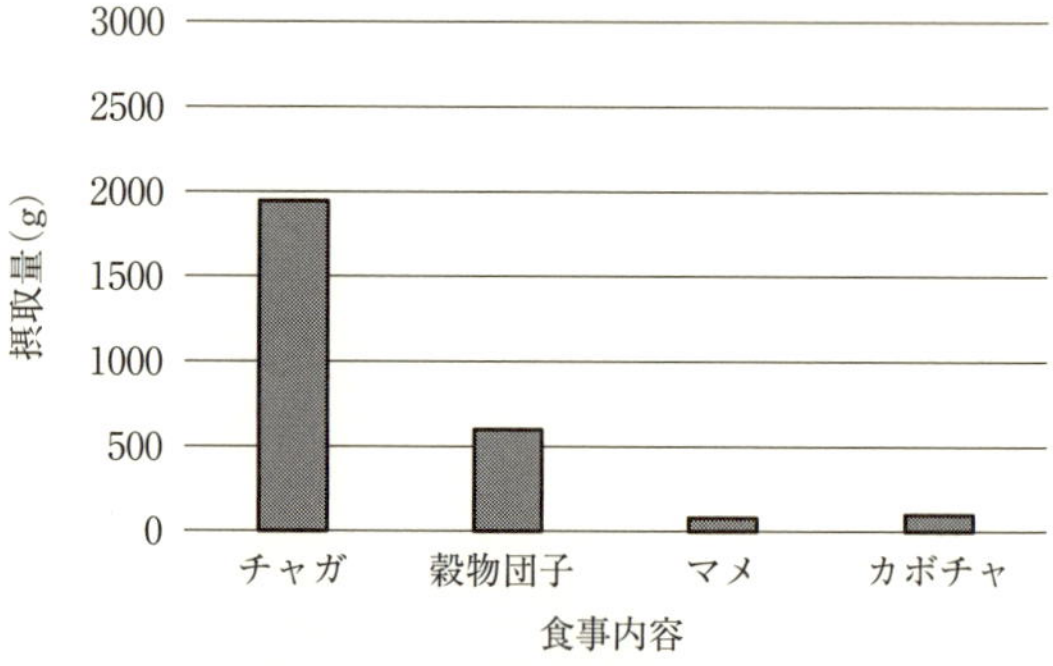

図５　コンソの食事内容・農繁期

ンニンの苦みが味のベースになっている。鼻をつくツーンとした匂いはほとんどないため、万人受けする味と匂いになっており、南部諸民族州に暮らす民族の多くは、デラシャのパルショータよりもコンソのチャガを好む傾向がある。

食事のとり方も異なっており、デラシャにとってパルショータがほとんど唯一の食事であるのに対して、コンソはチャガと一緒にダマ（dama）と呼ばれるトウモロコシやモロコシの粉末を白玉団子のように丸めてモリンガの葉と茹でた料理や、茹でたキャッサバなどのイモもよく食べる。コンソは農閑期であれば一日に四回、農繁期でも三〜四回は食事をする。朝起きて最初の食事は、ホラ（hora）と呼ばれるコーヒーの葉を煮出した飲み物と、茹でたイモ、ダマを食べる（篠原 二〇〇二）。午前中に食べる二度目と午後に食べる三度目の食事は農作業中にとることもあり、茹でたマメやイモを食べながらチャガを飲む。夕食（四度目の食事）も基本的には同じだが、イモにダマを加えることがある。四〇代男性Ｄ（コンソ）の料理ごとの一日の摂取量を計量（グラム）したところ、チャガの摂取量が農閑期は一七五〇グラム、農繁期も一九六〇グラムと飛びぬけて高

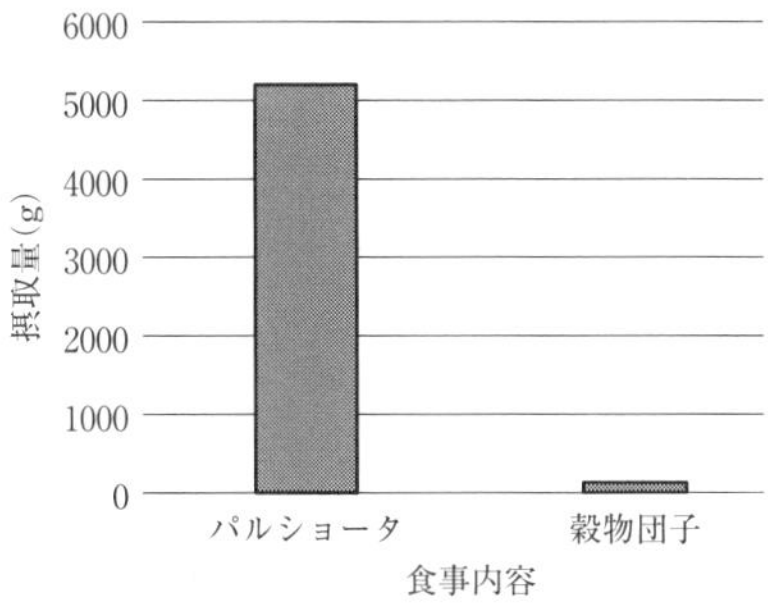

図７　デラシャの食事内容・農繁期

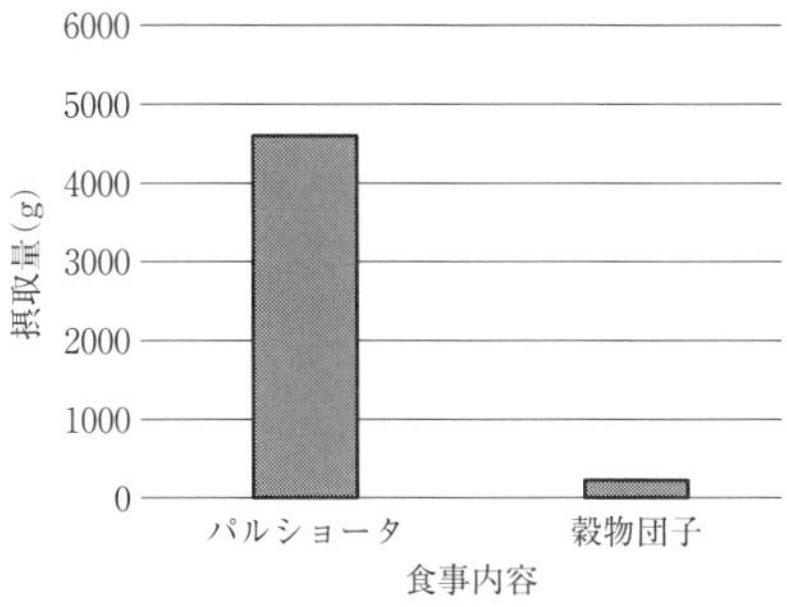

図６　デラシャの食事内容・農閑期

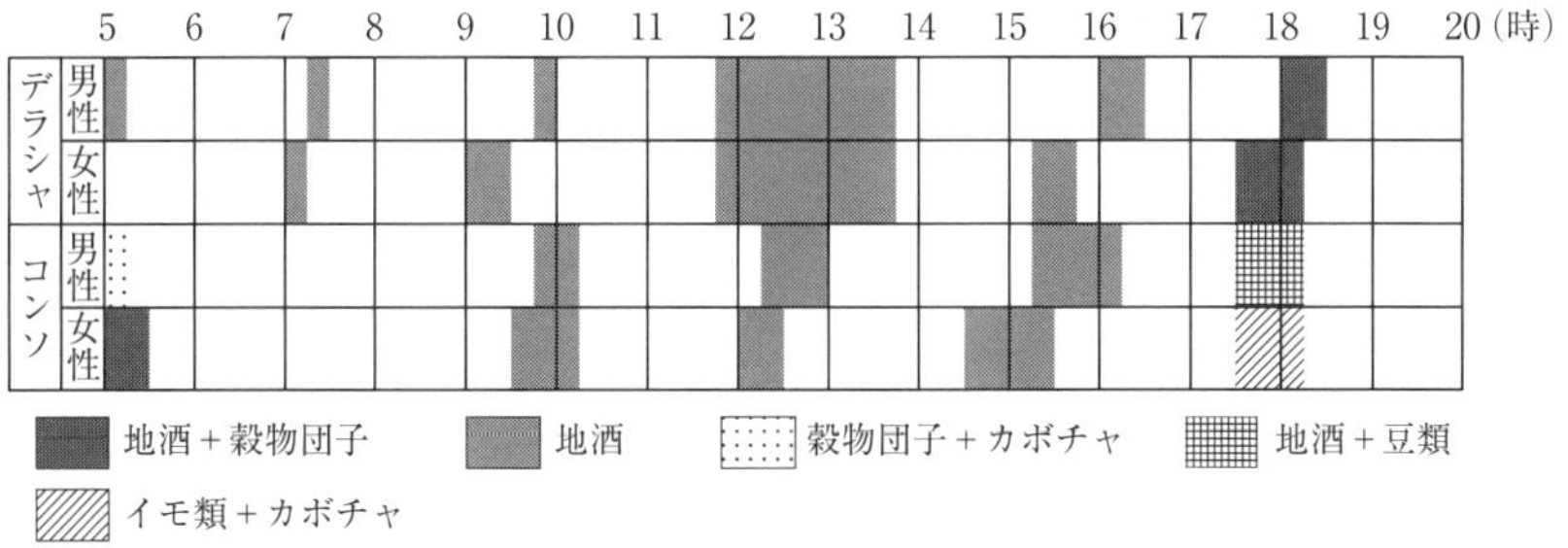

図８　農繁期におけるデラシャとコンソの 40 代男女の食事内容と摂食時間

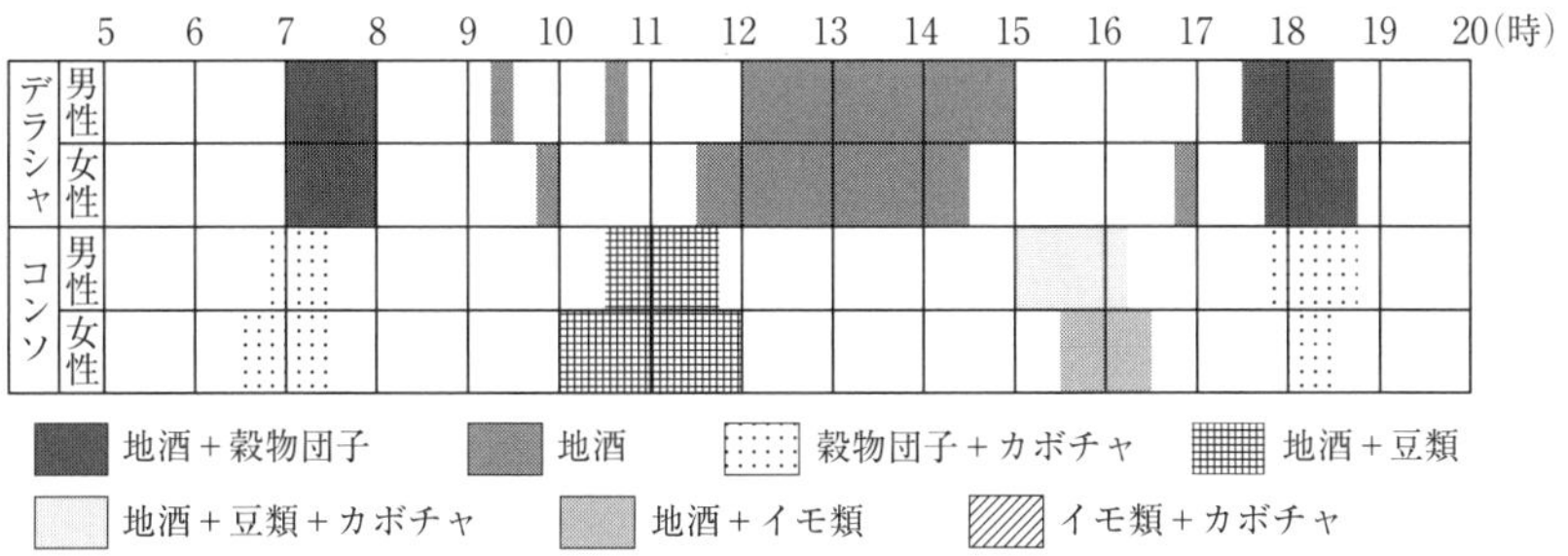

図９　農閑期におけるデラシャとコンソの 40 代男女の食事内容と摂食時間

かった（図4、5）。しかし、これはデラシャが一日に摂取するパルショータの半分以下である（図6、7）。コンソは、チャガと同じ材料でつくった穀物団子ダマの他に、β-カロテンやビタミンCを含むカボチャや、タンパク質や食物繊維を多く含むマメなども毎日口にしていた。また、デラシャとコンソの四〇代男女の一日の食事内容と摂食時間を調べたところ、コンソの方が献立の種類が多く、食事時間が短かった（図8、9）。

このようにコンソは、穀物団子ダマやイモも頻繁に食べてカロリーを補給していた。こうした固形食料は食間の空腹を抑えるのに役立っていると考えられる。また副食としては、マメや野菜を組み合わせ、これらからタンパク質や脂質、ビタミンや塩類などの微量栄養素を補っているのであろう。すなわち、コンソの食文化では、酒が基幹的な位置を占めながらも、酒からすべてのカロリーや栄養分を得ているわけではない。デラシャとコンソはともに酒を中心とした食文化をもつが、デラシャの方がより強く酒に依存していることがわかる。

8 酒を食べる文化――ネパール編――

食べ物として酒を飲む地域はアジアにもある。ネパール中央部のチトワン州の山間部に暮らす農耕民チェパン（Chepang）の社会にも、シコクビエ（*Eleusine coracana*）やトウモロコシを原料とするハン（han）またはカダダ（kadada）と呼ばれる醸造酒を主食とする食文化がある（写真14）。また、ヒマラヤ・トレッキングの拠点として知られるネパール第二の都市ポカラ（Pokhara）の近くには、標高三〇〇〇メートルの山岳地帯にグルン（Gurung）という民族が住んでいて、かれらもまたシコクビエやトウモロコシからナリパー（naripa）と呼ばれる酒をつくっている（写真15）。これらの醸造酒はネパール語で、ジャード（jard）と総称される。ちなみに、ネパールにも蒸留酒があって、ロキシー（roxy）と呼ばれている。チェパンもグルンもそれぞれ蒸留酒をつくり、チェパン語で

写真14　酒ジャードをつくるチェパン

写真15　酒ロキシーをつくるグルン

はラキ（raki）またはモデ（mode）、グルン語ではパー（pa）と呼んでいる。醸造酒は日常的に飲まれるが、蒸留酒は祭りや来客があったときくらいしか飲まれない。

私はエチオピアでの調査のあと、酒文化に関する研究を続けていた。二〇一六年二～三月と一〇～一一月にネパールを訪れる機会に恵まれ、チェパンとグルンの農村に計一ヵ月半滞在し、その地域の食文化について現地調査した。

アフリカの醸造ではアルコール発酵に先立って、シコクビエなどの穀物の発芽アミラーゼでデンプンを糖化するが、ネパールのチェパンやグルンはこの工程に麹、つまりカビを用いる。シコクビエやトウモロコシの穀粒あるいは粉を煮て糊化し、そこにモルチャ（morcha）をくだいた粉末を加えてよく混ぜる。モルチャとは、米粉[3]に水を加えこね、手のひらサイズの円盤状もしくはうずら卵のような形にして天日干ししたあとで、冷暗所において酵母と麹菌を繁殖させた、いわゆる麹で、デンプンの糖化とアルコール発酵を促すために添加するものである。

チェパンの人びとは、ハンを主に朝食と昼食として1日に二～三・五リットルも飲む。夕食にはシコクビエかトウモロコシの粉を熱湯で練ったドゥロ（dulo）と呼ばれる粥のような料理と、サール（sar）という青菜の塩茹か、タルカリ（tarkari）という野菜を香辛料と油で炒めたおかずを一緒に食べる。チェパンもまたコンソと同様に穀物の醸造酒と穀物の固形食をカロリー源としながら、野菜などの副食を食べて他の栄養分を補っている。またハンは社会的にも重要で、耕起や収穫、家の建築といった共同作業のあとにかならず振る舞われる食事でもある。

一方、グルンの村では、シコクビエやトウモロコシ、ときには購入したコメでつくった酒ナリパーを朝食や昼食として一日に一～三リットル飲んでいた。それ以外の食事は、チェパンと同じようにドゥロと野菜料理を食べ、ときには市場で購入した新米を蒸したものが食卓にあがることもあった。しかし、近年の社会の変化とともにこうした食生活も急速に変わろうとしていて、酒を食べるという感覚も馴染まなくなってきているという。

グルンの人びとは農耕を主な生業とする一方で、男性が傭兵としてヨーロッパなどで働いて生計を支えている世帯は少なくない。そのため、村には若壮年層の男性の姿をあまり見かけない。グルンの女性たちは、男性が傭兵に行くようになってから酒を醸造する回数も量も減り、彼女たち自身も酒を飲む機会が減ったと語る。また観光化もその一因となっている。トレッキング・コース上に位置する調査村では、年間を通して海外のトレッカーが多く訪れる。旅行者の目には、地元の住民が朝から酒を飲む姿はあまりよく映らない。最近では外部の視線を意識して、酒をつくったり飲んだりすることを隠すようにもなってきたという。

ネパールの首都カトマンズとその周囲のカトマンズ盆地一帯にはネワール（Newar）という民族が暮らしている。ネワールはネパールのなかでも、タカリ（Thakali）という民族と並んで豊かな食文化をもつことで知られている。発酵した飲み物も種類が多く、コメからつくる白い醸造酒トン（tong）、これはネパール語ではチャン（chang）と呼ばれる。そのほかにも、*Pseudomonas* 菌の繁殖によって赤くなったコメを発酵させた酒の上澄みカルトン（karthon）、その液状の澱ヤウトン（yauthon）、そしてコメの醸造酒を蒸留したアイラ（aira）が飲まれる。アイラのつくり方もグルンやチェパンの蒸留酒と同じでネパール語でロキシーと呼ばれる。カルトンとヤウ

写真16　ダルバート

トンは、ネワール以外ではあまり知られておらず、ネワールでも醸造方法を知らない者もいる。これらは、風邪や腹痛、下痢の予防薬や治療薬としても用いられている。私はネパールの酒のなかでカルトンが一番好きで、コメの酒でありながらワインを思わせるフルーティな甘みと爽やかな香りが特徴である。ヤウトンはドロッとした濁酒で、紹興酒のような濃い甘みがしばらく口の中に残るが、これはこれでなかなかおいしい。この二つの酒はネワールにとって高級品で、チャンの二〜四倍の値段で売られる。チャンは微発泡性でカルピス・サワーにも似たさっぱりとした酸味と甘みがある。ネワールがつくるロキシーは上質で、アルコール濃度が四〇パーセントを越えるものもあり、そのまま飲むと喉が焼けるように熱くなる。すぐに酔っぱらうが、不純物を入れずすべてコメからつくるためか二日酔いはしないと、他の民族のあいだでも評判が高い。農村に暮らすネワールは普段からチャンを醸造し食事として飲んでいる。朝食や夕食だけでなく、畑仕事の合間に飲むことも多い。一日に二リットルほど飲むが、チャンはアルコール濃度が低いので酩酊して仕事に支障をきたすことはなく、むしろ単調な農作業に張り合いを与えているようにも見える。

一方、カトマンズ市内にはダルバート（daalbhaat）という定番の食事がある。ダル（daal）はマメ料理を、バート（bhaat）は蒸したコメやそれを潰したチュッラ（chura）という米飯を指し、それに野菜のスパイス炒め、野菜の漬け物アチュール（achul）、青菜の塩茹でサール、そしてヨーグルトをあわせたセット・メニューをそう呼び、ネワールの日常食になっている。それ以外にも水牛の肉を焼いたり蒸したりして香草とスパイスで味つけしたチョエラ（chowela）や米粉にひき肉やジャガイモを混ぜて薄く焼いたチャタモリ（chatamori）などいろいろおいしい料理がある（写真16）。このバラエティ豊かなメニューも関係しているのであろう、都市住民は家庭でチャンを飲むことはない。都会でチャンを飲んでいるのは、農村から出稼ぎにきた男性労働者が中心である。かれらはネワールが経営する居酒屋に夜な夜な集まり、酒の肴をつまみながら一〜二リットルのチャンを飲んでは故郷の食を懐かしむ。同じネワールであっても、住む場所や生活スタイルによって食文化も大きく変わってきているのである。

写真17　祭りでロキシーを飲むネワール

ただし、蒸留酒ロキシーの飲み方は都会と田舎でかなり共通している。普段はあまり酒を飲まない都会暮らしのネワールも、祭りの前は食生活が一変する。ネパールは祭りが多く、じつに一年のほぼ三分の一が祭りとその準備期間で占められている。そのあいだ、親族や知人・友人が集って朝からご馳走を食べながらロキシーを飲んで歌い踊る（写真17）。日常的にはほとんどロキシーを飲まない農村の暮らしも祭りとなれば話が違う。祭りのあいだはロキシーをたらふく飲んで酔っ払う。すなわち、一年の三分の二を酔わないでチャンを食事として飲み、残りの三分の一はロキシーを飲んで思う存分酔っ払う。傍から見れば一年中酒ばかり飲んでいるように映るのだが、彼らはチャンと飲み分けているのである。

ネパールには、チェパン、グルン、ネワール以外にも酒を食事とする文化が残っている。ただし、物流が活性化して食生活が多様化するとともに、酒がもつ「酔う」という神秘的な力が注目を集め、食事としての酒の意味が軽視されていったように思う。その結果、世界中から酒を食事とする文化が消えていったのかもしれない。

9　酒の起源

世界に酒の存在しない社会はない。酒の起源には多くの説があり、その場所や時間を特定することはできない。しかし、多種多様な酒と環境・社会・文化・宗教との関係を思い浮かべながら歴史を遡るのはおもしろい。世界各地の遺跡や古文書には、酒の痕跡がみられる。現在、世界にひろく流通しているビールもその歴史は古く、ビールの発祥の地とされるエジプトのピラミッドの壁画にはビールづくりの様子が描かれている（O'Brein 2011）。ビールと並んで消費量が多いワインも古代から醸造された酒で、イランのザクロス山脈の新石器時代居住跡から発見された紀元前五四〇〇〜五〇〇〇年の土器の底の残留物を分析した結果、ワインが入れられていたことが判明している（McGovern and Rudolph 1996）。また、紀元前二〇〇〇年紀の古代バビロニアの楔形文書である「ギルガメッシュ叙事詩」にもワインに関する記載がある（McGovern 2006）。

このように、紀元前から人類は酒を醸造してきたわけだが、酒が本格的に醸造されるようになったのは、人類が農耕と牧畜を開始し、余剰の食料が生みだすようになってからとされる（石毛 一九九八）。とくに農耕社会では、酒の材料となる糖分の多い果実やデンプンに富む穀物・イモなどの食物を栽培化し、原料の供給が安定したことで酒づくりが本格化し、各地ではさまざまな地酒が大量につくられるようになった。

その一方で、近年まで醸造文化をもたなかった人びともいる。牧畜民のなかで生まれた酒は、中央アジアの乳酒のみで、シベリアのトナカイ遊牧民による乳利用や酒の醸造は見られない。また、一般的に、狩猟採集民は酒づくりをしない。オセアニア（ニューギニアの内陸部やオーストラリア、ポリネシア）の先住民、ユーラシア大陸の極北の狩猟民（イヌイット）、北米とカナダ、アラスカのインディアンの大部分、アフリカ大陸のコンゴ森林地帯と東アフリカ、南アフリカに分布する狩猟採集民は、醸造の文化をもたなかった。また、北アフリカから西アジア、中央アジアにつづくイスラム教地帯とインド亜大陸のヒンドゥー教地帯では、宗教上、飲酒が禁止されていたため、現在も酒づくりが盛んではない（石毛　一九九八）。

10
飲酒の目的

世界各地では各民族が、居住地で得られる産物を使い、独自の製法でさまざまな酒をつくってきた。北アフリカから中東、西アジア、インドにかけての一帯とシベリアのイスラム圏とヒンドゥー圏は宗教上の理由で禁酒地帯であり、ポリネシアや北南米の狩猟採集民とシベリア牧畜民の間では酒づくりは見られない。しかし、それ以外の農耕地帯ではさまざまな酒がみられる。代表的なものに、メソポタミアを起源とするビールや、地中海が発祥のワインやブランデー、スコットランドのウィスキー、ロシアのウォッカ、アフリカやアジアで飲まれるヤシ酒、最近他国でも飲まれ始めた日本酒などがある。これらの酒の起源は古代まで遡り、キリスト教でワインは「キリストの血」を象徴する神聖なものである（田中一九八五：一九九七）。さらに、禁酒を掲げるイスラム教のコーランのなかには数ヵ所に「敬虔な者に約束されている楽園のなかには、飲む者に甘い美酒の流れる河川がある」などの記述があり、酒が至福の楽園の飲み物として登場する（田中　一九九七）。このように、酒を讃える古くからの言葉や言い伝えは、古今東西に数多く残っており、酒が人類の生活とともにあったことを示している。酒のもつ役割はさまざまで、古来より宗教儀礼や祭礼の際（Adams 1995, Trenk 2001）、神饌（神崎　一九九七）、農耕儀礼などの際にも神々に捧げられてきた（Heath 1999）。

さらに、人間関係を形成するツールともなっている。イギリスの友達同士が順番に酒をおごっていくラウンド文化（Dorn 1981）、オーストラリアのパブでのグループで飲酒する際に順番におごり合う文化（Hall and Hunter 1995, Sargent 1979）、社会的・政治的なコミュニティの場となっているジンバブエのビアホール（Woelk et al. 2001）などはその事例のほんの一部である。その他にも、多くの人にとって飲酒はくつろぎを得たり、ストレスを和らげたりする手段となっており（Brodskey and Peele 2000, Peele and Grant 1999）、個人的な楽しみの一つとして飲酒を挙げる人も少なくない。さらに、健全なライフスタイルのなかに組み込まれた飲酒が高い所得に結びつく可能性も指摘されている（French and Zarkin 1995）。

また、飲酒には治療薬としての側面もある。例えば、英語には「Wine is old men's milk」という言葉があり、日本や中国でも古くから「百薬の長」あるいは「天の美禄」と酒の薬としての側面を讃える言葉がある。フランスでも「Le bon vin rejouit le Coeur de l'home（よき酒は人の心を楽しませる）」という言葉がある。中世までのヨーロッパでは、ワインは気管支炎と肺炎、カタル性下痢、貧血に有効であると推奨されており、薬草をワイン又は蒸留酒で抽出したエリキシールは中世に流行したペストの予防薬として使われた（田中 一九九七）。その他に、ブランデーは小児の消化不良やコレラ様下痢の治療に使われており、病気によって利用する酒を使い分ける医師もいた。「貴方の健康を祝して！（За ваше здоро́вье！：ザ・ヴァーシェ・ズダローヴィエ！）」というロシアの乾杯の挨拶も酒と健康の関係を喚起させる（Sverdlov 2001）。

現在でも、飲酒には、社交性や息抜き、社会的境界の明示（たとえば、自分たちと同じような見方をする）、娯楽の枠組み（たとえば、仕事とそれ以外の線引き）、お祝い、超越（神との交信）、社会的信用（友人や隣人に酒をおごる）、ステータスの印、競争的な飲酒などの数々の側面がある（Heath 1999）。その人にとっての酒のもつ意味や、いつ、

どこで酒を飲み、何をするかはじつに多様である（Heath 1995; 2000）

11 酒を食べる文化

酒の用途は多岐にわたる。しかし、これらの薬、娯楽、宗教、報酬、富の分配、関係性の継続や明示、権力の誇示といった用途が世界各地で残っているのに対し、食事という用途をもつ地域はきわめてかぎられている。ただし、酒が食事とされてこなかったわけではない。

ビールは中世まではヨーロッパの広い地域で食事として飲まれていた（Nelson 2005, Unger 2004）。古代エジプトで生まれたビールは、もともとはパンづくりの失敗の末に生まれたものとされており、現在のビールよりも固形に近い状態のものがカロリー源として飲まれていた。それよりも時代が進み中世ヨーロッパでは、ゲルマン民族から伝わった方法により各家庭で自家用ビールが醸造されており、ビールは酒というよりは主要な栄養源の一つとなっていった。この時代につくられていたビールの元祖であるセルヴォワーズ（エール）は、簡単につくれることから庶民に親しまれた。かなり濁っていて濃厚で、カロリーが高かったため、パンと同じく毎日大量に飲まれていた。当時のビールは、現代のビールと異なり、未精製でアルコール度数も低い飲み物であった。中世後期におけるヨーロッパのビール地帯におけるビール消費量はビールを食事としていたため大量だったとされている（ロリウー 二〇〇三）。また、中世において避けるべき飲み物は生水であり、人間にとって有害なものとみなされていた。下水設備がない中世において井戸水は、チフスやコレラの感染源であった。危険な井戸水に比べてビールは発酵の過程である程度滅菌されており、肝臓への負担を除けば、非常に安全な飲み物だった（アーベル 一九八九）。すなわち、ビールは飲料水の代わりでもあったのである。イギリスにおいてもビールは大衆的な飲み物で、一九世紀初期に紅茶やコーヒーが普及するまで、ビールは朝食時の飲み物だった（ホフキンス 一九九八）。現在のヨーロッパではもちろんビールは食事ではなく酒であるが、依然としてビールは昼食時に飲まれているのはカロリーや水分補給源として扱われていたときの名残なのかもしれない。また、ビールと同様に古代からヨーロッパで飲まれるワインも一九世紀に入るまでは、水に代わる飲み物とされ、ローマなどの地中海沿岸地域では大衆的な飲み物であった。

日本酒も過去には食べる酒であったとする説もある（石毛 一九九八）。稲作と一緒にコメのバラ麹を使用する醸造技術が長江から伝播したことが、日本酒造りが始まるきっかけとする説がある。大型の醸造用機が発達する前の段階では、水をほとんど加えずに発酵させる方が容量当たりのアルコール生産効率がよく、古代にはそのままモロミとして食べていたところもある。たとえば石毛（一九九八）は、「万葉集」巻四の丹生女王による歌「古人の食へしめたるキビの酒　病めばすべなし貫簀（ぬきす：竹で編んだかご）賜らむ」は、「病気で酒がのどを通らないので、吉備の酒を濾して液体化して飲むための貫簀をください」とする訳が正しいとし、過去の日本では固形の酒が滋養食とされていたとしている。

粘性の高いジャポニカ米を原料とした酒は、圧搾機が出てくる前は液体と固体の分離が難しく、東南アジアではモロミをザルに入れて滴り落ちる液体を集めたり、醸造している甕《かめ》の中にしみ出す液体を汲んだり、モロミを入れた容器に竹管をストローのように差し込んで上澄み液を濾して飲んだりもしていたらしい。竹管の下端には節がついていて、節の近くに細い切れ目を入れる。モロミに湯や水を入れて、しみ出したアルコールを竹管で吸うと、切れ目がフィルター代わりになって澱は容器に残り、液体だけが口に入ってくるというしくみである。液体がなくなると、再び湯を足す。これらの固形の酒を飲む文化はヒマラヤ山麓から東南アジアのカビ酒地帯に点在しており（石毛ら 一九九八）、これらの酒がかつて「食べる酒」であった可能性を示している。

歴史のなかで酒を食事としていた地域においても、そのほとんどが酒を嗜好品として、儀礼用として利用するだけになっていった。そのなかで、現在でもエチオピア、ネパール、ブータンの一部で酒を食事とする習慣が残っている。なかでもエチオピアのデラシャは、酒であるパルショータをほとんど唯一の食事としているのである。本書では、「酒を食べる」とはどういうことなのかという疑問に迫りつつ、地域の気候や生業、生活、文化、社会などと酒を食べる文化との関与を細かく分析していく。そして、エチオピアのデラシャの社会になぜ酒を食べる文化が受け継がれてきたのかを考えてみたい。

注

（1）エチオピアの公式文書では、地域はDirasheもしくはDerashe、民族はDirashaと表す。本書でもそれにならって、地域はデラシェ、民族はデラシャと表記した。
（2）現地名のローマ字表記は全て、現地住民に書いてもらった。一方、現地名の日本語表記は、著者が聞こえた名前を書いている。
（3）まれではあるが、小麦の粉末が用いられることもある。

第1章 食べる酒パルショータのつくり方

デラシャ社会には、パルショータのほかにも、乳酸発酵させないカララ（kalala）と、アルコール濃度の高いネッチ・チャガという二種類の飲み物があるが、食事として飲むのはパルショータだけである。図10に比較のために三種類のつくり方を簡単に示した。ここではまずパルショータのつくり方に注目しながら、食事として毎日飲むとはどういうことなのかを考えてみたい。

1 パルショータのつくり方

パルショータのつくり方は、ほかの二つの飲み物（カララとネッチ・チャガ）、そしてコンソがつくるチャガなどと比べても格段に複雑で、とりわけ乳酸発酵の時間が長いという特徴がある。またデラシャが自分たちの居住域を標高一八〇〇メートル以上の丘陵地帯をダガ、それよりも低い山の中腹から平野

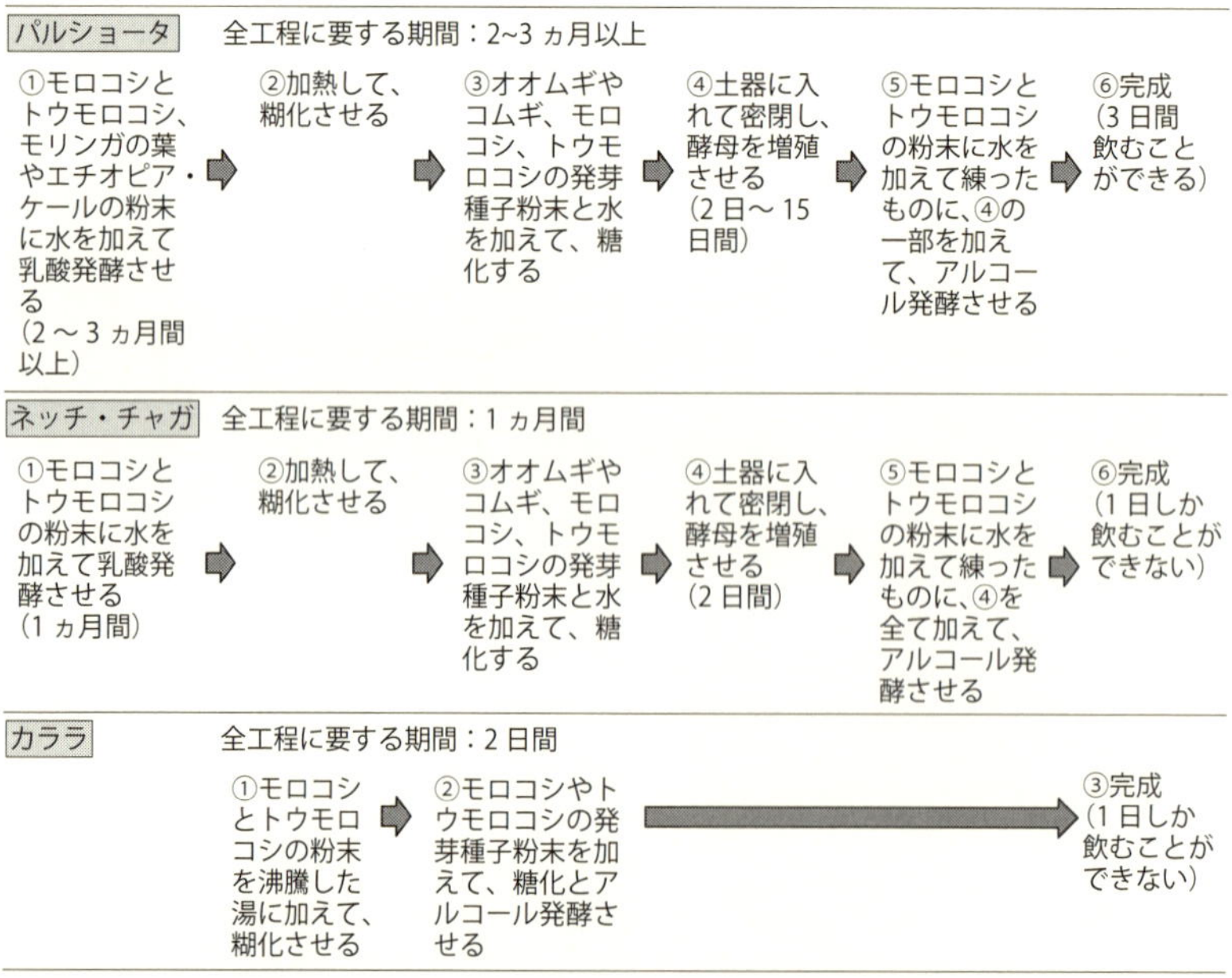

パルショータ
全工程に要する期間：2~3ヵ月以上
①モロコシとトウモロコシ、モリンガの葉やエチオピア・ケールの粉末に水を加えて乳酸発酵させる（2～3ヵ月間以上）
②加熱して、糊化させる
③オオムギやコムギ、モロコシ、トウモロコシの発芽種子粉末と水を加えて、糖化する
④土器に入れて密閉し、酵母を増殖させる（2日～15日間）
⑤モロコシとトウモロコシの粉末に水を加えて練ったものに、④の一部を加えて、アルコール発酵させる
⑥完成（3日間飲むことができる）
ネッチ・チャガ
全工程に要する期間：1ヵ月間
①モロコシとトウモロコシの粉末に水を加えて乳酸発酵させる（1ヵ月間）
②加熱して、糊化させる
③オオムギやコムギ、モロコシ、トウモロコシの発芽種子粉末と水を加えて、糖化する
④土器に入れて密閉し、酵母を増殖させる（2日間）
⑤モロコシとトウモロコシの粉末に水を加えて練ったものに、④を全て加えて、アルコール発酵させる
⑥完成（1日しか飲むことができない）
カララ
全工程に要する期間：2日間
①モロコシとトウモロコシの粉末を沸騰した湯に加えて、糊化させる
②モロコシやトウモロコシの発芽種子粉末を加えて、糖化とアルコール発酵させる
③完成（1日しか飲むことができない）

図10 パルショータとネッチ・チャガ、カララのつくり方

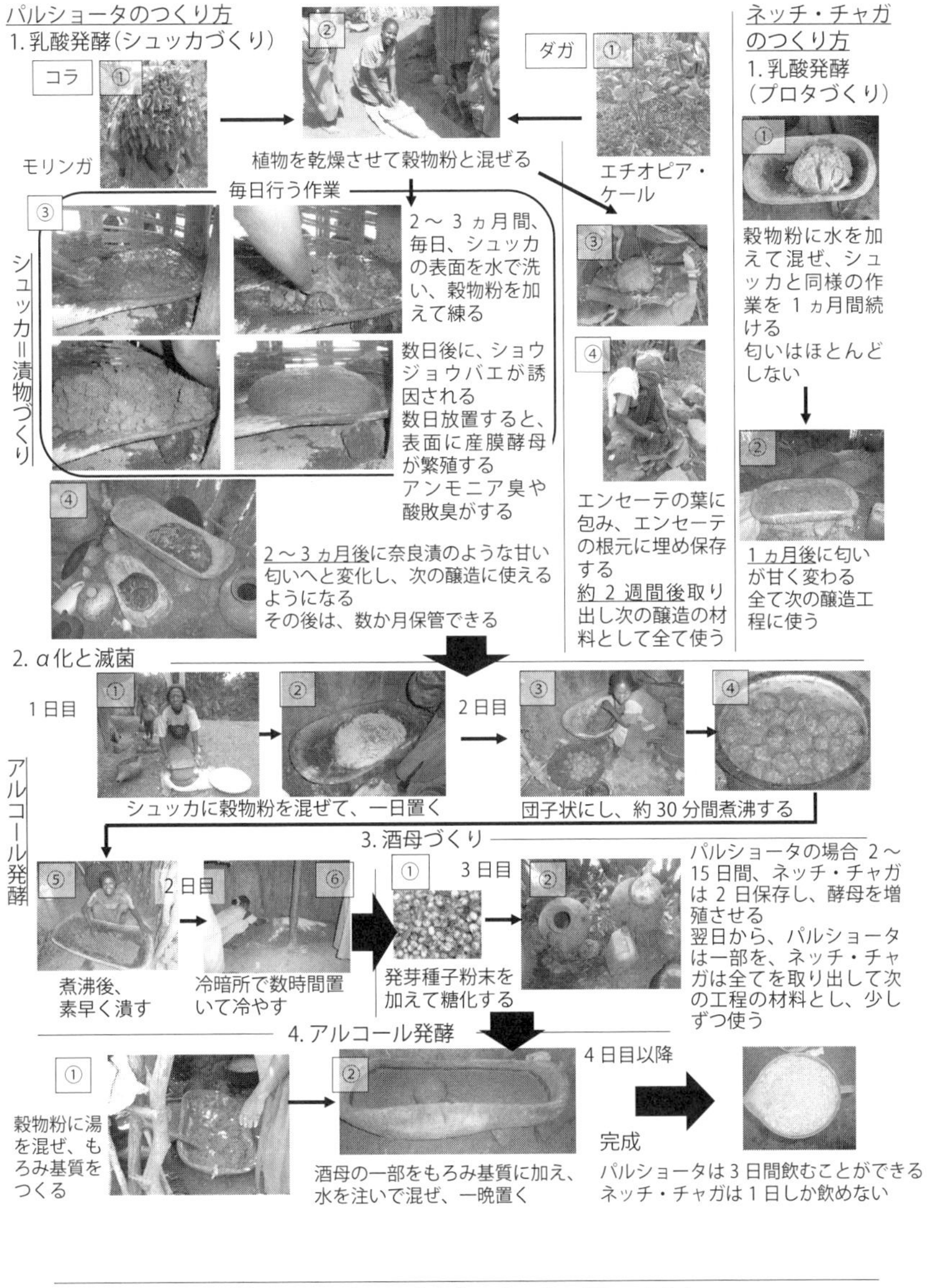

図11　パルショータとネッチ・チャガのつくり方

写真20　家の前のエチオピア・ケール畑

写真18　モリンガ

写真21　穀物に植物葉を混ぜ込むシュッカづくり

写真19　モリンガとパルショータを頭にのせた少年

部一帯をコラと呼び分けていることは先にも述べたが、ダガとコラのあいだでもパルショータの醸造方法には違いがある（図11）。

はじめにコラにおけるパルショータのつくり方について説明する。調査したコラの村々（A村、G村、O村、W村）では、モロコシとトウモロコシの粉末に水を加えて団子をつくり、それにワサビノキ科のモリンガ（*Moringa stenopetala*）（写真18、19）やアブラナ科のケール（*Brassica carinata*）の葉（写真20）の乾燥粉末を少しずつ加えながら磨《す》り石で練っていく（写真21）。かつては穀物もこの磨り石で製粉していたが、かなりの重労働なため、動力製粉機が村に導入されてからというもの、磨り石はもっぱら「練る」道具として使わ

写真22　シュッカ

写真23　市場で売られるエチオピア・ケール

れるようになった。このとき、たんに穀物粉と水と乾燥葉を練って馴染ませているだけではない。モリンガの葉柄や穀物粉の「だま」は飲みこむときに喉に引っかかって気になるので、磨り石で生地を延ばしたときに表面に現れる小さな異物を丁寧に取り除いているのである。

異物を取り終えると、生地を大皿の上に平たく延ばし、室内や台所の風通しのよい暗所に置いておく。この緑色をした練り物をシュッカ（syuka）という（写真22）。ケールを加えることでおいしいパルショータができると言う主婦は多いのだが、ケールは冷涼なダガでしか育たないため、コラの人がケールを手に入れるにはギドレの市場までわざわざ買いに行かなければならない（写真23）。そこでコラでは、ケールの代わりにモリンガの葉をよく使っている。どの農家も畑のなかに点々とモリンガの木を植えていて、必要なときにはすぐに新葉が採れるようにしている。背丈ほどの高さで摘心されたモリンガの木は、細い新梢が多数萌芽して、どの木もまるで茶筅《ちゃせん》を立てたような樹形をしている。シュッカの材料には、地下貯蔵穴ポロタ（polota）に入れてあったモロコシが使われる（写真24）。ポロタに貯蔵されたモロコシは特別にメンナ（menna）と呼ばれる。メンナには独特の臭いがつくが、発酵することでそれが甘い香りに変わるのだという。

シュッカを水で洗い穀物粉を加えてこねる作業を二〜四日繰り返し

写真 24　ポロタから取り出したモロコシ

写真 25　シュッカをかき混ぜる

ていくと、シュッカの表面にショウジョウバエ（おそらく、キイロショウジョウバエ）がたかり始める。ショウジョウバエの発生は発酵が順調にすすんでいることを意味し、逆にショウジョウバエが来ないと「このシュッカはそのうち腐ってしまう」と言って、前回（一ヵ月半ほど前）つくったシュッカと混ぜ合わせる。デラシャは一～三ヵ月おきにシュッカをつくるので、常に二、三個の保存期間の異なったシュッカが家にある。ショウジョウバエを誘引するかどうかは、シュッカづくりのできばえを判断する指標になっているのである。さらに四～六日経つと、シュッカはアンモニア臭と酸敗臭の混ざったような異臭を放ち始める。

三週間～一ヵ月後のシュッカを混ぜずに数日放置すると、表面に白いカビが生えてくる。この白いカビは、日本のぬか床を放置していても発生する産膜酵母であると思われる。人体には無害だが、日本ではぬか床を劣化させるので、毎日の攪拌は欠かせない作業とされている。この白いカビも、シュッカづくりがうまくいっているかどうかを見きわめる指標の一つで、白いカビが発生するシュッカはおいしいパルショータになるという。ここでも、白いカビが増殖してしまうのはよくないので、表面にうっすらとカビが生えてきたのを見つけるとすぐに表面を洗い流すか、もしくは生地をこねて表面を内側に練り込む（写真25）。シュッカの表面の洗浄と練り込み作業を二、三ヵ月続けるとシュッカからは異臭が

写真26　エンセーテの葉に包まれたシュッカ

写真27　土に埋める前のシュッカ

しなくなり、奈良漬けやぬか漬けの匂いと甘酒の混ざった、食欲をそそる甘い発酵臭がし始める。シュッカを練るたびに少しずつ穀物の粉を足していくのでそれ自体だんだん嵩が増え、二、三ヵ月後には二〜三・五倍になっている。匂いが変わった後は、表面の洗浄と穀物の粉を練り込む作業を二週間〜一ヵ月に一度くらいのペースで繰り返せば、数ヵ月間その状態を保つことができる。この状態のシュッカが常時、各家庭につくり置きされており、それを毎日少しずつ使ってパルショータがつくられていく。

一方、ダガの村では、家の周りの小さな畑でケールを栽培している。Y村（エリア）の人も「ケールを使ったパルショータが一番おいしい」と言い、シュッカづくりには欠かさない。モロコシとトウモロコシの粉末に水を加えて練った生地に乾燥したケールの葉の粉末を少量ずつ加えながら、磨り石の上で混ぜ合わせる。ここまでの工程はダガとコラに地域差はないが、このあとの保管方法に大きな違いがある。ダガでは、シュッカをエンセーテの葉で丁寧に包んで密閉し（写真26、27）、庭畑に植えているエンセーテの根元に穴を掘って埋め、被せた土の上に石を何個も置いて重石をする（写真28）。一四、一五日放置したあと、シュッカを掘り出してエンセーテの葉の包みを開く。この間、一度もエンセーテの葉を開かず、シュッカ

写真28　シュッカに重しを置く

が空気にふれないようにしておく。乳酸菌が増殖しやすい嫌気状態にしていると考えられる。包みから取り出したシュッカは、ぬか漬けや奈良漬け、味噌などの発酵臭が混ざったような香りがする。その香りはコラのシュッカよりもはるかに強い。

コラのように穀物の粉を加えていかないので、仕込んだときとシュッカの容積は変わっていない。毎日大量に消費するパルショータのもとになるシュッカを常備しておくためには、大きなシュッカをつくって複数の包みに分けて保存しておくか、あるいは数日から三週間のインターバルで頻繁にシュッカをつくらなければならない。ダガのシュッカも、完成後は数ヵ月にわたって使い続けることができる。ダガではケールがいつでも手に入るため、コラのように乾燥葉の残量を気にかけておく必要はない。

シュッカの仕上がり具合でパルショータのおいしさだけでなく、保存できる期間も変わるとかれらは語る。シュッカづくりに失敗すると変な臭いがして、お腹を壊すこともあるという。すなわち。シュッカづくりは、パルショータの嗜好性、保存性、安全性を左右するもっとも重要な工程なのである。

シュッカから甘い発酵臭がし始めてからの工程は、ダガとコラに違いはない。コラに分布する六つの村でパルショータの調査をしたが、ロケーションによって材料に若干の違いがみられた。幹線道路沿いに位置するA村とG村では、トウモロコシが二毛作されており、モロコシだけではなくトウモロコシの粉末も頻繁に使っていた。一方、幹線道路から外れ、自給的な傾向の強いY村とK村とO村では、モロコシを二期作するのが一般的で、パ

写真 29　カボタをつくる女性

写真 30　完成したカボタ

ルショータづくりにもモロコシだけが用いられる。

シュッカの一部を取り、ポロタに貯蔵していたモロコシ（メンナ）の粉末と水を加えて練り合わせる。これをカボシラ（kaboshila）といい、一晩寝かせる。翌朝、カボシラにさらにモロコシ（メンナとはかぎらない）の粉末を加え、握り拳大の団子をつくる（写真29、30）。この団子をカボタ（kabota）という。一度の調理でつくるカボタの数は世帯の構成人数によって異なるが、成人五、六人の世帯で五〇～六〇個になる。ドラム缶の上部を輪切りしてつくった大きな容器を鍋にして、その半分まで水を入れて火にかける。湯が湧いたら、鍋の底に木の皮やモロコシの稈を敷き、その上にカボタをぎっしりと詰め込んでいく（写真31）。鍋の上から布やビニールシートを被せて三〇分ほど煮沸する。鍋の三分の二くらいの高さまで湯に浸かるので下方のカボタは茹でた状態になるが、それより上のカボタは蒸したような状態になる（写真32）。穀物粉を団子状に練って煮沸するというのは、農耕民であるデラシェやコンソ、牧畜民であるボラナ（Borana）やグジ（Guji）を含む南部諸民族州の多くの民族にみられる共通の方法である。

煮沸には、デンプンの糊化と同時に、自然酵母などを滅菌するというねらいがあるはずである。そこで、煮沸したカボタをそのまま数時間かけて放冷したのち、カボタの表層一ミリメートルを除いた外周部

写真 31　カボタを茹でる

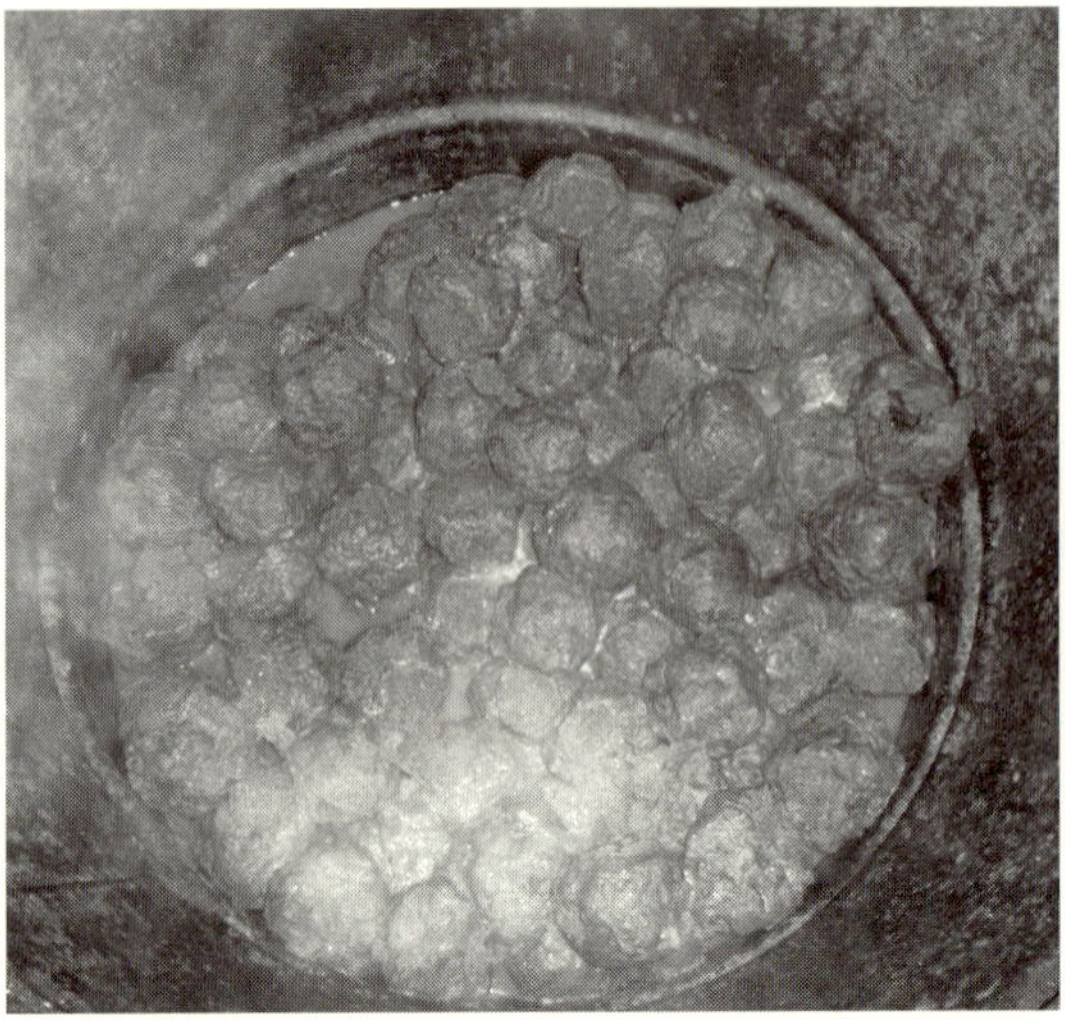

写真 32　湯煎されるカボタ

分（外側）と球体の中心部分（内側）をそれぞれサンプリングして、そこにある酵母の菌株数を顕微鏡で観測した。観察の結果、外側にはわずかに三〇株／グラムの酵母菌が認められたが、これは冷却後の作業中に付着したものと思われる。そして、内側には酵母はまったく認められなかった（陰性／〇・一グラム）。煮沸は滅菌を一つの目的としていることは間違いない。ちなみに、漬け物に繁殖する乳酸菌の多くは摂氏四〇～五〇度を生育の上限としていて（宮尾二〇〇五）、耐高温性の乳酸菌でも六〇度なら三〇分で死滅する。また、酵母の多くも六〇度なら一〇～一五分で死滅する（大橋ら二〇〇九）。この煮沸によって乳酸菌、酵母、雑菌のほとんどが死滅しているとは思うが、鍋のなかのカボタの位置や、カボタの外側と内側でかなり温度が違うので、完全に滅菌はされていないように思う。

　わざわざカボタのような団子をつくって煮る主な理由は、デンプンの糊化が進みすぎて液状化すると鍋の底に焦げつきやすくなるのを恐れているのだろう。焦げれば酒に焦げた臭いがついて質が落ちるだけでなく、そのあとの作業がしづらくなるためだと考えられる。また、鍋のなかのカボタの位置によって加熱具合に差がある。大きな団子の塊を煮ることでもカボタ内の温度にむらができ、糊化の程度にばらつきができる。カボタの表面は完全に糊化してドロドロの状態に溶け始めているが、内側はボソボソとした粉っぽい感触で、充分に糊化していない様子だった。デラシャが流動食（パルショータ）しか食べないことを考えると、糊化程度のばらつきは食品として好ましい状態にあるといえる。すなわち、さまざまな状態のデンプンを食べることで、体内では糖の消化に時間差が生じ、長時間にわたる糖の吸収を可能にして、血糖値の変動を緩やかにしていると推察する。デラシャは、穀物ペーストをカボタという状態で煮沸することによって、デンプンをほどよく糊化しながら雑菌汚染を抑えているのである。また、煮崩れして焦げつかないようにするため、団子状のカボタは煮え具合を知るのに都合がよい形状なのかもしれない。

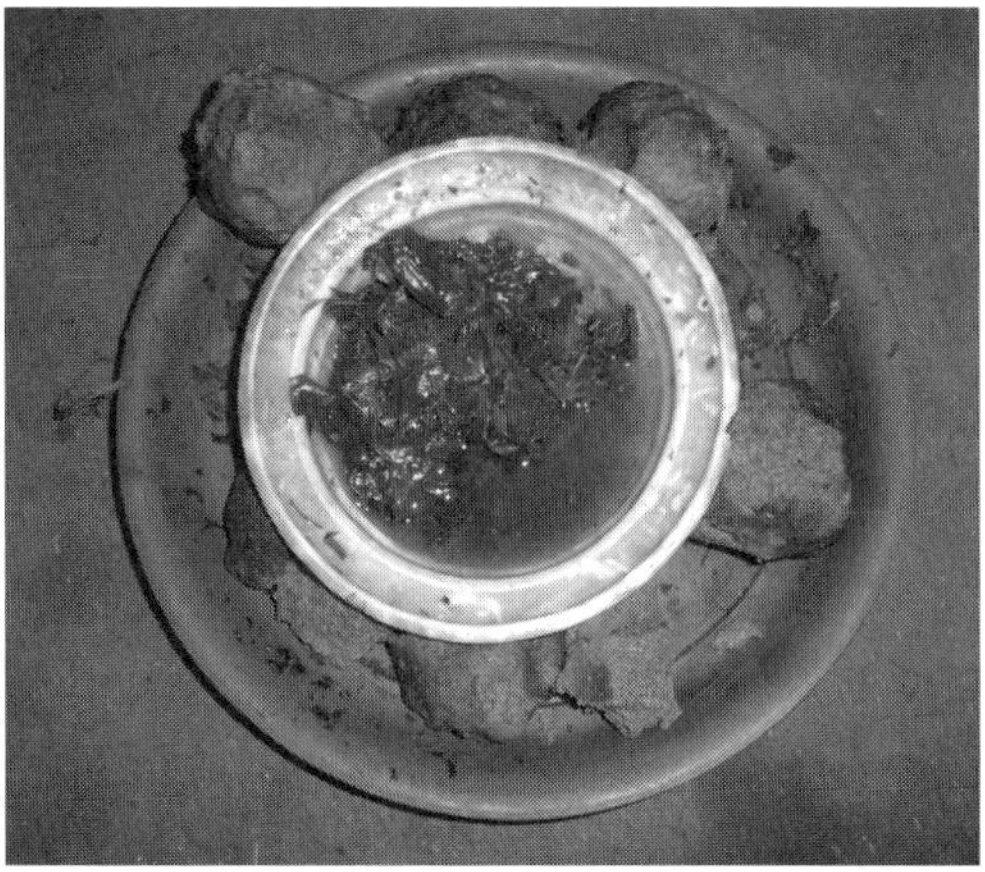

写真 33　おやつのカボタ

デラシャは、茹であがった直後のカボタも好きで、その一部をおやつとして塩茹でしたモリンガを添えて食べる（写真33）。乳酸は一〇〇度で煮ても分解されないので、カボタはパルショータの原液をさらに濃縮したような、酸味と甘みの強いぬか漬けや甘酒のような味がする。大人も子どももカボタを食べるのを楽しみしており、「毎日でも食べたい」と話す。私も食べてみたが、酸味とほのかな甘みがあり、ぼそぼそとした粉っぽさを残しながらも、パンのような弾力もある。少し粉っぽいライ麦パンを食べているような食感がなかなかおいしい。

煮沸し終えると、まだあつあつのカボタを素手で大皿に取り出

写真34　カボタを潰す女性

す。煮沸したカボタの表面を指先で触れてみたが、とても人がつかめるような温度ではない。デラシャの女性たちは「熱いけど、さっさとやれば大丈夫！」と口を揃えて言う。彼女たちはハワラタを茹でた直後の鉄鍋やラッコトを焼いた直後の石板も素手でつかむ。指を触らせてもらうと、皮膚はとても厚くて硬い。パルショータの調理には包丁も杓子も使わない。シュッカの練り具合やカボタの茹であがり具合もすべてこの指が覚えていて、カボタの茹で加減も熱い団子をつかんだ瞬間に判断しているのであろう。

あつあつのカボタを大皿に取り出すとすぐに別の女性がコイリカボタテ（koirikabotate）と呼ばれる木のヘラでカボタを潰していく（写真34）。日本の餅つきのように二人が調子を合わせておこなう共同作業である。素早く潰すのは、カボタが冷める前にまんべんなく混ぜるためである。パルショータづくりはだいたいゆっくりとすすめられるのだが、この工程だけは慌ただしい。カボタのご相伴にあずかりながら思うのは、カボタが少し冷めてきたときの表面と内部の形質の違いで

写真35　プリプッラを広げて冷ます

ある。表面は冷めると外皮のように固くなるのに対し、内部は粉っぽくぼそぼそしてまとまりがない。充分に糊化（アルファ化）したカボタの表層部は、冷めることで老化（ベータ化）して固くなってしまうのである。つまり、固くなってからではうまく混ざらずに固い異物として残ってしまうので、熱いうちに糊化したデンプンをできるだけ生地に馴染ませることで喉ごしをよくしていると考えられる。

カボタを潰したものは、プリプッラ（pulipula）と呼ばれる。プリプッラは室内の陽の当たらない場所に広げられ、その上にメンナ（ポロタから取り出したモロコシ）の粉末を振りかけ、完全に冷めるまで数時間放置する（写真35）。プリプッラのpHは四・二の酸性を示していた。プリプッラを数時間放置しておくことで、シュッカあるいは振りかけたメンナに繁殖していた耐酸性酵母だけを増殖させていると考えられる。第5章で詳述するが、モロコシをポロタという地下貯蔵穴に保存するあいだに、庫内の酵母がメンナに繁殖していると私は考えている。すなわち、このときに振りかけ

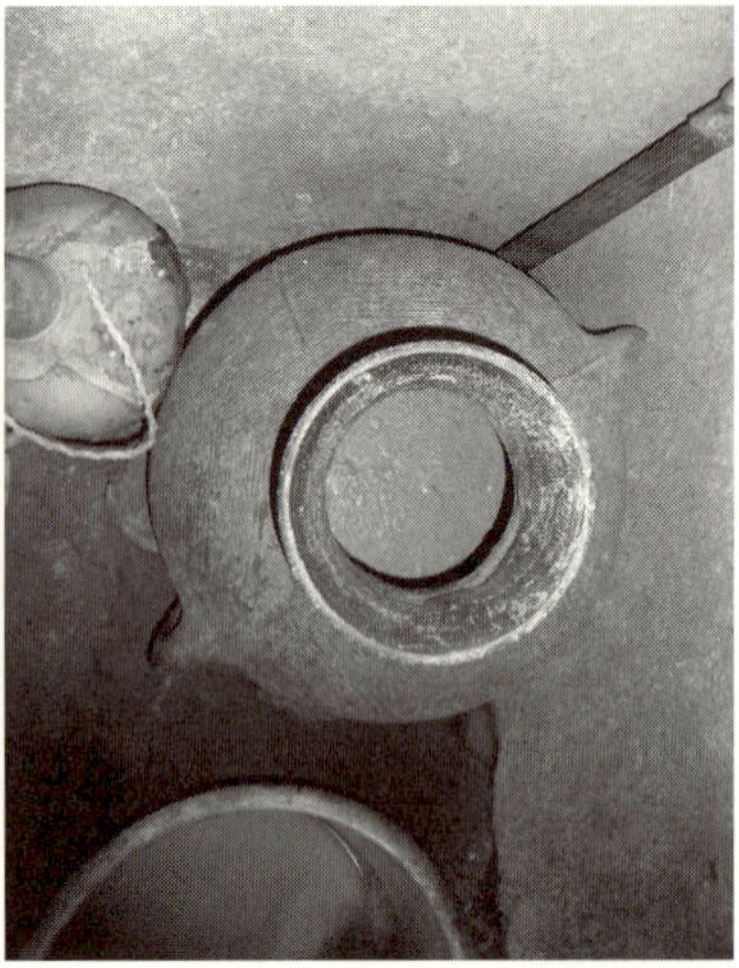

写真 36　土器に入れられたマショシラ

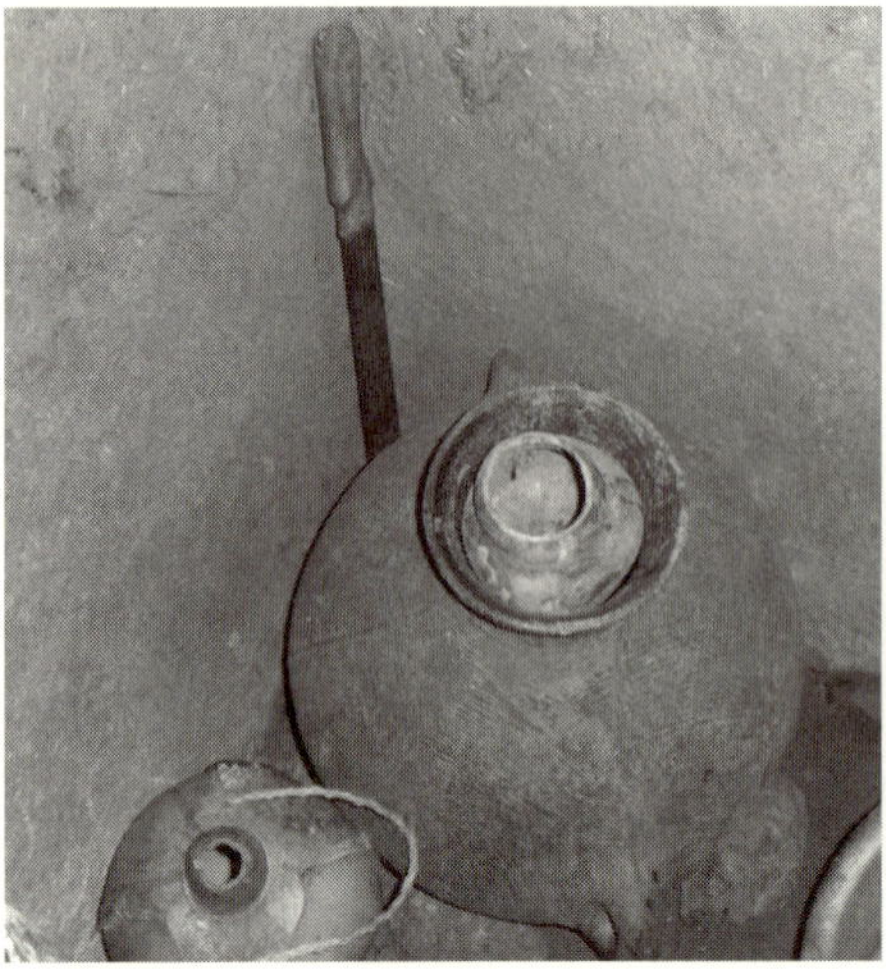

写真 37　嫌気状態で保存されるソカテタ

るメンナにもそれと同じ酵母がたっぷりと付着していて、プリプッラをしばらく放置することで、その酵母を生地に馴染ませる。このとき振りかける粉は「メンナにかぎる」とかれらも説明するように、パルショータと地下貯蔵穴ポロタが酵母を介して強く結びついているのである。

数時間後、プリプッラをオコーダ（okoda）と呼ばれる土器に移して水を加え、それにオオムギ・コムギ・モロコシ・トウモロコシの各発芽種子を混ぜ合わせたマーシャ（masya）という粉末を足して半日ほど置く。この状態のものをマショシラ（mashoshira）という（写真36）。やがてマショシラは発酵を始め、ぶくぶくと泡が出てくる。このときのマショシラのpHは四・一であった。

マショシラを土器に入れて密閉して酵母の繁殖に適した嫌気状態に保つ。こうして一晩ほどおいて酵母を増殖させると、いわゆる酒母ができあがる。この酒母をソカテタ（sokateta）という（写真37）。シュッカと同じくソカテタも保存が可能で、一五日間は使い続けることができるが、ふつうは一週間程度で、長くても十日で使い切ってしまう。ソカテタのpHを測ってみたところ、八日目でpH三・八七を示した。新た

表1　ソカテタ（酵母を増殖中の材料）のpH

保存期（日）	シュッカ（穀物＋モリンガ）	プロタ（穀物のみ）
1	4.02	4.10
2	3.95	3.89
3	3.91	－
4	3.92	－
5	3.89	－
6	3.90	－
7	3.88	－
8	3.87	－
9	3.87	－
10	3.85	－

表2　対象とした酒の種類とエタノール分、エネルギー

酒の種類	酵母の増殖期間	原液のエタノール分(g)	希釈率	希釈後のエタノール分(g)	希釈後のエネルギー(Kcal)
パルショータ①	2日間	3.86	1.3倍	2.97	68
パルショータ②	4日間	6.20	2倍	3.10	109
カララ	無し	1.80	1倍	1.80	44
ネッチ・チャガ	無し	8.20	2倍	4.10	94

な基質を加えつつ嫌気状態に置いたことで、ソカテタ内で乳酸発酵がすすんだものと考えられる。pHが低く維持されることで雑菌の繁殖が長期にわたって抑えられる。しかし、日数が経てば酢酸菌なども繁殖してきて、酢酸臭と酸味が強くなる（表1）。また、ソカテタでは酵母が増殖し続けているので、長く保管されていたソカテタほど、できあがったパルショータのアルコール濃度は高くなる。表2に示したように、パルショータのアルコール濃度は二日目のソカテタから醸造したパルショータ①では三・八六パーセントだが、四日目のソカテタから醸造したパルショータ②では六・二〇パーセントであった。

適量を取り分けたソカテタに、モロコシの粉を水で練ったペーストを加え、さらに一日寝かせるとようやくパルショータが完成する。パルショータは一般に、飲む直前に湧き水や井戸水で一・三～二倍に希釈して飲む。保存期間の短いソカテタからつくったパルショータの原液は一・三倍希釈のことが多く、ソカテタの保存期間が長くなるほど。希釈率が上がる。完

表３　経過日数によるパルショータの呼称とアルコール濃度の変化

経過日数	呼称	アルコール濃度（%）
1	レムレム	2.97
2	ムルムル	3.63
3	ムルムル	3.64
4	コムタッタ	−

表４　パルショータとネッチ・チャガのpH

保存期間(日)	パルショータ	ネッチ・チャガ
1	4.01	3.98
2	3.92	−（3.81）
3	3.89	−
4	−（3.78）	−

＊パルショータの４日目とネッチ・チャガの２日目は腐っていて、通常は飲まれないが、実験目的で計測した。

成後、三日間は飲み続けることができるが、その後の日数でパルショータの呼称が変わっていく。一日目はパルショータ・レムレム（remrem）、二日目と三日目はパルショータ・ムルムル（murmur）、もはや酸っぱくて飲めなくなってしまった四日目はコムタッタ（komtata）と呼ばれる。それぞれ意味があり、一日目のレムレムとは、「赤ちゃん」とか「未熟な」という意味である（表3）。パルショータ・レムレムはクセのない味で甘みが強いため、私は一番好きなのだが、デラシャには少し物足りないようだ。かれらが好むのは二日目のパルショータ・ムルムルである。ムルムルとは「熟した」という意味で、食べごろ・飲みごろであることを示す。二日目は一日目よりも甘みが少なくなっており、さまざまな風味が混ざり合った複雑な味わいとなっている。三日目になると二日目よりも味の複雑さが増す。そして、四日目になると酸味が強くなりお腹を壊すこともあるため、人は飲むのをやめ、ヤギやロバの餌にする。パルショータをつくる時間がないときは、四日目のパルショータに熱湯で練った穀物ペーストを加えて飲むこともあるが、あくまでも非常時のパルショータであって、好んで飲まれることはない。

一～四日目のパルショータのpHを計測したところ、一日目ですでにpHは四・〇一、二日目がpH三・九二、三日目ではpH三・八六と低下し、四日目にはpH三・七八となった（表4）。四日目のコムタッタを試飲してみたが、飲み込めないほど酸っぱく、酢酸菌の繁殖が顕著になっているのがわかった。しかし、ロバやヤギは平気らしく、コムタッタを容器に入れてやると、走ってきてあっという間に平らげてしまった。また、パルショータが完成してしばらくはアルコール発酵が続いている。二日目の酒母ソカテタから醸造したパルショータを、飲む直前に水で一・三倍に希釈してアルコール濃度を測定したところ、一日目は二・九七パーセント、二日目は三・六三パーセント、三日目は三・六四パーセントという値を示した。パルショータ・ムルムルの段階でアルコール発酵はほぼ停止し、それ以降は酢酸発酵へと移行していくのであろう（表3）。

2 パルショータと地域性

パルショータの特徴の一つはその色にある。モリンガやケールの乾燥した緑葉を加えるため、シュッカも緑がかった色をしている（写真38）。団子状（カボタ）にして茹でるとその色はより鮮やかになり、それがそのままパルショータの色になっている。

デラシャが一年間に口にする緑葉は、ダガならケール、コラならモリンガだけといっても過言ではなく、そのほとんどはパルショータをとおして取られている。すなわち、かれらは必要なビタミン類のほとんどを、この二種類の葉あるいはそのいずれかから取っているのである。

パルショータに混ぜ込まれる乾燥葉は、シュッカの品質維持にも重要な役割を果たしていると考えられる。モロコシ粉とケールの乾燥葉を水で練ってシュッカをつくるとき、生地のｐＨはたち

写真38　試験用につくったモリンガ入りとエチオピア・ケール入りのシュッカ、プロタ

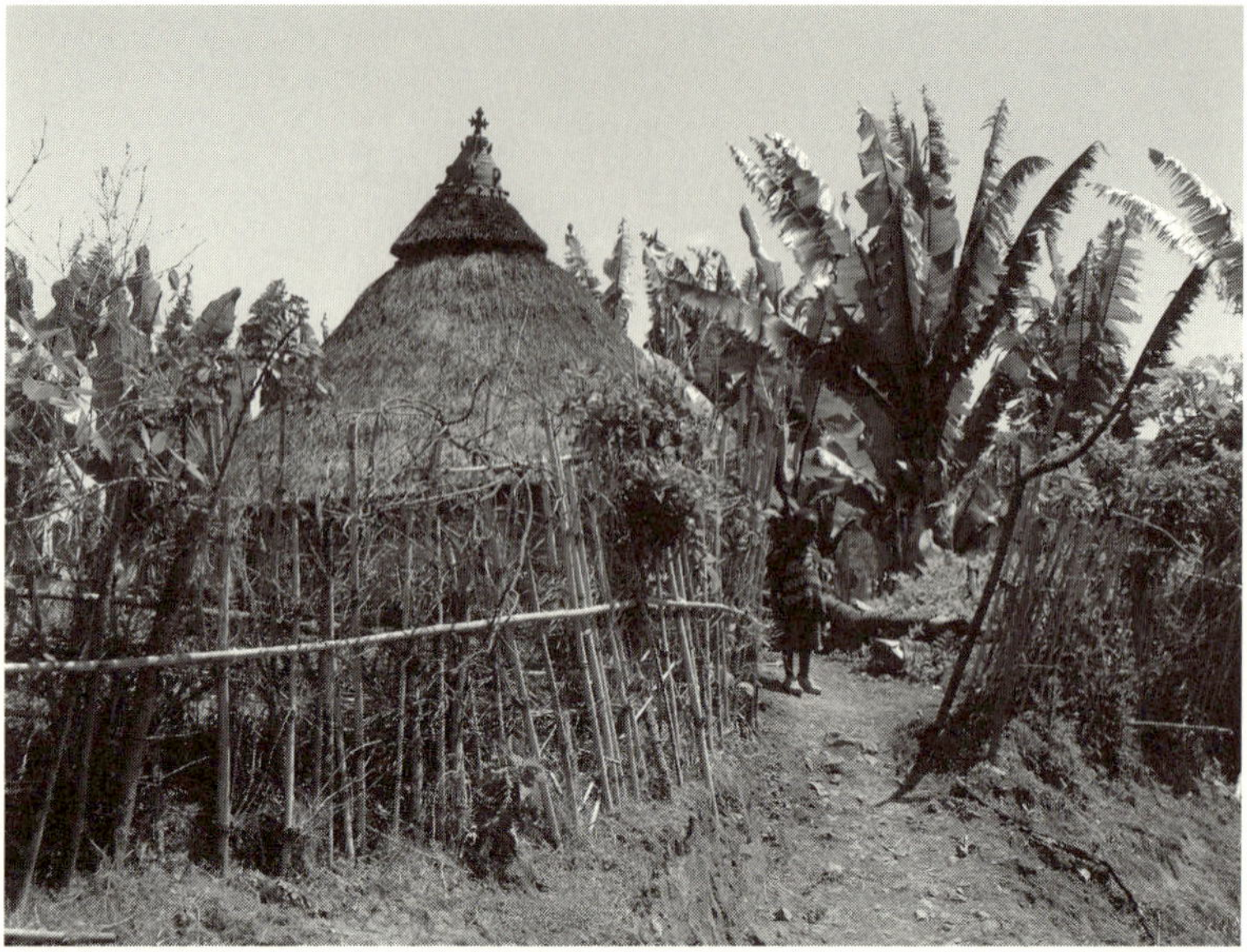

写真39　アレの村

まち低下する。これは乳酸菌のはたらきによるもので、大量に生成された乳酸によってpHが下がり、それが他の雑菌の繁殖を抑えているのである。その乳酸菌の供給源となっているのがアブラナ科のケールだと考えられる（Hammes and Tichaczek 1994）。台所や調理用具にはすでに有用な乳酸菌が付着しているので、わざわざ乳酸菌を足さなくても乳酸発酵はすすむのであろうが、ケールの葉を足すことで確実に同じ乳酸菌を接種し、そしてより迅速に増殖することができる。

一方、コラでよく使われているモリンガの葉にも乳酸菌が付着しているのかもしれないが、モリンガが有名なのはその抗菌作用で（Eilert et al. 1980, Fletcher 1998, Hossain et al. 2016）、それによって雑菌汚染を防止している可能性は高い。また、モリンガの葉にはミネラル、ビタミン類のほか、アスパラギン酸、グルタミン酸、アラニン、バリン、ロイシン、イソロイシン、ヒスチジン、リジン、アルギニン、フェニルアラニン、トリプトファン、システイン、メチオニンなどの必須アミノ酸も多く含まれている（Rahwawati 2017）。つまり、パルショータの緑色には、栄養上の理由と、食品を安全に保存するための知恵が内包されているのである。緑葉添加の抗菌作用については、あとで他の酒（ネッチ・チャガ）との比較のなかで再度検討する。

パルショータづくりにとってモリンガやケールは欠かせない植物なのだが、デラシェ地域の周縁にはこれ以外の植物を使ったパルショータもある。ダガのY村の近くにはアレ（Ale）という別の民族が居住する地域があり、そこではエンセーテから取ったデンプンを発酵させてつくるコチョというパンを主食としつつ、パルショータを補助食品として飲んでいる（写真39）。ここで飲まれるパルショータは醸造工程がかなり簡略化されていて、穀物粉を水で練って一晩寝かせた生地だけでパルショータをつくっていた。パルショータよりも、むしろネッチ・チャガに近い醸造法である。そして、デラシャも穀物のみでつくる酒ネッチ・チャガを飲むが緑の葉を加えない穀物酒はチャガとしてコンソで主食とされている。アレのパルショータにはモリンガやケールは使われず、その代わりにアムハラ語でゲショ（gesho; *Rhamnus prinoides*）と呼ばれるクロウメモドキ科の植物をカボタを煮沸する時に下にしく（写真40）。ゲショを発酵の補助材料やホップのような風味づけとして使うのはもともとアムハラの食文化であろうが、今はエチオピア中に広く浸透している。アレのパルショータも、デラシャとアムハラの影響を受けた食文化とみることができる。そして、Y村とアレの居住域の中間にあるC村には、アレとほとんど同じ食文化をもつデラシャが暮らしていた。デラシェ地域の中心からほんの少し離れるだけでパルショータはかたちを変え、酒を食べるという食文化も影を

写真40　ゲショ

潜めていった。このことは、パルショータが地域の生態環境や周辺民族との関係とも強く結びついていることを暗示していて、食文化の研究には総合的・多角的な視点が求められることを改めて感じさせられた。

3 ネッチ・チャガとカララのつくり方

モリンガやケールがなくても、穀物だけで発酵した飲み物あるいはわずかに発酵した飲み物をつくることがある。白い濁酒ネッチ・チャガは、食事ではなく酒として、アルコール度数のきわめて低いカララは子ども用やパルショータの代わる食事として飲まれている。ケールを庭先で育てているダガでネッチ・チャガをつくることはほとんどなく、緑葉が不足気味なコラでよくつくることから、デラシャ食文化のなかでは、緑葉がないときの非常用もしくは即席の飲み物という位置づけになるだろう。

ネッチ・チャガのつくり方はパルショータとほぼ同じで（図10、11）、メンナ（ポロタから取り出したモロコシ）、あるいはメンナとトウモロコシの粉末を水で練り、冷暗所に保管しつつ、シュッカと同じように毎日表面を洗っては穀物粉を加えて練るという作業を繰り返す。シュッカづくりの初期に発生するアンモニア臭はほとんどなく、一ヵ月ほど経つと酒粕にも似たほんのりとした香りが漂いはじめる。この香りがし始めるとプロタ（plota）と呼ばれるようになる。プロタは長期保存ができないので、一度に使い切る必要がある。植物葉入りのシュッカとプロタのｐＨを比較したところ、シュッカが六ヵ月後まで約ｐＨ四を保つのに対して、プロタは一カ月後にはｐＨ三・八九を示すが、そのあとは急速にｐＨが下がり腐敗する（表5）。このあとのカボタからマショシラができるまでの工程はパルショータとまったく同じである。シュッカからつくった場合、マショシラから酒母ソカテタができるのはシュッカと同じく二日目であるが、この状態でも保存できないので、プロタ由来のソカテタは一度に使い切らなければならない。ソカテタにモロコシ粉の団子を加えて、一日置くとネッチ・チャガは完成する。このとき、ネッチ・チャガには穀物の発芽種子を大量に加える。アルコール度数を上げるために、デンプンの糖化を促す発芽アミラーゼを多めに添加しているのであろう。その後、ソカテタに穀物粉と熱湯を加えて混ぜた「もろみ（醪）」を追加し、一日アルコール発酵させると完成する。

ネッチ・チャガは変質しやすく、一日しか飲むことができない。pHを測ったところ、一日目はpH三・九八だったが、二日目には三・八一にまで下がっていた（表4）。二日目のネッチ・チャガを飲んでみると酸っぱい味がして、続けて二〇〇ミリリットルほど飲んだら、数時間ほどしてお腹を壊してしまった。こうしたことは私だけでなく、デラシャにも当てはまり、ときどきお腹を壊すらしい。ネッチ・チャガは湧き水や井戸水で約二倍に希釈して飲むが、それでもアルコール濃度は四・一パーセントと高い（表2）。味も香りもクセがないネッチ・チャガは、私や他の民族には飲みやすいのだが、デラシャにとってネッチ・チャガはアルコール濃度が高すぎて、食べ物ではなく酒なのだという。ネッチ・チャガは香りがなく、味もすっきりとしているので、物足りないようで、パルショータのもつ強い発酵臭が食欲をそそるのだという。

パルショータとネッチ・チャガのつくり方の違いは、モリンガやケールという乾燥した葉を使うかどうかにあり、それは酒の色だけでなく、保存期間の長さとなって顕在化する。アブラナ科の野菜には乳酸菌が豊富に付着していることはよく知られている（Hammes and Tichaczek 1994）。エチオピア・ケールもその一つで、乾燥葉をシュッカに練り込むことで急速に乳酸発酵がすすみ、pHが低下して雑菌汚染を防止できる

表5　シュッカとプロタの1ヵ月毎のpHの変化

乳酸発酵期間（月）	シュッカ		プロタ
	モリンガ	エチオピア・ケール	
1	3.91	3.88	3.89
2	3.90	3.87	−
3	3.88	3.78	−
4	3.79	3.90	−
5	3.85	3.88	−
6	3.91	3.85	−

ことは先にも指摘した。一方、モリンガが乳酸菌の供給源になるという文献は見つけられなかったが、その葉は優れた抗菌作用があることも広く知られており（Fletcher 1998, Eilert et al. 1980）、これも乳酸発酵がすすむまでのあいだ、防腐剤の役割も果たしているものと思われる。滅菌を施さないネッチ・チャガはどうしても保存性が劣るので、できるだけ早く飲み切ってしまうことが求められ、女性の手間も大きくなる。

次はカララについて説明する（図10）。カララのつくり方はとても簡単で、メンナとトウモロコシの粉末に水を加えて混ぜた後で、鍋に移して火にかけて沸騰させる。熱を加えることで、穀物のデンプンが糊化する。冷めてから、オオムギ、コムギ、モロコシ、トウモロコシなどの発芽種子の粉末を加えて糖化する。そのまま翌日までおくと、糖の一部が自然にアルコール発酵する。カララのアルコール濃度は一～二パーセントと低く、むしろ糖の甘みが強いのでカルピスと甘酒を混ぜたような味がしておいしい。コラは暑いので、子どもたちは水分補給を兼ねてジュースのように一日二リットルくらいは飲んで

写真41　昼食としてハワラタを食べながらカララを飲む子どもたち

いる（写真41）。緑葉がなくてパルショータがつくれないときは大人も食事の代わりにカララを飲むが、風味が物足りないのかあまり好きではないようだ。ちなみに、アレやアレの領域に隣接したC村にくらすデラシャはカララをもたず、ネッチ・チャガのことをカララと呼ぶ。

4 シュッカで起っている現象

これまでにも述べてきたように、穀物にケールやモリンガなどの緑葉を加えてシュッカをつくって長期間保存することが、パルショータづくりの特徴である。コラでは空気にふれる好気状態で毎日表面を洗い穀物粉を混ぜ込みながら二〜三ヵ月、ダガではエンセーテの葉で包み土に埋めるという嫌気状態で一四、一五日ほど保存する。このとき、シュッカのなかではどのようなことが起っているのかを、ネッチ・チャガのプロタと比較しながら調べてみた。

ダガにおいて、①ケール入りのシュッカ（図12）と、②ケールを入れないプロタをつくった（図13）。ふつう、ダガではシュッカが完成するまでに一四、一五日間しかかからな

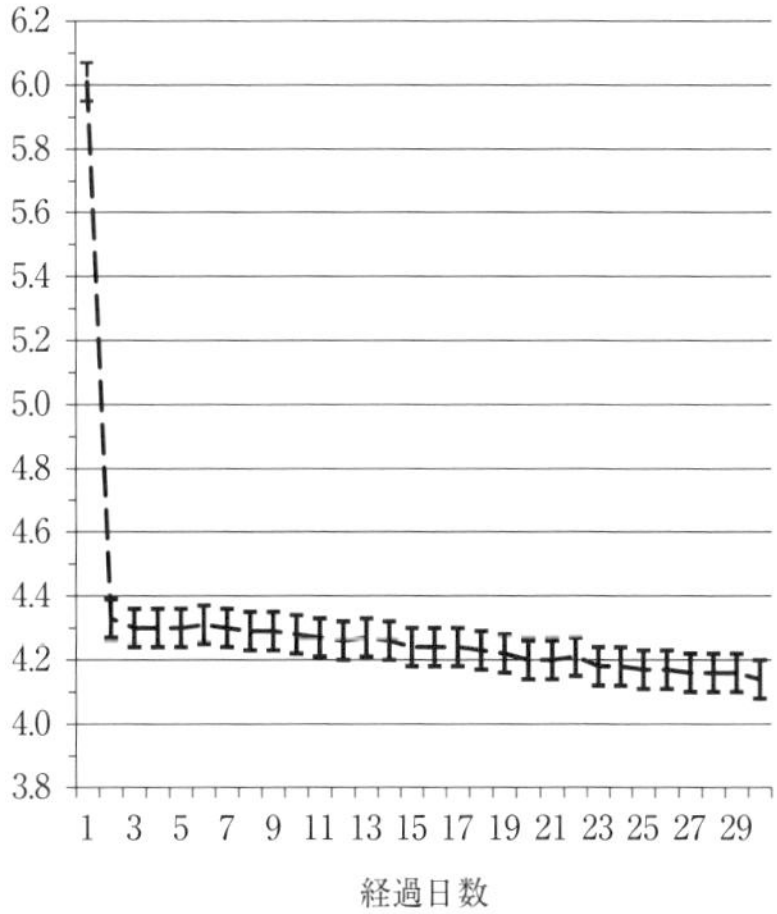

図12　エチオピア・ケールとモロコシでつくったシュッカのpH変化（ダガ）

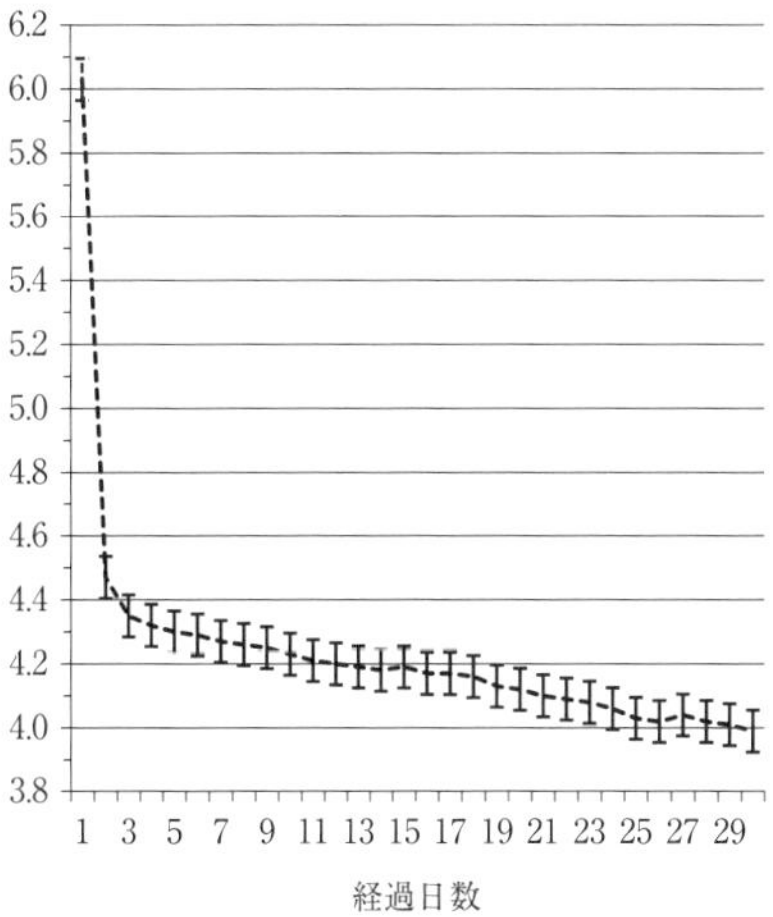

図13　穀物粉のみでつくったプロタのpH変化（ダガ）

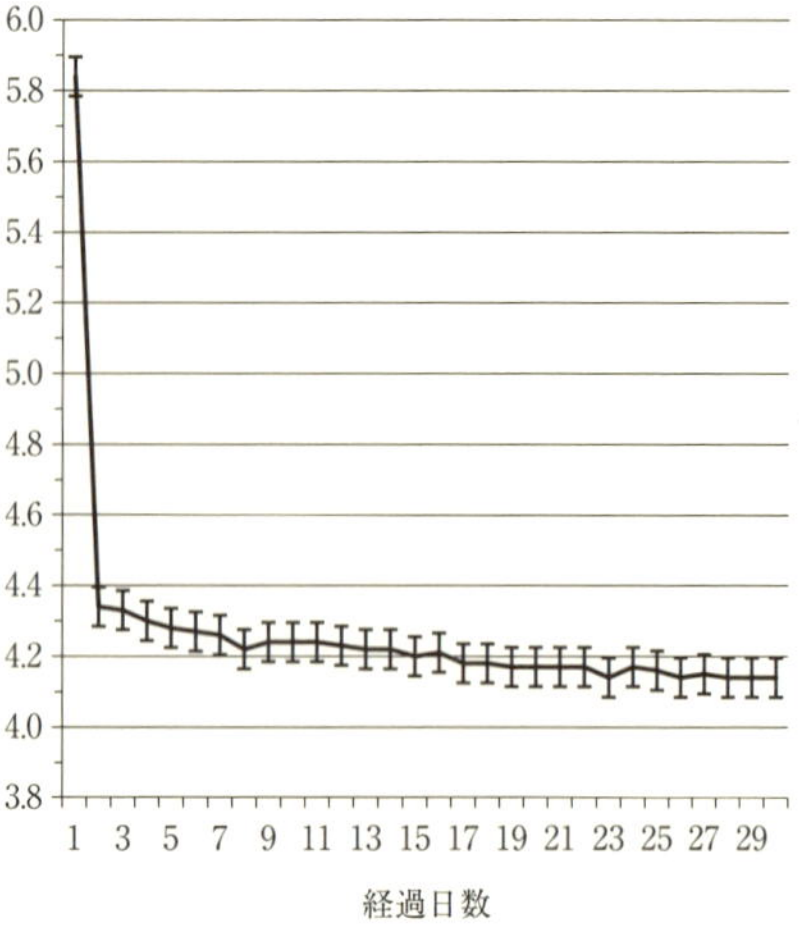

図14　モリンガとモロコシでつくったシュッカのpH変化（コラ）

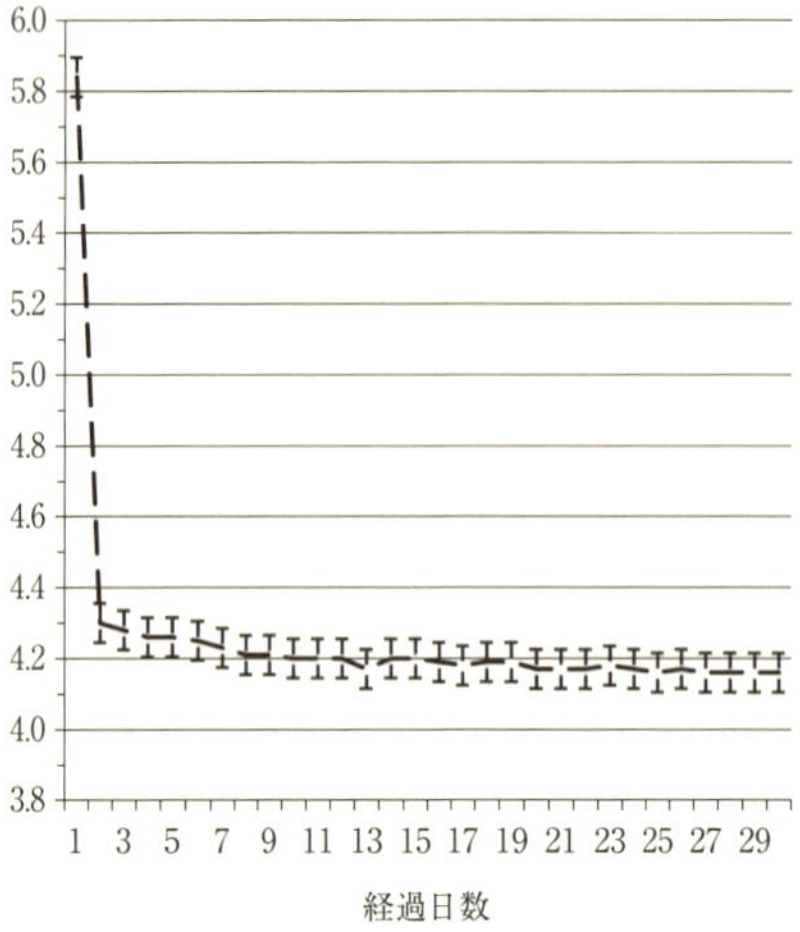

図15　エチオピア・ケールとモロコシでつくったシュッカのpH変化（コラ）

いが、ここでは試験的に一ヵ月間置いてｐＨを測定した。測定する時は条件が変わってしまわないようにエンセーテの隙間からＰＨメーターを差し込み測定した。①ケール入りのシュッカのｐＨは二日目には四・三三にまで下がり、その後はほぼ一定の値で推移した。そして、通常であれば次の工程に入る一四日目にはｐＨ四・二六、その翌日にはｐＨ四・二四となっていた。さらに計測を続けたところ、その後も緩やかにｐＨが低下し続けて一ヵ月後にはｐＨ四・一四に達した。この低いｐＨは乳酸によるものと考えられ、ｐＨの低下は乳酸発酵が継続していることを示している。

　ダガではシュッカをエンセーテの葉に包んで土に埋めてから、二週間経つまではシュッカが空気にふれないようにする。これは、乳酸発酵に適した嫌気状態を保つためだと考えられる。ケールが豊富に手に入るダガでは、乾燥葉をふんだんに使って短時間にｐＨを低下させて雑菌汚染を防止し、安全で質の高いシュッカをつくっている。そしてその後二週間もｐＨ四近い酸性状態が保たれた。

　一方、②穀物粉のみでつくるプロタは、シュッカよりもｐＨの低下速度は緩やかで、二日目にはｐＨ四・四七、三日目で

表６　シュッカとプロタに含まれる風味に関わる成分

	シュッカ 3週間目	シュッカ 3ヵ月目	プロタ 1週間目
乳酸（g）	4.54	3.36	1.18
揮発性窒素（mg）	87.00	34.00	—
酢酸エチル（ppm）	60.00	34.00	190.00
エタノール（g）	0.21	0.41	2.00
コハク酸（g）	0.11	0.07	0.02

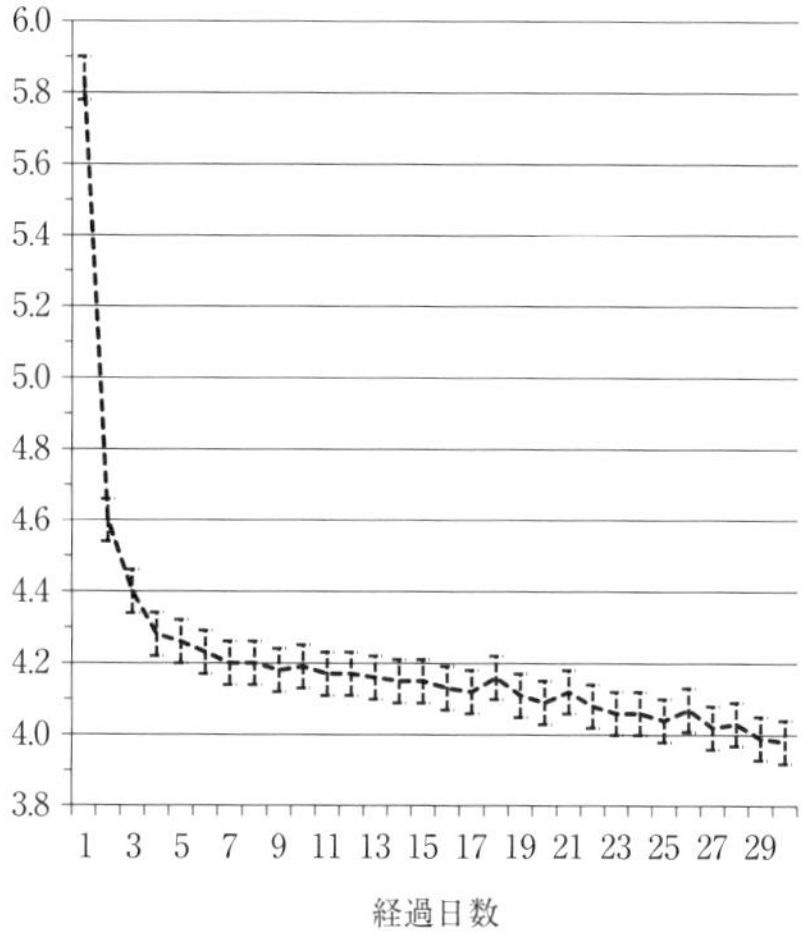

図16　穀物粉のみでつくったプロタのpH変化（コラ）

もまだｐＨ四・三五であった。これは乳酸の生成が遅いためと考えられ、シュッカに比べて雑菌が繁殖しやすい環境にあるといってよい。プロタのｐＨはずっと下がり続け、一四日目にはｐＨ四・一九、一五日目にはｐＨ四・一八、一ヵ月後にはｐＨ三・九九と、シュッカよりもかなり低い値にまで低下した。プロタにおけるｐＨの継続的な低下は乳酸菌だけではなく、酢酸菌のような他の雑菌が繁殖している可能性が示唆された。そしてその場合、プロタからつくった酒の安全性はシュッカに劣るといってよいだろう。

コラにおいても、①モリンガ入りのシュッカ（図14）、②ケール入りのシュッカ（図15）、③乾燥葉を入れないプロタ（図16）のｐＨを計測した。①と②のシュッカは、ダガと同じように二日目にはｐＨは四・三にまで下がり、その後はほぼ一定の状態が一ヵ月以上保たれた。一方、③乾燥葉の入っていないプロタのｐＨは四日目になってようやく四・三まで下がり、その後は徐々に下がり続け一ヵ月後にはｐＨ三・九八にまで下がってしまった。その後はすぐに腐ってしまった。試験的に、一ヵ月目以降もこのプロタの表面を洗い穀物粉を混ぜて練る作業を続けてみたが、三四日目頃から異臭を放ち始め、穀物粉を混ぜ込んでいると手がひりひりするようになり、三六日目には変色し始めたので廃棄した。プロタは約一ヵ月で匂いが変わって醸造に使える状態となるが、その後はすぐに腐ってしまうため、一ヵ月以上の保存はできないというかれらの説明が正しいことを実証した。

コラでの実験で、モリンガ入りの三週間目のシュッカと、一週間目のプロタをそれぞれサンプリングし、そこに含まれる乳酸量を高速液体クロマトグラフ法で測定した（表6）。サンプルの保存状態に問題があったため、①区と③区でサンプリング時期を揃えることができず、数値をそのまま比較することはできない。しかし、モリンガ入りのシュッカのpHが二日目から一ヵ月までつねに同じ水準が維持されていたことを考えると、乳酸はすぐに増えてその状態が安定的に保たれていたと推察できる。それにしたがえば、一週間目のシュッカの乳酸含量も三週間目（四・五六グラム／一〇〇グラム）に近い水準にあったと考えることができるかもしれない。モリンガの入っていないプロタでは一週間目の乳酸含量は一・一八グラム／一〇〇グラムと低く、シュッカの四分の一しか含まれていなかったことになる。これは、モリンガが乳酸菌の供給源になっているか、乳酸菌以外の雑菌の繁殖を抑える作用があることを示唆している。プロタに生育する乳酸菌は、菌叢の優位を占めるまで数日を要する。その数日のあいだに雑菌によって生成された物質が保存性や食の安全性を損なうため、ネッチ・チャガは長期間の保存が不可能だと考えられる。

パルショータづくりは乳酸発酵とアルコール発酵からなり、酵母がアルコール発酵を始める直前まで、基質を熟成させながら安全に保管するプロセスがシュッカづくりなのである。シュッカでは、乳酸菌が菌叢の優位を占めることで強い酸性状態が保たれ、雑菌の繁殖が抑えられているのである。

5 酸性条件下での耐酸性酵母の選抜と増殖

シュッカやプロタでは、乳酸菌だけではなく耐酸性酵母も増殖している。上述したコラでの実験で、モリンガの入ったシュッカを三週間目と三ヵ月目、そして乾燥葉の入っていないプロタを一週間目にサンプリングして、そこに含まれるエタノール量（グラム）をガスクロマトグラフ法で分析した。シュッカは三週間目でエタノール含量が〇・二二グラム／一〇〇グラム、三ヵ月目でも〇・四一グラム／一〇〇グラムであった。それに対してプロタでは、一週間目ですでに二・〇〇グラム／一〇〇グラムのエタノールがあった（表6）。二日目には乳酸菌が菌叢の優位を占め、野生酵母が増殖できなかったシュッカでは、エタノールが生成されにくい。一方、プロタでは乳酸菌の増殖が遅いので、野生酵母を含む雑菌が繁殖し、一週間目でも多くのエタノールが生成されていたると考えられる。

シュッカでもプロタでも、乳酸菌が菌叢の優位を占めてからは耐酸性酵母が繁殖する。シュッカやプロタを数日間放置すると、表面に白いカビが繁殖する。この白カビは、おそらく産膜酵母と思われる。産膜酵母は、酸性への耐性をもつ好気性の酵母で、他の雑菌の繁殖が抑えられたころに繁殖する。ぬか床を攪拌せずに放っておくと表面を白いカビが覆うことがあるが、あれが酸膜酵母である。産膜酵母が表面に張るということは、生地のpHが十分低下し、乳酸菌が菌叢の優位を占めていることを意味する。前述したように、デラシャもこの白カビをおいしいパルショータやネッチ・チャガができる指標にしている。その一方で、白カビが増殖するのは好ましくなく、発生するとすぐに表面を水で洗って生地に練りなおす。

温暖なコラでは、シュッカやプロタを長い間こねずに放置すると、底に嫌気性の酪酸菌が繁殖することがある。

酪酸菌自体は無毒であるが、食欲を減退させるような悪臭を放つため、醸造にとっては有害な細菌とされている。シュッカやプロタを毎日丹念にこねるのは、産膜酵母の繁殖を抑えるとともに、生地に適度な空気を入れて酪酸菌が繁殖するのを防いでいるのである。そして、穀物粉を毎日少しずつ加えることで、pHを低く保ったままシュッカやプロタの量を増やしていたのである。

6 風味の生成

シュッカは初めさまざまな臭いが混ざった異臭を放つ。シュッカをつくりはじめて数日でジョウジョウバエが誘引され、プロタでは一週間以上経ってからわずかなショウジョウバエが引き寄せられる。ショウジョウバエが発酵した植物体に含まれるエステル化合物に誘引されることは古くから知られていた（Barrows 1907）。産膜酵母が生成する化合物に酢酸エチルがある。酢酸エチルは酢酸とエタノールが脱水縮合したエステル化合物で、三週間目と三ヵ月目のシュッカと一週間目のプロタでその含量[1]を調べてみると、シュッカでは安定的に低く、プロタでは高いという結果となった（表6）。酢酸エチルはわずかな量であればよい風味にもなるが、多量にあるとシンナーのような悪臭の原因になるため醸造のプロセスでは好まれない。酢酸エチルが異臭のおもな原因ではなく、ショウジョウバエもこの臭いに寄ってきているわけではなさそうだ。

シュッカの放つ悪臭は二〜三ヵ月経つと、プロタは一ヵ月経つと、甘い匂いを含んだ発酵の香りに変化するとデラシャたちは口を揃えて言う。かれらは匂いの変化を嗅ぎ分けて醸造工程を変えていたのである。そこで、不快な臭いの原因になりそうなアンモニア臭に着目し、ここでも三週間目と三ヵ月目のシュッカを用いて、そこに含まれる揮発性塩基窒素含量を計測した。揮発性塩基窒素とはタンパク質の分解によって生じるアンモニアやアミン類のことで、三週間目のシュッカではそれが八七ミリグラム／一〇〇グラム含まれていたが、三ヵ月目では三四ミリグラム／一〇〇グラムに減少していた（表6）。つまり、雑菌汚染の防止や栄養添加の目的で加えられていると考えてきたモリンガに含まれる豊富なタンパク質が悪臭の原因であって、デラシャはタンパク質が完全に分解し尽くされるのを臭いの変化から感知していたのである。

穀物を発酵させていく過程において、酵母が生成したエタノールと、乳酸菌などが生成した脂肪酸や有機酸などが結合してエステルをつくられる（今井らa、b 一九八三；東 二〇〇六）。そのときさまざまな揮発性物質が生成され、それらが混ざりあって食欲を促進させるような香りとなる（Chavan and Kadam 1989）。シュッカでは植物由来の乳酸菌がタンパク質や糖を分解し、不快臭のもととなるアンモニア臭や硫黄化合物臭、乳酸エチル臭を発するが、二、三ヵ月の間にこれらの有機酸と脂肪酸の再合成が進み、不快臭が消え、甘みを含んだ匂いへと変わると考えられる。これらの臭いは、乳酸エチルや酢酸エチルなどの果実臭、メタンチオールやジメチルスルフィドなど硫黄化合物臭、キャベツなどのアブラナ科植物やワサビに含まれる辛み成分であるグルコシノレート（カラシ油配糖体）が分解された香り（今井らa、b 一九八三）などが混じりあったものだと推察している。

7 労働時間の短縮

W村の世帯Aの家族に、パルショータとネッチ・チャガをそれぞれ一二日間ずつ主食として飲み続けてもらい、その期間に醸造にかかわる日課をパルショータとネッチ・チャガでどのように違うかを観察、比較した。ネッチ・チャガはすべての段階で傷みが早い。そのため、穀物粉を水で練り始めてプロタをつくるところからネッチ・チャガが完成するまでのすべての工程を毎日繰り返す必要があった（図17）。一方、パルショータは、シュッ

	1	2	3	4	5	6	7	8	9	10	11	12
プロタの管理	■	■	■	■	■	■	■	■	■	■	■	■
プロタからカボシラまで	■	■	■	■	■	■	■	■	■			
カボシラからソカテタまで	■	■	■	■	■	■	■	■	■	■		
ソカテタから完成まで	■	■	■	■	■	■	■	■	■	■	■	

図17　ネッチ・チャガの醸造に要する作業と日数

	1	2	3	4	5	6	7	8	9	10	11	12
シュッカの管理	■	■	■	■	■	■	■	■	■	■	■	■
シュッカからカボシラまで							■					
カボシラからソカテタまで								■				
ソカテタから完成まで			■			■			■			■

図18　パルショータの醸造に要する作業と日数

カの状態で半年以上保存でき、ソカテタで二週間、パルショータが完成してからでも三日間保存しておくことができる。そのため、毎日の日課となっているのはシュッカについた白カビを水で洗い流し穀物粉を加えてこねるという作業だけだった（図18）。一二日間のなかでみられた他の作業は、シュッカの一部を取り出してカボシラをつくる作業が一回、その翌日にカボシラからソカテタをつくる作業が一回、そして保存してあるソカテタから三日に一度のペースでパルショータを醸造する作業が繰り返されていた。ソカテタの一部を広口容器に取り出して穀物粉と湯を加えて混ぜる作業にかかる時間はたったの三〇分〜一時間ほどで短い。シュッカの管理以外の作業をおこなっていたのは六日間だけであった。

　その傾向は、他の固形食の調理時間と比較しても明らかである。コラでは、パルショータやネッチ・チャガ、カララといった食事に加えて、白玉団子のようなハワラタやパンのようなラッコトなどの固形食や茹でたモリンガの葉も食べている。ダガでは、家の近くの畑で育てているエンセーテからつくるヘッギョダやハイソタなどの固形食もよく食べる。これらの固形食は、パルショータのおかずとして朝食や夕食にだされるが、その調理にかかる時間は一時間ほどである。それは、三日に一度の、ソカテタからパルショータを完成させるまでの作業時間と同じである。つまり、酒母ソカテタをつくって保存しておけば、主食のパルショータをつくるには、ほとんど手間がかかっていないのである。一方、シュッカとは異なり、乳酸発酵は一日で終わるが保存できないダンマ（danma）をつくり、一日しか保存できないムスサ（musa）からパルショータをつくるC村では、醸造作業の負担が大きいため、村内で順番にチャガベット[2]（chaka bet）を開き、一杯三Birr（二〇一九年一月）で販売し、食事を確保していた。

パルショータづくりには上記の作業だけではなく、ケールやモリンガの栽培から葉の収穫・乾燥・粉砕という作業が加わるのだが、この乾燥葉さえ用意できれば調理にかかる日々の作業は格段に少なくなるのである。それはもちろん、ケールとモリンガがもつ保存性によるわけだが、デラシャはそれを最大限に引き出しつつ、調理にかける時間を最小限化していると言ってよいだろう。

8　おいしいパルショータをつくる秘訣

パルショータの醸造では、シュッカをつくるという工程によって、食の安全性と保存性の向上、風味の熟成、醸造作業の効率化などの利点が創り出された。それは、デラシャがパルショータを毎日大量に飲むという食生活のなかで、安定しておいしいパルショータをつくるコツが試行錯誤の末に生みだされてきたにちがいない。パルショータづくりには複雑な工程があるうえ、台所の環境や調理人の手腕によって、各家庭のパルショータは微妙に味が違う。「どこそこの家のパルショータがおいしい」といった、他人の家の味を評するような発言は仲間内でもタブーになっている。ただ、かれらの行動は正直で、おいしいパルショータをつくる家が祝時に酒を振舞ったり、一日だけの居酒屋チャガベットを開いたりすると、大勢の人が集まってすぐにパルショータが飲み尽くされてしまう。逆に、酒があまるようなことがあれば、家庭の味を他人に酷評されたような結果となってしまう。

デラシャにとっておいしいパルショータとはどのようなものなのだろうか？　近年であれば、パルショータに使うモロコシの量が味を大きく左右する。市場経済の影響を強く受けるようになったデラシェ地域、とくに幹線道路沿いにあるA村のような地域では、換金作物としてトウモロコシが広く栽培されるようになっており、それがパルショータの材料にも使われ始めている。しかし、トウモロコシだけでパルショータをつくるとなぜかうまく発酵しないとされ、発芽種子を多めに加えるのだが、そうすると今度はアルコール濃度が高くなりすぎてしまう。デラシャは、トウモロコシだけのパルショータを飲むと、「喉を通るときに、イガイガする」「喉が焼ける」などと言って嫌そうに顔を歪める。本来ならば、モロコシだけのパルショータを飲みたいところだが、市場経済の流れにも対応するためには、収量が高く、生産が容易で、市場もあるトウモロコシをどうしても栽培していかなければならないのである。モロコシの二期作から、トウモロコシとモロコシの二毛作に移行するのにともなって、パルショータの材料にもトウモロコシが使われるようになっていった。ただ、トウモロコシが多すぎるとおいしいパルショータはできない。各家庭によってトウモロコシの配分はさまざまだが、三～五割くらい混ぜるのが一般的である。

最近の傾向を例をあげながら説明すると、たとえばW村ではケッラ（kera）（写真42）、ディシカロ（dishikaro）（写真43）、カンシラ（kanshira）（写真44）、モッサイヤ（mossaiya）（写真45）、チャラジャラトゥー（charajarat）といった黒、茶、赤色をしたモロコシを多く植えるようになっている。この色素の正体は「渋み」のもととなるタンニンである。村人たちは、高タンニン品種にトウモロコシや、ララ（rara）（写真46）やコノダ（konoda）（写真47）と呼ばれる白いモロコシを混ぜてパルショータをつくる。W村の人びとは、「トウモロコシだけでつくったパルショータはまずくて飲めたものではないが、ディシカロ、ケッラ、モッサイヤなどの色が濃いモロコシを混ぜてつくると、コクが出ておいしくなる」という。しかし、A村に暮らす一〇代のある少女はパルショータを飲

写真 43　ディシカロ

写真 42　ケッラ

写真 45　モッサイヤ

写真 44　カンシラ

写真 47　コノダ

写真 46　ララ

みながら、「ディシカロが入ったパルショータは、苦いから嫌い。トウモロコシにコノダを混ぜた方がおいしい」と愚痴っており、パルショータの好みは、地域や人、年齢によってもさまざまなようだ。

モロコシの品種の配合もパルショータの味を決める大切な要素である。デラシャは世帯によってさまざまな品種のモロコシを栽培している。A村にはララとコノダ、ディシカロの三品種しかないが、歴史のあるO村、W村、Y村には九つもの品種がある。それぞれ味が異なり、白やクリーム色のモロコシは甘みがあり、茶、赤、黒色のモロコシはタンニンの渋みが強く、色が濃くなるほどコクが増す。これらのモロコシをさまざまな配分で混ぜ合わせることで、パルショータに多様な味わいをつくりだすことができる。当たり前のことではあるが、味の好みは人によって異なり、毎日同じ味を食べたいと考える人もいれば、飽きないように味を変える人もいる。A村では主に白いララやクリーム色のコノダを栽培していて、甘みの強いパルショータが好まれている。淡色のコノダやララはタンニンを含んでいないため、苦みを調節する必要がなく、「誰が調理してもおいしいパルショータになる」と語る人は多い。

一方、W村やO村では、タンニンを含む赤系の品種に、タンニンを含まない白系の品種やトウモロコシを混ぜたパルショータが好まれるようになってきている。赤系のモロコシだけ，あるいはトウモロコシだけでパルショータをつくることはないが、これらを混ぜることで甘みとコクが出るのだという。W村の女性たちは、「これらを混ぜる分量によって味がまったく変わってくるから、料理の腕のみせどころよ」と話していた。

こうした品種の配合を含め、パルショータづくりは奥が深く、経験を積んだお婆ちゃんがつくるパルショータはおいしいようで、お婆ちゃんたちが開く簡易居酒屋チャガベットはすぐにパルショータが売り切れてしまう。収穫などの農作業や家の建築、地下貯蔵穴ポロタづくりのあとに、共同作業への労いとしてパルショータを振舞うこともよくある。お婆ちゃんがつくったパルショータが振る舞われるとなると、参加者の数も増えるのだという。デラシャの女性が嫁ぐと、夫の母や祖母と一緒にパルショータをつくるなかで、その家人の好む味を覚え、その家の醸造方法を引き継いでいくのである。

おいしいパルショータには、モロコシ用の貯蔵穴ポロタも関係している。デラシャは深さ約二メートル、直径約一・五メートルのフラスコ型をした地下貯蔵穴ポロタでモロコシを一年から数年間貯蔵する。ポロタのなかには酵母が繁殖していて、それがパルショータの味に影響していると私は考えている。また、ポロタにも良し悪しがあり、よいポロタで貯蔵されたモロコシは状態がよく、何年も貯蔵したモロコシであってもおいしいパルショータになるらしい。ポロタとパルショータの関係については第5章で詳述する。

9　エチオピアの発酵食品との関係

エチオピアでは発酵食品が広い地域で食べられている。北部地域ではテフからつくられるインジェラがよく知られている（Geleta et al. 2002, Shewayrga and Sopade 2011）。エチオピア南部では、エンセーテからつくるコチョというパンを主食とする地域は多い（Negash and Niehof 2003, 重田 一九八八；一九九一；一九九二；二〇一四、Yewelsew et al. 2006）。インジェラもコチョもわずかな酸味がある（Negash and Niehof 2004）。それはいずれも乳酸発酵によって生成された乳酸によるもので、食物の保存に乳酸発酵を利用するという点でパルショータづくりとも共通していて、そこに技術の連続性を感じずにはいられない。コチョのつくり方は、デラシェ地域の高地ダガにおけるシュッカづくりとよく似ている。乳酸菌の給源となるケールが育たない低地コラでは、初めに乳酸菌が優位な菌叢をつくり、それを巧みに維持しながらパルショータの基質を少しずつ増やしていくという独自の技術が創出されている。乳酸菌をうまく使いながら食品を保存する技術はエチオピア食文化の真骨頂だといってよい。そして、パルショータもまたこの乳酸発酵食品群のなかに位置づけることは可能であろう。パルショータを「食べ物」あるいは「主食」とみなすのであれば、パルショータづくりに内在する技術を、雑菌汚染を抑制する機能にだけ注目するのではなく、耐酸性酵母によって勝手にすすんでしまうアルコール発酵をいかにして抑えているかという点にも注目すべきであろう。

注

（1） 吸光光度法で定量。

（2） チャガベットは村人が交代で開く簡易の居酒屋もしくはデラシャの食堂で一杯三Birr（二〇一九年）で販売する。村によっては毎日チャガベットを開く家がある。

第2章

酒を主食にする食文化

エチオピア人にデラシャの印象を尋ねると、まずあがるのが「いつも酒を飲んでいる人たち」という返答が多い。しかし、これは誤解であると私は思う。パルショータは、デラシャにとって「酒」ではなく「主食」なのである。毎日平均五キログラムものパルショータを飲み、活動エネルギーと栄養分の大半をそこから摂取している（写真48）。この章では、デラシャの酒食文化の実態について解説する。

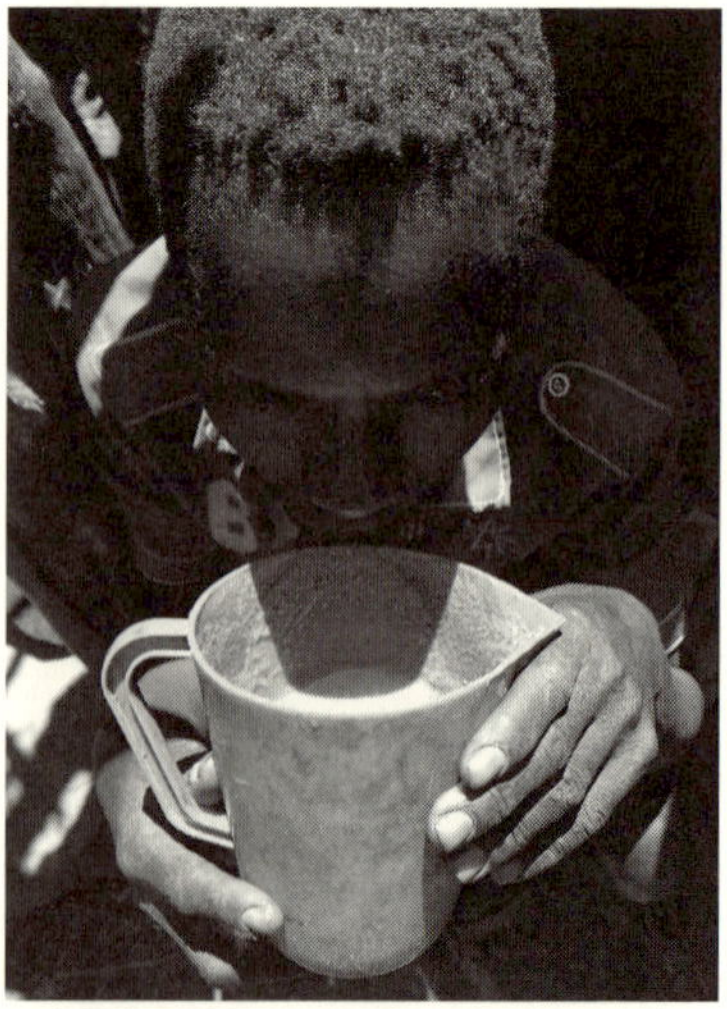

写真48　パルショータを飲む男性

1　パルショータ大好き

デラシャの食事のレパートリーはきわめて少ない。日常的な食事としては、ダガで七種類、コラにいたってはたったの五種類しかなく、しかもそのうち三種類はこれまで紹介してきたパルショータ、ネッチ・チャガ、カララの飲み物である。その他の固形食は、コラではモロコシやトウモロコシの団子ハワラタと無発酵パンのラッコト、ダガではこれらにプラスしてエンセーテからつくったヘッギョダとハイソタが食べられている。各村で「好きな食事は何か？」と尋ねると、ふつうは「パルショータ」という答えが返ってくる。ハワラタやラッコト、ヘッギョダ、ハイソタなどという答えが返ってくることは絶対にない。では、「固形食では何が好きか？」と尋ねると、「ティプス（tibus：ヤギ肉かウシ肉のトウガラシ炒め）」か「カイワット（kaywat：ヤギ肉かウシ肉のスパイス・

シチュー）」といった結婚式や新年、クリスマスなどの祝日にしか食べない肉料理をあげる。しかし、肉がすごく好きかというとそうでもない。

モロコシの収穫作業が終わる一〜三月は、デラシャの結婚シーズンである。A村に滞在していたときは何度も結婚式に呼ばれる機会があり、友人たちと花嫁と花婿の実家を訪れて、飲み食いして歌って踊った（写真49）。デラシャの文化にはもともとインジェラやワットを食べる習慣などなかったが、結婚式のときに人をもてなす料理として、来客にはインジェラにティプスやカイワットをかけた料理がまず振る舞われるようになった。もちろんパルショータも出されており、食事をする場所の横に張られたテントの下では男性たちが、家の中では女性たちがパルショータを飲んでいる。しかし、まずはインジェラと肉の入ったワットを食べるのが決まりである。

写真 49　お金持ちの結婚式

ある日、私は近所に暮らす三〇代の男性S氏と結婚式に出掛けた。S氏は、はじめ「おいしい！　肉を食べるのは、ほぼ半年ぶりだ。この時期は肉が食べられるから最高だな」と言って、インジェラにかぶりついていたが、徐々に食べる早さが遅くなり、「もう無理。あげるよ」と私に料理を押し付けてきた。私は、「いや！　私も無理。お腹いっぱい。インジェラは胃の中で膨れるから、あんまり食べられない。肉は半年ぶりなんでしょ。半年分の肉を詰め込みなよ！」と勧めた。するとS氏は満腹のあまり虚ろな目をしながら、「僕たちは普段はそんなに〝噛む〟食事をしないから、（インジェラや肉を）そんなにたく

写真50　パルショータを飲む男女

さん食べることはできないんだよ。もう、お腹一杯だよ」と訴えてきた。私はそれもそうかと思い、「しょうがないなー。じゃあ、お皿をそこに置いといて。食べられるだけ食べるから」と答えると、彼は、「ありがとう。口をすすいで来るね」と言って席を離れた。しばらくは、気にせずに黙々とインジェラを食べていたが、さすがにお腹がいっぱいになってくると、S氏が戻ってこないことが気になりだした。もちろん、S氏が手づかみで食べていたインジェラを食べる気にはならず、自分の空になったインジェラの皿とS氏の食べ残しを返して庭を歩き回り、男性用のパルショータ飲酒スペースを覗いてみたところ、ごくごくとジョッキに入ったパルショータを飲み干すS氏を発見した（写真50）。私は思わず、「お腹一杯って言ったじゃない！　パルショータを飲める余裕があるなら、滅多に食べられないインジェラと肉を食べなよ。意味が解らないよ！」と言うと、S氏は「ユイもこのパルショータ飲んでみなよ。ララ（白いモロコシ）だけでつくっているから、最高だよ！」と笑顔でジョッキを渡してきた。私はジョッキを拒みながら、「無理だから！　あなたのインジェラも食べたのよ（ウソであるが）！　もう入りません！　あなただって、お腹が一杯って言ってたじゃない」と言い放つと、S氏は「えー。パルショータは別腹だよ」と答えた。さらに、S氏が言うには、「僕たちは噛む料理を普段は食べないから、あんまり量は食べることはできないんだよ。でも、美味しいパルショータはするすると喉を下っていくので、どれだけでも飲むことができるよ」ということであった。それを聞いていた周りの男性たちも笑いながら、「インジェラやティプスは、たまに食べるから良いんだよ！　私たちにはパルショータがある！　パルショータこそ、最高の食事！　元気の源だ！」と口々に叫んだ。このように、デラシャはお祝いの席でたまに食べるインジェラや肉は好きではあるが、大量に食べることは苦手で、日常食としたいとは望んでいない。それは「噛む」ことが必要なハワラタやラッコトも同様である。デラシャにとって、最も好ましい食事は、「飲み干せる」パルショータなのである。

デラシャがパルショータをとてつもなく好きなことを示すエピソードは、他にもたくさんある。その一つがA村でのホームスティ先で起きたハンガーストライキだ。A村では、祖父である七〇代のR氏とその妻、彼らの長男の息子A氏と妻Sy氏、二歳の息子と生まれて三ヵ月の息子の二人と、私のアシスタントをしてくれていた次男の娘のMの七名で暮らしていた。R氏の妻は高齢であったため、この世帯では二〇代のSyがパルショータをはじめとするすべての食事をつくっていた。普段なら台所にシュッカがつねにつくり置きされていて、パルショータがなくなればいつでも補充できるようになっていた。ところがあるとき、Syは子育てに追われてシュッカの補充が間に合わず、数日の間、シュッカが切れてパルショータをつくれない日ができてしまった。そこでSyは、普段は子どもたちや私が飲んでいるカララを、パルショータの代わりにヒョウタンに入れ、畑に行く祖父R氏と夫A氏に渡してしまった。その時、二人とも中身がカララとは知らず、何も言わずにヒョウタンを受け取って畑に向かった。夕方、二人が畑から家に帰ってくるやいなや、祖父は嫁を呼びつけ、ヒョウタンを掲げながら「おい！パルショータではなくてカララが入っていたぞ！」と怒鳴った。Syは困ったように「今はシュッカを切ら

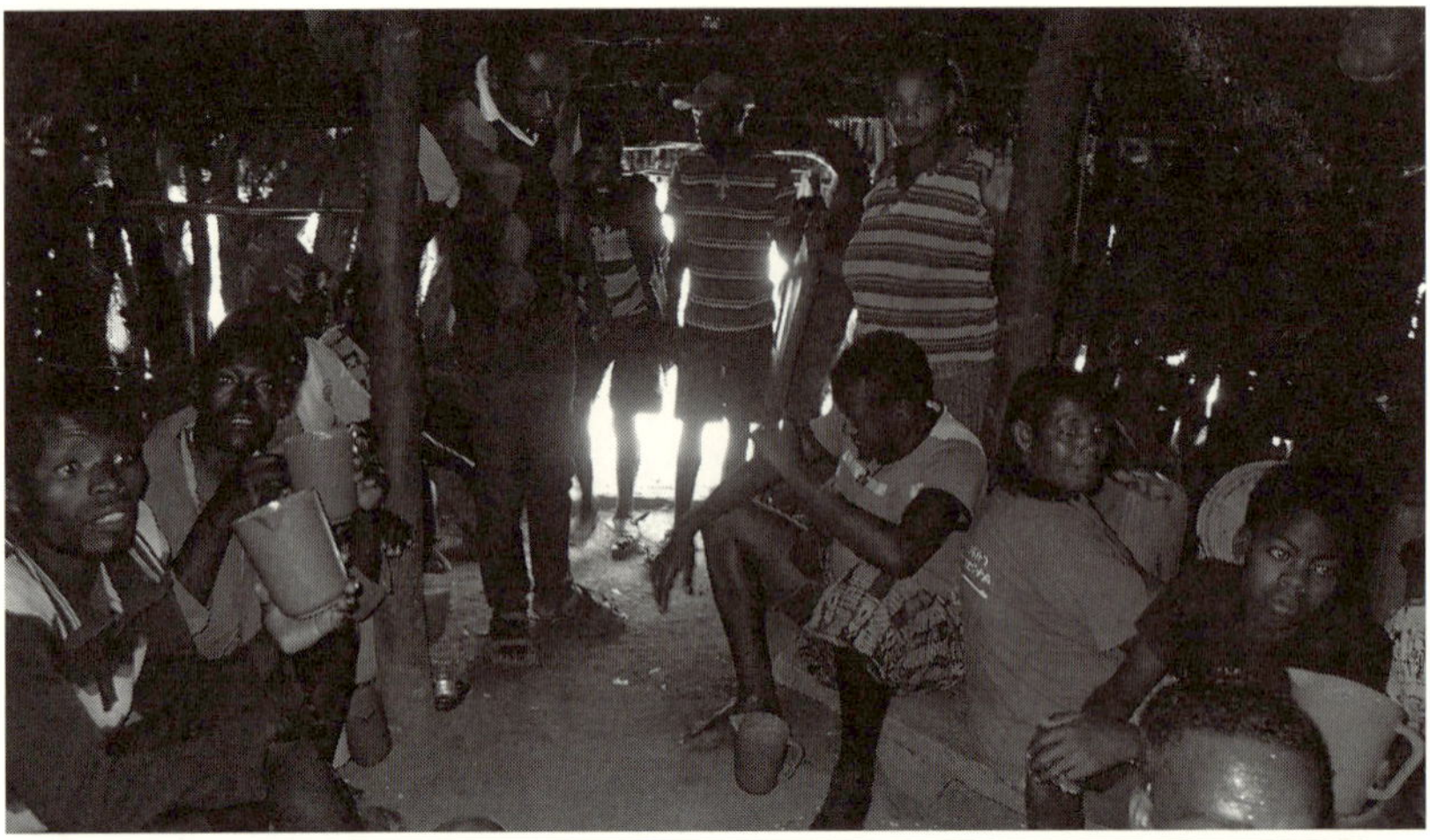

写真51　チャガベットの中

していてパルショータができないんです。カララで我慢してください」と頼んだ。しかし、祖父の怒りはおさまらず「時代は変わってしまった！　嫁が私に子どものジュースを飲めと言ってくる。デラシャのご飯はパルショータだけだ」と言い返した。Syも負けじと「私には幼い子どもの世話も家事もあるんです。数日、パルショータがないくらい我慢してください！　カララが嫌なら、他所で飲むか自分でチャガベット（パルショータを二〇〇八～二〇一三年までは一ジョッキ一Birr[1]で販売する交代制の居酒屋）（写真51）にでも行けばいいじゃないですか」と言い返した。二人はしばらく言い争っていたが、どちらも折れようとはしなかった。その晩の夕食でも、ハワラタとともにカララが出された。夫A氏は文句を言わずにカララを飲んでいたが、祖父は夕食の席にすら現れなかった。

翌日も喧嘩は続いていて、祖父は朝食も夕食も姿を見せず、日中も外出して家にいなかった。私からも祖父に「おじいちゃん、ご飯を食べないと病気になるよ。Syも困っているよ」と言うと、祖父はバカにしたように笑いながら、「ご飯？　ご飯がどこにあるというんだ？　デラシャの男の飯はパルショータだ！」と言ってまったく話を聞いてくれなかった。祖父の日中の動向を周りの者に探ったところ、初日は嫁いだ長女の家、二日目は長女の家と知人の家、三日目は知人の家、四日目はチャガベットで、それぞれジョッキ二〜三杯のパルショータを飲んでいた。しかも、それぞれの場所で嫌がらせのように、「うちの嫁は食事すら用意してくれない。悪い嫁」と言いふらしていたらしい。それを知ったSyは頭を抱え、「最悪だ！ないものはないのに、どうしろっていうのよ」と言いつつも、少しして、「あのケチなお爺さんがお金を払ってパルショータを飲むなんて、そろそろ限界ね」とつぶやいた。

五日目の昼間にSyは友人のところから一〇リットルほどのパルショータをもらい、それを夕食と翌日の朝食時に祖父と夫A氏に出した。すると、祖父は何事もなかったかのように、食卓に現れてパルショータを飲んでいた。もちろんそれだけでは足りないので、六日目の朝からSyは遠く離れた両親の暮らす村に出向き、三〇リットルほどのプラスチック容器一杯のパルショータを分けてもらって帰ってきた。新しくシュッカができるまでのあいだ、このパルショータが家族をつないでいた。ちなみに夫A氏は祖父と妻Syのやり取りを見て、巻き込まれてはかなわないと大人しくしていたが、こっそりと友人の家でパルショータを飲んだり、へそくりを使ってチャガベットでパルショータを飲んでいたと言っていた。

このように、デラシャの、とくに男性にとってパルショータは欠かすことができない唯一といってもよい食事である。パルショータへの執着はとても強く、パルショータがない場合は他の食事で代用するのではなく、食事を拒むほどである。

2 酒であればよいというわけではない

これまでにも述べてきたように、デラシャはパルショータのほかに、ネッチ・チャガとカララという三種類の飲み物をつくる。しかし、これら飲み物への人びとの愛着はさまざまである。カララは酒づくりと同じく糖化とアルコール発酵からなるが、そのほかのネッチ・チャガは一ヵ月間、パルショータは二、三ヵ月間にわたる長い乳酸発酵の期間がアルコール発酵の前に置かれている。カララとネッチ・チャガは保存ができないため、完成した日しか飲むことができないが、パルショータは完成後3日間保存できる。ネッチ・チャガが「嗜好品である酒」、カララが子どもの「飲料」や「食事」であるのに対して、パルショータは成人の「主食」であり、毎日大量に飲まれている。

W村に暮らす三〇～五〇代の男女五〇人に、カララとネッチ・チャガ、パルショータの材料や色、酒づくりにかかる期間、保存期間、味、アルコール濃度、身体への影響について聞いてみた。その結果をまとめたのが表7である。普段、ネッチ・チャガは、嗜好品である酒として市場や村内の居酒屋チャガベットで飲まれている。また、カララは子どものジュースやご飯として飲まれる。また、モリンガやケールがなくなるとネッチ・チャガが、シュッカのつくり置きがなくなるとカララが、パルショータの代わりにつくられて主食として飲まれることもある。

ネッチ・チャガは白色の濃い濁酒で、原液の状態だと酒というよりは粥のようである。二回の作付期にモロコシを二期作するW村、O村、Y村ではモロコシだけでネッチ・チャガをつくる。一方、モロコシとトウモロコシを二毛作するA村、G村では、モロコシとトウモロコシの粉末を混ぜてネッチ・チャガをつくる。前述したよう

表7　デラシャのもつパルショータとネッチ・チャガ、カララへの感想

	パルショータ	ネッチ・チャガ	カララ
位置づけ	主食	酒、予備の主食	子どもの食事や飲料、予備の主食
材料	モロコシ、トウモロコシ、モリンガ、エチオピア・ケール	モロコシ、トウモロコシ	モロコシ、トウモロコシ
調理期間	2～3ヵ月以上	1ヵ月	2日
保存期間	3日	1日	1日
好き嫌い	大好き	好き	どちらでもないが毎日飲むのは嫌だ
好きな順番	1	2	3
体調への影響	悪影響は無し	腹痛や下痢を引き起こすこともある	ネッチ・チャガよりも確率は低いが、腹痛や下痢を引き起こすことがたまにある
保存性	高い	低い	低い
味	酸味、コク、ほのかな甘味	ほのかな酸味と甘味	甘味のみ
匂い	糠漬けや奈良漬を漬けている時、味噌をつくっている時に似た香り	甘酒と大徳寺納豆、漬物を漬けている時の香りを混ぜたような香り	ほのかに甘酒のような香り
アルコール濃度	丁度良い	高い	低い、物足りない

に、ネッチ・チャガのつくり方はパルショータと似ている。乳酸発酵とアルコール発酵の工程を経て、完成するまでに約一ヵ月を要するが、腐敗しやすいのですぐに飲んでしまわなければならないことは何度も述べてきたとおりである。かれらに「ネッチ・チャガは好きか」と尋ねれば、だれもが「好きだ」と答える（表7）。しかし、「もっとも好きな飲み物は？」という質問にネッチ・チャガと答えたのは男性一人だけで、他の四九人はパルショータと答えた。パルショータをもっとも好きと答えた四九人に、ネッチ・チャガがパルショータに劣る理由を尋ねたところ、①味が単調で甘みが強い、②つくるのに失敗すると強い酸味しかしない、③（ぬか漬けと甘酒が混ざったような）発酵の香りが弱い、④大量に飲むと酔っ払うほどアルコール濃度が高い、④ときどき腹を壊す、という答えが返ってきた。とくに、ネッチ・チャガのもつ高いアルコール度数と発酵臭の弱さを問題にしている人が多かった。

ネッチ・チャガは原液を水で二倍に希釈しても四パーセント以上のアルコールが含まれている。パルショータがもっとも好きだと答えた男性のなかには、「酒が好きなのでネッチ・チャガを毎日飲みたいが、酔っ払ってしまうのでそれはできない」と言っていた。ネッチ・チャガは、酒としてはおいしいのだが、毎日飲むにはアルコール濃度が高すぎて、栄養補給と両立させる「主食」としては飲むことができない、というのである。ネッチ・チャガが第二位に置かれるもう一つの理由は匂いの薄さで、デラシャの多くは「パルショータのあの匂いを嗅ぐと食欲が湧く。ネッチ・チャガはおいしいんだけど、匂いがないからあまり飲めないんだよね」と残念そうに語る人もいる。酒をつくる女性からは「ネッチ・チャガは、醸造工程が繁雑な割に保存ができず、完成後はすぐに飲まなければならないから、つくるのが面倒くさい」という意見もあった。

カララは水をたくさん加えるため、さらさらとしたアルコールをほとんど含まない白濁した飲み物である。パルショータやネッチ・チャガと同様に、モロコシを二期作するW村、O村、Y村ではモロコシの粉末だけを使ってカララをつくるが、モロコシとトウモロコシを二毛作するA村、G村では両穀物を混ぜてつくる。カララの醸造は簡単で、完成までには二日しかかからないが、保存もできないのですぐに飲んでしまわなければならない。

五〇人にカララについて尋ねたところ「好き」と答えた人はおらず、全員が「好きか嫌いかと問われたら嫌いだが、かぎりなく普通だ」と変な答えが返ってきた。カララが好きではない理由は、①香りがせず、②酸味やコクがなく、ただ甘いだけで口の中に味が残らない、③アルコールが低すぎる、④ときにお腹を壊す、などであった。カララは一応アルコール発酵しているが、アルコール濃度は一・八パーセントと低い。つねにパルショータを飲んでいる大人たちにとって、カララは酒や食事ではなく、清涼飲料水のようなものなのである。

確かにパルショータやネッチ・チャガに比べると味が単調で甘さが強く香りも薄い。昼間から酔っ払うわけにはいかない私は、「カララが一番好きだ」と村人に言うと、「カララが好きなのは子どもだけだよ」と言ってみんなで笑う。A村とW村の一三歳以下の子どもたちそれぞれ二〇人に[1]、「カララは好きか？」と尋ねたところ、W村の少年二人を除く全員が「好き」と答えた。「嫌い」と答えた少年たちに「どうして嫌いなの？」と聞くと、一〇歳と一一歳の少年が「カララが好きなのは赤ちゃんだけだよ。僕はもう畑仕事もできるからカララなんて飲まないよ」と言いっていた。「じゃあ、何を食べるの？　パルショータ？」と聞くと、少年たちは「そうだよ」と答えたが、周りの子どもたちが「嘘だ！」と騒ぎたて、それを少年たちが追いかけてその場はお開きとなってしまった。このように、「カララ」と「幼児性」は深く関連しており、上述の祖父R氏がカララの入ったヒョウタンをもたされて憤慨したのは、ミルクの入った哺乳瓶を渡されたような感覚だったのか、老人は侮辱されたような感情を抱いたのかもしれない。

デラシャは、パルショータが発する味噌やぬか漬けのような甘酸っぱい香りと同時に、いつまでも口の中に残るような複雑な味わいをとても好む。私はこの味を「コク」と表現している。それを科学的に示すのはなかなか難しいが、試しに旨味成分であるグルタミン酸をパルショータとネッチ・チャガで比較してみよう。それぞれに含まれる遊離グルタミン酸含有量を窒素量値から算出してみると、パルショータは三六ミリグラムパーセント、ネッチ・チャガは一八ミリグラムパーセントとなった。双方とも特別グルタミン酸が多いというほどではないが、デラシャはこれを「コク」の一部として感知しているのだろう。

インタビューでは、五〇人全員が「カララやネッチ・チャガは大量に飲むと腹を壊すが、パルショータを大量に飲んでも腹を壊すことはない」と語っていた。これが醸造当初の乳酸菌の繁殖と強く関連していることは再三述べてきたとおりだが、「安心して飲める」というのもおいしさの一つかもしれない。また、高濃度のアルコールは肝臓に負担をかけるが、少量あるいは低濃度のアルコールが食欲を増進させることはよく知られている。パルショータはアルコール濃度三～四パーセントに調整されて飲まれているが、これは偶然できあがった濃度ではない。三日目のパルショータ・ムルムルの状態で発酵が自然に停止するのは、パルショータ内の糖が少なくなったからである。すなわち、パルショータの醸造過程で加えられる発芽種子によって生成された糖は乳酸またはアルコールの基質となるが、その添加量を微妙に調整することでちょうどよいアルコール濃度に調整されているのである。それは成人なら酔っ払わない濃度であると同時に、「コク」の一つとしてパルショータの味に深みを与えているのである。

3 酒が食事の食生活

モロコシを二毛作するA村と、二期作するW村において、一〇代後半以上の男女を対象として食事の内容と取り方を観察した。農繁期には夕食に、農閑期には朝食と夕食にモロコシやトウモロコシからつくった親指大の団子をモリンガと一緒に茹でたハワラタや、モロコシやトウモロコシの粉末を円盤状に練って乳酸発酵させてから焼いたラッコトをつまんでいた。ハワラタやラッコトの量は少なく、ハワラタなら男性で一五〜二〇粒、女性で一〇〜二〇粒ほどつまむだけで、おつまみのようなものであった。それ以外の時間はひたすらパルショータだけを飲んでおり、それ以外の食べ物や飲み物を摂っている様子はなかった。このように、デラシャが固形食を食べる機会はきわめてかぎられている。

また、A村とW村に居住する一〇代後半〜七〇代の男女計一四人の農閑期と農繁期における食事内容をそれぞれ二週間にわたって観察した（表8、表9）。デラシャの食生活では朝食と昼食の区別がつけにくいが、起床してから一一時までを朝食、それから一七時までを昼食、寝るまでの21時を夕食とし、朝と昼、食事の時間で分けてまとめてみた。A村とW村で、朝、昼、夜の計四二回の食事のうち、農閑期には男女合わせて一人平均一五・九

表8　A村とW村の10代〜70代の男女計14人が42回の食事のうち パルショータのみを摂食した回数

	農閑期		農繁期	
	男性	女性	男性	女性
10代	17	14	23	22
20代	18	16	23	23
30代	18	17	21	23
40代	17	18	24	22
50代	14	14	22	20
60代	16	14	20	18
70代	15	15	17	15

＊朝起床してから11時までにとった食事を朝食、11時〜16時までを昼食、16時〜21時までを夕食と区分し、14日間に摂る食事内容を回数で分類した。

表9　A村とW村の10代〜70代の男女計14人が42回の食事のうち パルショータと固形食を摂食した回数

	農繁期		農閑期	
	男性	女性	男性	女性
10代	25	28	19	20
20代	24	25	19	19
30代	24	25	21	19
40代	25	24	18	20
50代	27	27	20	22
60代	26	26	22	24
70代	27	26	25	27

＊朝起床してから11時までにとった食事を朝食、11時〜16時までを昼食、16時〜21時までを夕食と区分し、14日間に摂る食事内容を回数で分類した。

表10　A村とW村に居住する10〜70代の男女計14人の農閑期・農繁期における1日のパルショータの飲酒量（kg）

		男性	女性
A村	農閑期	5.00	4.63
	農繁期	5.06	4.86
W村	農閑期	5.00	4.74
	農繁期	5.20	4.88

回、農繁期では男女合わせて一人平均二〇・九回でパルショータのみを食事をしていた。そして、農閑期には男女合わせて一人平均二五・六回、農繁期には男女合わせて一人平均二一回でパルショータと固形食を口にしていた。ハワラタやラッコトなどの固形食しか口にしていないのは、二〇代の女性一回、六〇代の女性二回、七〇代の女性一回の計六回の朝食のみであった。これらの朝食の席では、パルショータの代わりにハーシェと呼ばれるコーヒーの葉を煮出して塩を加えた飲み物が飲まれていた。このように、デラシャの食生活は、パルショータに比重を置いているのである。

ではどれほどのパルショータを飲酒するのだろう? A村とW村に居住する一〇代後半~七〇代の男性七人、女性七人、それぞれ計一四人に農閑期と農繁期におけるそれぞれ一日のパルショータ摂食量を測定した（表10）。一日の摂取量は農繁期と農閑期を通してA村で平均四・七、五・〇キログラム、W村で平均四・八、五・〇キログラムと村による差はほとんどなかった。また、いずれの村でも男性の摂取量は女性よりも多く、また農繁期は農閑期よりも多くのパルショータを飲む傾向が認められたものの、摂取量と労働量はそれほど高い相関関係がないように思えた。このように、年齢と性別、時期による飲酒量の差はわずかに見られたが、性別・年齢・時期に関係なく、デラシャは平均五キログラムという大量のパルショータを毎日摂取している。

平均五キログラムもの酒、しかも清酒ではなく腹に溜まる濁酒を飲むのは、私たち日本人にとっては容易ではない。私もデラシャと同じように暮らしていたが、一日に五〇〇ミリリットル、多くて一リットルのパルショータを飲むのが精一杯であった。上と同じようにA村とW村に居住する一〇代~七〇代の男性七人と女性七人に腕時計をわたし、農繁期と農閑期においてパルショータを摂取した時間帯を記録してもらった。A村は二〇〇九年の記録をもとに農繁期（図19）と農閑期（図20）、W村は二〇一一年の記録をもとに農繁期（図21）と農閑期（図22）における一日のなかの飲酒状況を図で示した。

パルショータ　　パルショータと固形食　　ハーシェ（コーヒーの葉のお茶）と固形食

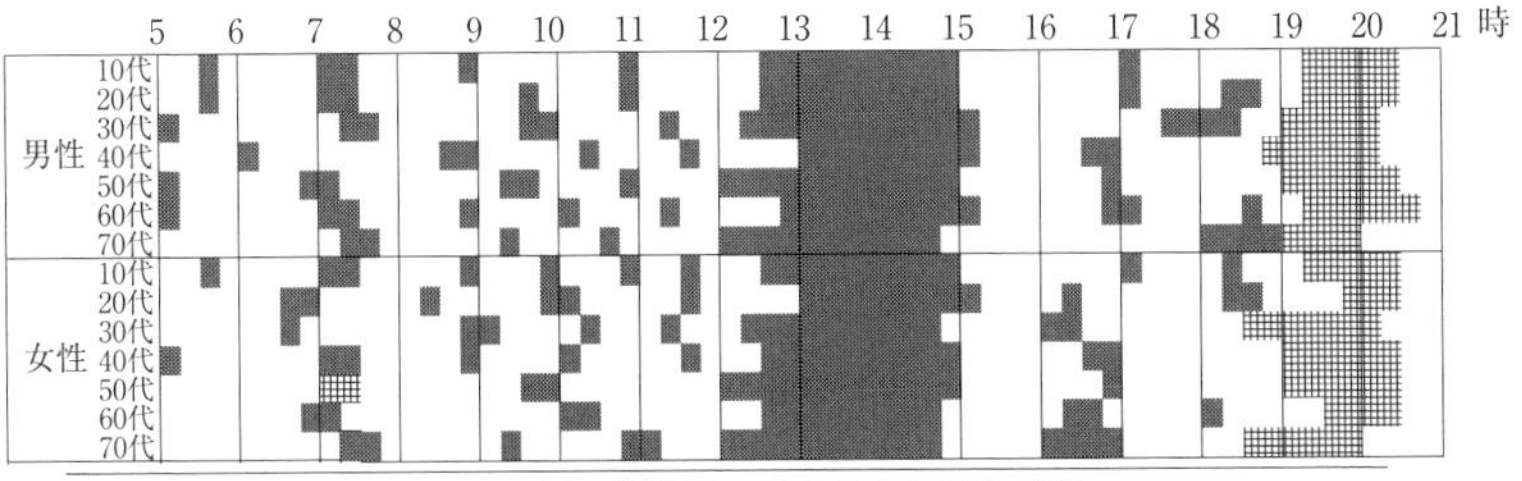

図 19　A 村の農繁期の食事内容と摂食時間

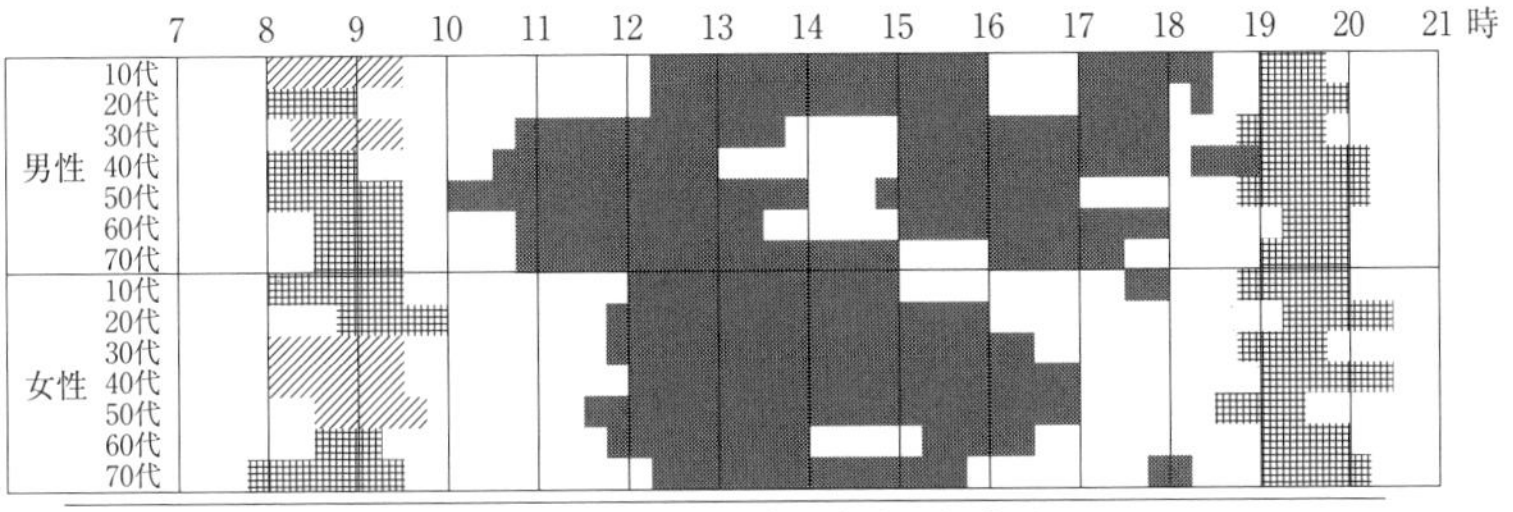

図 20　A 村の農閑期の食事内容と摂食時間

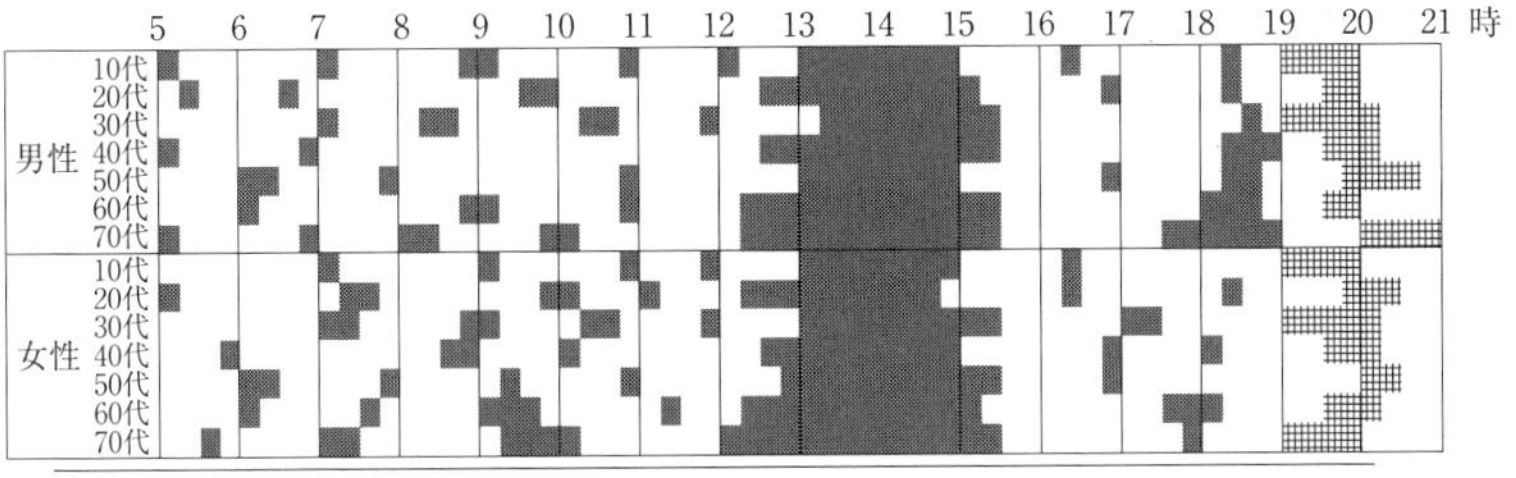

図 21　W 村の農繁期の食事内容と摂食時間

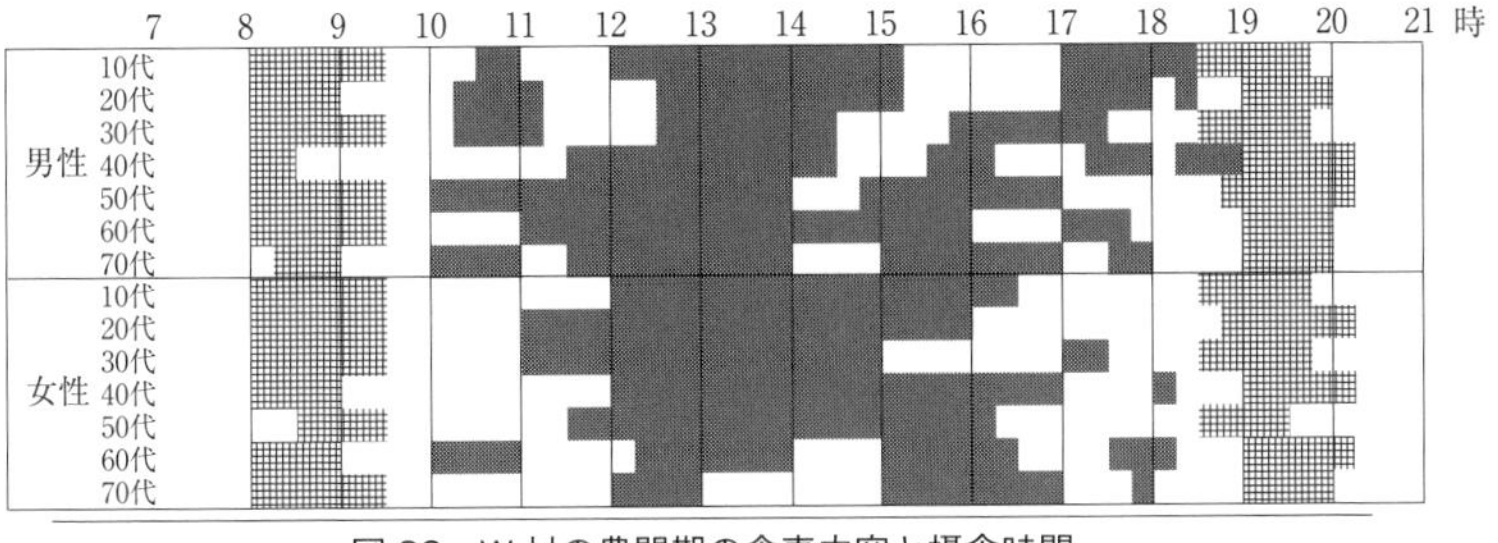

図 22　W 村の農閑期の食事内容と摂食時間

写真 53　畑に行くまでにパルショータを飲む男性

写真 52　ペットボトルに入れられたパルショータ

図19と図21で示すように、かれらは農繁期には朝五時～七時に起きて二〇時～二一時に寝ていた。起きている一四時間～一六時間半のうちの三～五割をパルショータの摂取に当てていた。かれらは朝起きるとすぐにパルショータを飲む。起きてすぐに畑に行く者は、タンダッ（tanda）と呼ばれるヒョウタンやペットボトルにパルショータを入れて（写真52）畑にもっていき、喉が渇いたり、お腹が減るとパルショータを飲んで休憩していた（写真53）。畑のなかには、木の柱に茅葺きの屋根をのせたコハッ（kohha）と呼ばれる休憩用の東屋が建てられており、とくに日差しが強い一三～一五時半はその日陰でパルショータを飲んだり、畑に植えた果樹の実をもぎ取って食べながら過ごす。日差しが弱くなると、再び畑作業を再開し、男性は一七時頃に農作業を終え、家事のある女性はそれよりも少し早く家路につく。帰宅後は、夕食ができるまでの時間に、ロバへの給水をかねて川へ水浴びに行ったり、モッラと呼ばれる村内の

辻々に建てられた寄合所に集まってパルショータを飲みながら近所の人たちと談笑する。ちなみに、このモッラには男性しか立ち入ることができない。そして、一八～一九時頃に夕食ができると家族が食堂に集まり、ハワラタやラッコトをつまみながら一時間ほどかけてパルショータを飲む。そして、食後はすぐに就寝する。

一方、図20と図22に示した農閑期には、七時過ぎに起きて二〇～二一時に寝ている者が多く、朝起きてから寝るまでの一三～一四時間のうちの四～六割の時間にパルショータを飲んで過ごしていた。農繁期は夕食にしか固形食を口にしないが、農閑期には朝と夕方は家族で食卓を囲んで固形食をつまみながらパルショータを飲む。また、家族が揃う八時ころの朝食では、パルショータの代わりにハーシェを飲むこともある。朝食が終わると男性はモッラやチャガベットに出掛け、そこで友人たちとともに談笑したり、チェスに興じたりしながらパルショータを飲む。モッラでパルショータが入ったヒョウタンを片手に居眠りしている男性の姿もよく見かける。男性には、一三時～一六時のあいだに昼寝しながらパルショータを飲むという至福の時間を過ごす人が多い。一方、女性は家の中で、家族や友人と話しながら、棉から糸を紡いだりしながら談笑して過ごす。そして、その傍らには必ずジョッキに入ったパルショータが置かれており、のどが渇いたり口寂しくなると飲んでいた。パルショータは三日分の保存が可能であるため、一度に大量につくり、台所に置かれた甕《かめ》やポリタンクにつくり置きしておく。家人は、いつでも台所の容器からパルショータを汲んで飲むことができる。そのため、日中は決まった食事時がなく、まんべんなくパルショータを飲んで過ごすのである。このような食事内容と摂食方法は、一〇代半ば以降、老若男女を問わずほとんど同じであった。

デラシャの食事はパルショータに高い比重が置かれており、長い時間かけてゆっくりと飲むことで必要なカロリーと栄養分を充たしているのである。では、パルショータがつくれないときは、他の飲み物で代用できるのだろうか？　A村にくらす三〇代の男性A氏にネッチ・チャガとカララだけでそれぞれ一週間ずつ暮らしてほしいと頼んでみた。猛烈に拒絶されたが、結局、アルバイトとして「パルショータ断ち」をしてもらうことになった。A氏には、まずパルショータの代わりにネッチ・チャガを飲んでもらった。ネッチ・チャガは家にはないので、チャガベットに連れていって飲ませていた。彼は「人の金で飲む酒はうまい」などと言って、当初は一日に六・六キログラムも飲んでいたが、四日目くらいから飲酒量が減り始め、四・四キログラムになった。A氏に、「どうしたの？ 飽きたの？」と尋ねると、彼は微妙な顔で、「うん」と答えた。最終的に彼の飲酒量はどんどん減り、一週間での飲酒量は一日平均四キログラムとなった。

三日ほど休憩を入れつつ、再度バイトの交渉をまとめて、今度はカララだけの生活に挑戦してもらった。A氏は、一日目に四・二キログラムのカララを飲んだ。しかし、段々と飲む量が減り、三日目には弱音を吐き始めたが、無理を言って一週間続けてもらった。彼の表情からして、それが限界だったと思う。A氏が一週間にカララを飲んだ量は、一日の平均はわずか三キログラムだった。

A氏の命がけの挑戦から、デラシャはパルショータをもっともたくさん飲める上、パルショータしか飲み続けられないということがわかった。つまり、ネッチ・チャガやカララだけでは必要な栄養分（量）を摂取することができないのかもしれない。そして、アルコールが多かったり、甘いだけの単調な味では飽きてしまって飲み続けることができないのである。さまざまな風味やコクが混ざったパルショータは、飽きずに飲み続けられる総合食品なのである。

4　子どもだってパルショータを飲む

デラシャは、何歳ごろからパルショータを中心とする食生活を始めるのだろうか？　A村に居住する大人二名（三〇代）と子ども五名の計7名からなる世帯Dの農閑期における一二日間の食事内容を調べた。デラシャの生活に明確な昼食はないが、ここでは便宜的に一日にとる食事を朝と昼、夕方の三回に分けた。そして、その食事内容をパルショータのみ、パルショータと固形食、固形食のみに分類し、それぞれが全食事回数のうち何回を占めているのか、その割合を図23に示した。三〇代の男女は平均三六パーセント、一五歳の長女は三三パーセント、一四歳と一〇歳の次女は三一パーセントの食事をパルショータだけで済ませていた。七歳の長男と五歳の三女はパルショータだけを飲む食事はなかったが、半分の食事ですでにパルショータを飲んでいた。

幼児のときから少しずつパルショータを飲みはじめるという傾向は、デラシェ全域でみられた。図24と図25に、W村に暮らす世帯B（8人家族）（写真54）の農閑期と農繁期における

写真 54　W 村に暮らす世帯 B

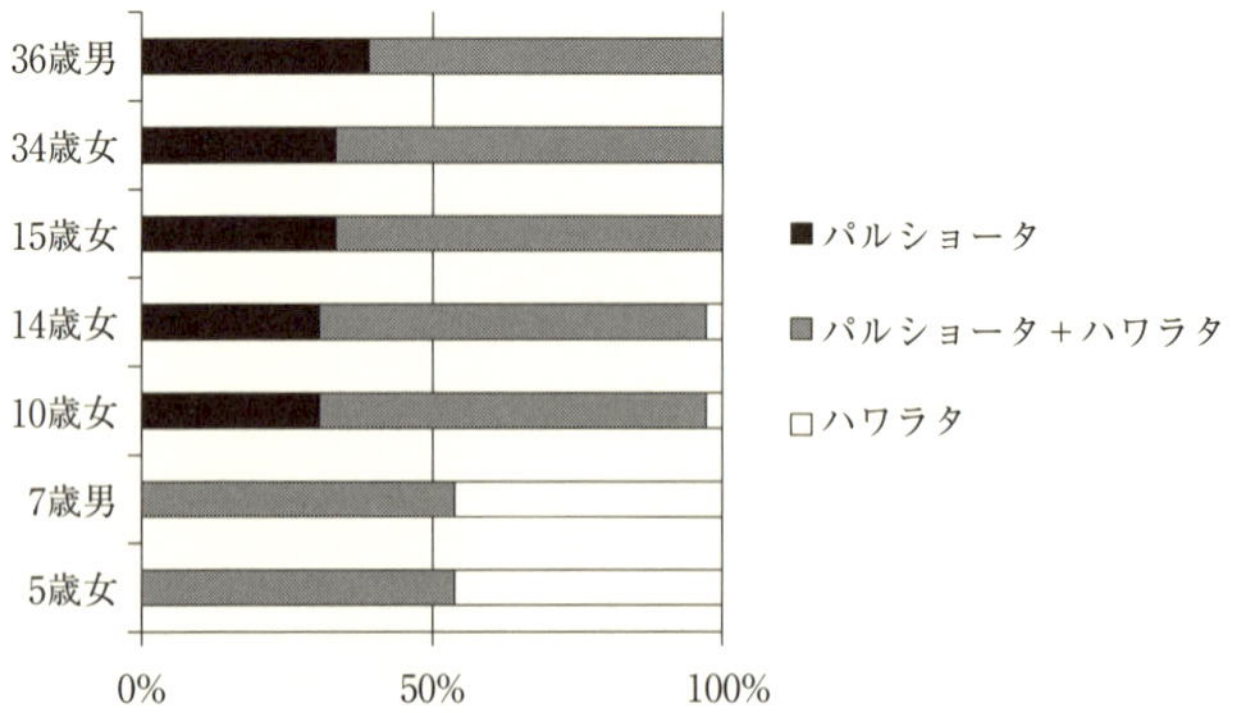

図23　A村における農閑期のある一家の食事内容

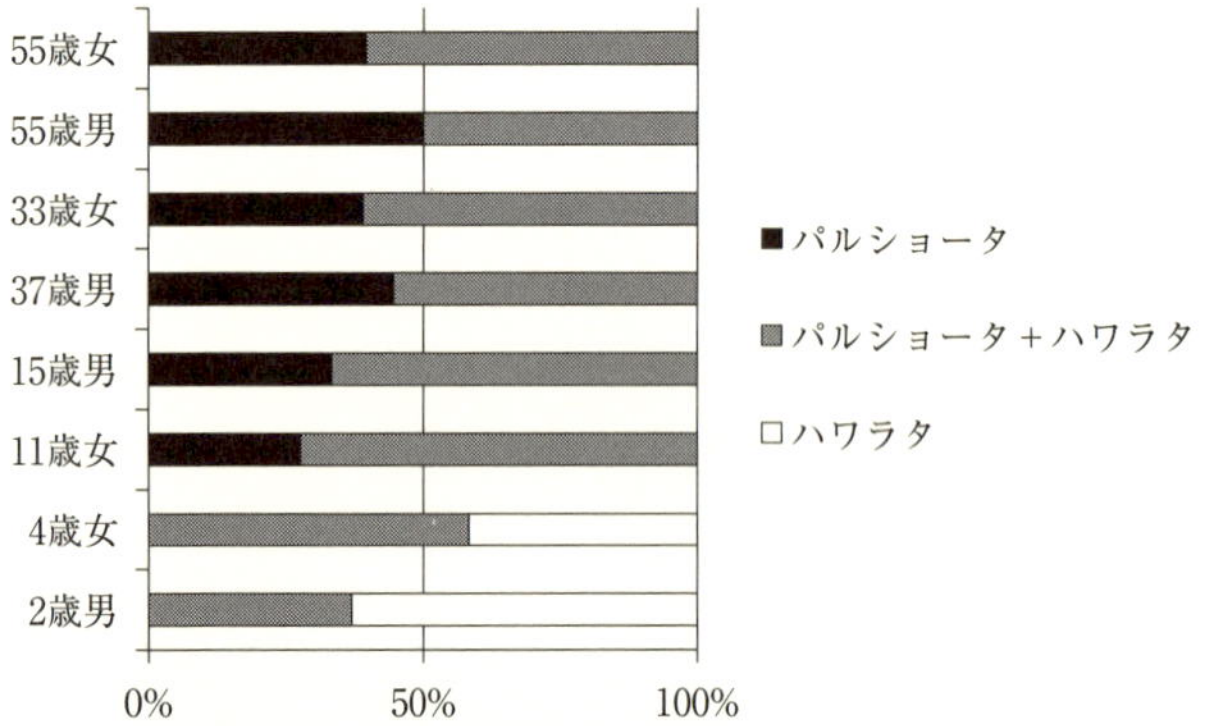

図24　W村における農閑期のある一家の食事内容

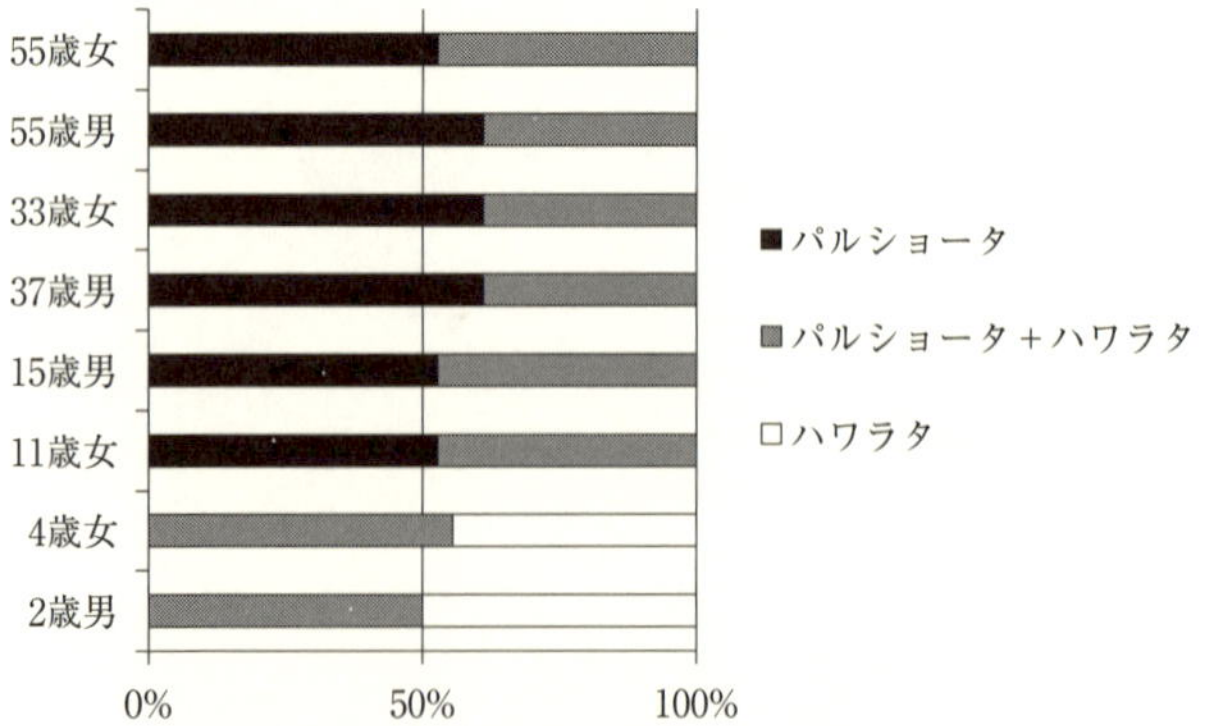

図25　W村における農繁期のある一家の食事内容

写真55　W村のパルショータを飲む子どもたち

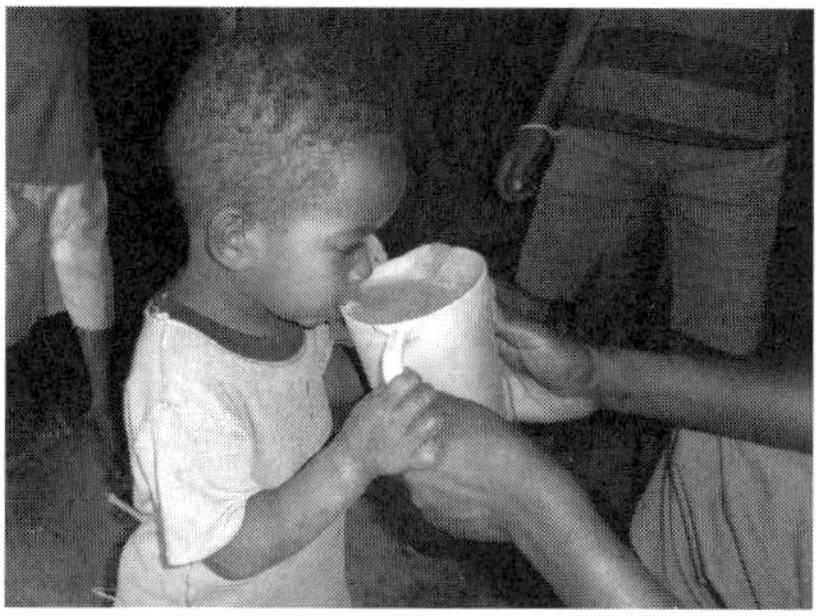

写真56　A村のカララを飲む子ども

写真57　水でうすめたパルショータを飲む訓練をするW村の子ども

一二日間の食事内容を示した。それによると、二歳児と四歳児ですでにパルショータを飲み始めていた。農閑期には、全食事回数のうち一一歳女子は二八パーセント、一五歳男子は三三パーセント、三〇代と五〇代の男女は四四パーセントの食事をパルショータだけで済ませていて、年齢とともにパルショータだけの食事が増える傾向にあることがわかった。また、農繁期になると、パルショータだけの食事が多くなり、一一歳女子と一五歳男子で五三パーセント、三〇代と五〇代男女では五九パーセントの食事でパルショータだけを取っていた（写真55）。

　A村でもW村でも、食事中には各家庭で親たちがパルショータを飲むように幼い子どもに促す様子が見られた。デラシェでは、二歳になるとカララと併用してパルショータを飲み始める（写真56、57）。はじめは、水で五～七倍に希釈したパルショータをコップに一杯ほどしか飲むことができない。なかには、泣いて嫌がる子どももいるが、大人たちは「パルショータを飲まないと大きくなれないよ。ちょっとでもいいから飲みなさい」と言い聞かせてパルショータを飲むように促す。デラシャの子どもたちは、親からパルショータを飲むように毎日口うるさく言われ、徐々に飲む量が増え、五歳にもなると水で五倍ほどに希釈した状態ではあるとはいえ、一リットルほどのパルショータを飲めるようになる。子どもへ飲酒を勧める親たちは、「好き嫌いはいけない」と言って固形食ばかりを食べようとする子どもを叱っていた。私ははじめてこの光景を見たときにとても驚いたのだが、パルショータが「酒」ではなく「食事」であるという理解が深まるにつれて、そしてアルコール度数も低く、もっとも安全な食品であるということがわかるにつれて、親たちの言うことが正論に思えるようになった。

大人がパルショータを飲んで酩酊状態になることはないが、まだ酒に慣れていないうちは酔っぱらってしまう子どももいるようである。W村の小学校で教師をしている友人女性を訪ねたときに、廊下で泣きながら立たされている少年がいた。私が「あの子はどうしたの？」と尋ねると、近くにいた教師が「あの子は休憩時間にパルショータを飲んで酔っぱらい、授業中に居眠りしていたのよ。それでむちで打たれたあとで、あそこに立たされているのよ。パルショータは農民のご飯だからしようがないんだけれど」と教えてくれた。大人がパルショータで酔っぱらってしまうことはないが、慣れない子どものうちは酔っぱらいやすく、退屈な授業と相まって眠気がさすのだろう。

小学生にとっては少々厄介な主食なのだが、それにも徐々に慣れていく。年齢が上がるにつれて食事の比重はパルショータに置かれるようになり、二〇歳を過ぎると食事の中心はパルショータになるのである。

5　そんなに飲んで大丈夫なのか？

パルショータを毎日五キログラムも飲んでいても、酔っぱらって管を巻いたり喧嘩したりする人はまったくみない。パルショータは一〇〇グラム中に三・〇〜三・五グラム程度のエタノールが含まれる。これはライトビールほどのアルコール分であるが、摂取量が一日五キログラムと大量であるため、かれらが摂取する純アルコール量も多い。Turnerら（1981）は体重一キログラム当たり一日〇・八グラム（三日間続けるときは一日〇・七グラム）までの純アルコールを有益量とする説を提唱している。これを超えた量の純アルコールを摂取し続けると、アルコール依存症や肝硬変、心筋症およびうっ血性心不全、脳出血、アルコール精神病、認知および神経障害、がんなどへの疾病リスクが増すことになるとされている（Blanc et al. 2001, Jarvenpaa et al. 2005, WHO 2004）。Turnerら（1981）の式にしたがうと、体重七〇キログラムの男性A氏は毎日酒を飲んでいるので、一日〇・七グラム／キログラム×七〇キログラム＝四九グラムの純アルコールまでが摂ることができる。しかし、A氏は一日平均五キログラムの水で一・三〜二倍に希釈したパルショータを飲んでいるため、一・三倍希釈で換算すると一日に一四八・五〜一八二グラムの純アルコールを摂取している。これは、許容量をはるかに超える純アルコール摂取量である。飲酒問題が深刻な国では法律で飲酒許容量が設定されており、例えば、オーストラリアは一日の純アルコール摂取量の制限を男性四〇グラム、女性二〇グラム、イギリスは男性二四〜三二グラム、女性一六〜二四グラム、アメリカは男性一四〜二八グラム、女性一四グラムとしているが（ICAP 2003; 2004）、デラシャはそれを大幅に上回る。これはパルショータを主食とするデラシャ全体にいえる。しかし、飲酒が人体におよぼす影響においで一日の飲酒量は一つの目安に過ぎず、飲酒と健康のあいだには、飲酒のパターンや個人・民族がもつ個性などさまざまな要素が介在しているので、それを文化間で比較するのは難しい（Rehm et al. 2001）。アルコールと人体の関係に関する研究のほとんどは先進国でおこなわれた試験結果に基づいており、それをそのまま別の食習慣をもつ社会に当てはめられるかどうかははなはだ疑問である（Warner-Smith et al. 2001）。

デラシャは大量のアルコールを摂取できる体質をもっている可能性もあるだろう。たとえば、アセトアルデヒド脱水素酵素（ALDH2）活性は個人や民族によって異なる。アルコールはほぼ肝臓で分解されるが、アルコール分解物であるアセトアルデヒドを酢酸に変えるアセトアルデヒド脱水素酵素（ALDH）のうち、ALDH2がアセトアルデヒドに対する親和性が強く分解能が高い。アジア人（Edengerg et al. 2004）や、東欧のユダヤ人（Neumark et al. 2004）、南米の先住民（Gill et al. 1999）の一部には、酒に弱く飲酒すると顔が赤くなる人がいるが、それはADLH2の活性が低いことによる。ADLH2の活性はパッチテストで簡単に調べることができるが、デラシャ五二人を対象に実施したパッチテストでは全員がALDH2の活性が高いという結果がでた。

また、飲酒時間も酒の摂取量に影響する要素である。デラシャは長い時間をかけて五キログラムの酒を飲んでいる。健康体であれば、一時間に約九～一四グラムのアルコールを分解できるとされている（ICAP 2005）。一日に一五〇～一八〇ミリグラムの純アルコール量を摂取しているA氏は、毎日一三～一五時間くらいかけてゆっくり飲んでいるので、アルコールは無理なく分解できていると考えてよいだろう。

伝統的にリラックスした楽しみを追求する生活スタイルや、その生活スタイルに合った飲酒パターンをもつ国々（例えば、地中海地方の国々）でも、スカンジナビア諸国と比べて一人当たりのアルコール消費量が高くなっている（Brodsky and Peel 1999）。そして、このような飲酒が生活に組み込まれている地域では、アルコールによる問題を引き起こすことは少ないといわれている（Brodsky and Peter 1999）。デラシャは朝五～七時に起きるとまずパルショータを飲む。その後は、のどが渇いたり、空腹を感じたりするとすぐにパルショータを飲んで過ごし、夜寝る前の一九〜二一時には固形食をつまみながら、夕食としてパルショータを飲む。デラシャ社会では、飲酒を軸に据えて時間を使う生活習慣が確立されていて、ゆっくりとした速度で、起きている時間のほぼすべてを使って酒を飲むことで、酩酊することなく大量のアルコールを摂取しているのである。

かれらは子どものころから飲酒の仕方を学んでいるため、「酔いによる高揚感」を求めて、無理な飲酒をすることはない。デラシャにとって「飲酒」は「食事」や「飲み物」であって、酔いを求めて飲むものではないのだ。デラシャの飲酒量は、他の文化圏から見ると健康的・社会的に弊害を引き起こしかねない量であるが、デラシャはそのような問題とは無縁な生活を送っているようにみえる。W村の古老たちへの聞き取りによると、自分たちの祖先が今のW村に住み始めた一六、一七世紀頃からパルショータ、もしくはその原型となる醸造酒を飲んでいたと言い伝えられている。かれらがそのころから醸造酒を食事としていたかどうかはわからないが、長い時間をかけて大量の酒を飲む方法は、それだけで確立されるものではなく、あらゆる生活スタイルとリンクしながらかたちづくられていったにちがいない。

注

(1) 二〇一一年当時、一Birr=一一円。
(2) 一三歳頃を境にパルショータの飲酒量が増え始めるので、これ以下の年齢を聞き取り対象とした。

第3章　パルショータの栄養価

デラシャはパルショータを大量に飲んで、それ以外の食べ物をほとんど食べない。つまり、デラシャにとってパルショータはほとんど唯一の栄養源なのである。私は二〇〇八年から二〇一三年にかけてデラシェ地域の農村に住み込んで調査をしていたが、デラシャの健康がとくによくないとか、寿命が短いなどということを聞いたことがなかった。言い方をかえれば、パルショータは人間に必要な栄養分をすべてバランスよく含んだ総合食品ということである。この章では、穀物とわずかな植物の葉だけでどのようにして栄養価の高い食品がつくられるのかについて考えてみたい。

1　タンパク質・アミノ酸を摂ることの大切さ

一九八〇年代以降に減少したとはいえ、今でも世界では八億五千万人（九人に一人）が飢餓に瀕していて、そのうち約二五パーセントに相当する二億五六五〇万人をアフリカが占めているとされている（FAO・IFAD・UNICEF・WFP・WHO 2018）。とくに五歳未満の幼児の栄養不足が深刻で、子どもたちの三〇パーセントは体重不足に陥っている（Pinstrup-Andersen 1999, FAO・IFAD・UNICEF・WFP・WHO 2018）。ＦＡＯ・ＩＦＡＤ・ＵＮＩＣＥＦ・ＷＦＰ・ＷＨＯの報告書『The State of Food Security and Nutrition in the World 2018』は、二〇一七年の時点で、約一億五一〇〇万人の幼児（五歳未満）が栄養不良による低身長で、発育障害を示す子どものも三九パーセントがアジア、五五パーセントがアフリカに住んでいるとしている。

サブサハラアフリカ以南では、気候が不規則なために農業収量が安定しない（IPCC 2001）。そのため、凶作に見舞われるたびに子どもたちの栄養失調が問題視されてきた。アフリカ大陸の約七〇パーセントを、年間降水量一〇〇〜五〇〇ミリメートルの乾燥地域と五〇〇〜一〇〇〇ミリメートルの半乾燥地域が占めている（UNDP 2007, Jahnke 1982）。これらの乾燥・半乾燥地域は降水量が少ないばかりではなく、ときには数十年単位で降水雨量が変動する地域もある（Hulme et al. 2001）。また、年による降雨の空間的なばらつきや時期的なズレも大きい（Hulme et al. 2001）。灌漑が発達してこなかったアフリカの農業は、食料生産を天候に強く依存していて（Gregory et al. 2005, Verdin et al. 2005）、とくに乾燥・半乾燥地での天候不順は深刻な被害をもたらすことになる（Nicholson 1978）。

健康を維持するためには、カロリー源となる炭水化物を摂取するだけでなく、タンパク質、脂質、ビタミン群、食物繊維などの必須栄養素をバランスよく摂らなければならない（小川 二〇〇四、フィールドハウス 一九九一）。主食となる穀物や根茎類のほとんどはデンプンであり、タンパク質の含有量は少なく（Lukmanji et al. 2008）、それを構成するアミノ酸のバランスも偏っている（Chavan and Kadam 1989）。必須アミノ酸のなかでもリジンの含有量が低く、これが第一制限アミノ酸となり、その他の必須アミノ酸の効率的な摂取を妨げる要因となっている。栄養素のなかでも、とくに筋肉や臓器の構成、酵素やホルモンといった人体組織を構成しているタンパク質と、このタンパク質を構成している二〇種類のアミノ酸の摂取は重要である。人体組織は絶えず分解・合成を繰り返しているため、タンパク質やアミノ酸をつねに補給しなければならない。アミノ酸のなかでも、イソロイシン、ロイシン、リジン、フェニルアラニン、トリプトファン、スレオニン、メチオニン、バリン、ヒスチジンの九種類は必須アミノ酸と呼ばれ、人は体内で合成することができない（Young and pellet 1994, Reeds 2000）ので、食物で補充する必要がある。人びとの食生活を評価するとき、この必須アミノ酸をバランスよく含んだタンパク質を摂取しているかどうかが一つの基準となっている。

タンパク質やアミノ酸を手っ取り早く摂るには、肉や魚、卵、ミルク・ヨーグルト・バターなどの乳製品、マメ類などのタンパク質を食べるのが効果的である。アジアではマメの利用が盛んで、とくにインドでは多くのマメ科作物が栽培化され、今も多彩なマメ料理が食卓を彩っている。インドネシアではテンペ（tempe）という納豆が食べられ、中国、韓国、日本でも納豆をはじめ、マメを加工したさまざまな食品が食べられている。アフリカでもタンパク質のおかずは多い。東アフリカのケニアやタンザニアでは、穀物の粉末を沸騰した湯で練ったウガリ（ugari）という主食と、インゲンマメ（*Phaseolus vulgaris*）の煮物がよく一緒に食べられている。西アフリカでは、ウガリと同じように、トウジンビエ（*Pennisetum glaucum*）やモロコシの粉末を練ったトー（too）や、半割のヒョウタンでつくった容器にモロコシやトウジンビエの粉末と少量の水を加えて片手で激しくかき回し小さな粒をつくり、それを篩って細かい粒だけを甑で蒸したクスクス（couscous）と呼ばれる料理を主食とする（小川二〇〇四）。そして、人びとはこれらと一緒に、オクラ（*Abelmoschus esculentus*）をベースにしたソースや、野菜やマメを煮たスープを食べる。このように、アフリカでも、マメを中心としたおかずを頻繁に食べてタンパク質を補給している。

気候や政情が不安定な地域では、栄養状態をつねに良好に保っておくのは難しい。飢餓や栄養障害には、異常気象や紛争などに起因する突発的な食料不足と、慢性的な栄養不足による低身長・体重などの原因を特定しがたい障害の二種類がある。飢饉や紛争にともなう飢餓は急激な体重低下が起こるのに対して、慢性的な栄養失調についでは基準がわかりにくいため、自身や周りが症状を認識していないことが多い。慢性的な栄養失調は、アフリカやアジア、ラテンアメリカの開発途上国で多くみられる。デラシャは、モロコシやトウモロコシをおもな原料とするパルショータを主食としていて、ときどき食べる固形食のハワラタもラッコトも、飲み物や酒とされるカララもネッチ・チャガも、全ての主原料はモロコシとトウモロコシである。どれも、デンプンを主成分とする。

肉は年に数回、マメや魚などのタンパク質はほとんど食べていない。しかし、かれらの健康状態はきわめて良好そうにみえる。つまり、タンパク質やアミノ酸はパルショータから摂取していることになる。パルショータの材料として加えられるのはモリンガかケールだけである。パルショータを醸造する過程で、アミノ酸が合成されているとしか考えられない。

2　必要なエネルギーを満たす酒はどれか

前述したように、A村に暮らす年齢三〇歳、体重七〇キログラム、身長一七八センチメートルの男性A氏に、パルショータ、ネッチ・チャガ、カララのどれかだけを食べて一週間生活してもらい、毎日の飲量を計測した。彼は、一日の平均でパルショータなら一・三〜二倍に希釈したものを約五キログラム、カララなら約三キログラム、ネッチ・チャガなら二倍に希釈したものを約四キログラム飲んでいた。パルショータとネッチ・チャガ、カララのそれぞれの平均飲量と一〇〇グラムあたりの栄養価から、摂取できる各栄養の量を算出した。エネルギーは炭水化物とタンパク質、脂質、水分、灰分、アルコール分の定量値から、タンパク質×四＋脂質×九＋炭水化物×四＋アルコール分×七という計算で算出した。また、この計算に使った炭水化物は、一〇〇－（水分＋タンパク質＋脂質＋灰分）の計算で求め、脂質はソックスレー抽出法、水分は加熱乾燥法、灰分は直接灰化法、アルコール分は浮ひょう法、タンパク質はケルダール法、必須アミノ酸はアミノ酸自動分析法、エタノールはガスクロマトグラフ法で分析した。

人間の生存と活動のためには一定量のエネルギー（キロカロリー）摂取が必要で、これがもっとも必要量が多い栄養である。パルショータとネッチ・チャガ、カララの湿重量一〇〇グラムあたりに含まれるエネルギーは、二日目のソカテタを使ったパルショータの原液を一・三倍希釈したパルショータ①が六八キロカロリー、四日目のソカテタを使ったパルショータの原液を二倍希釈したパルショータ②が一〇九キロカロリー、カララの原液が四四キロカロリー、二倍希釈したネッチ・チャガが九四キロカロリーだった（表11）。それぞれの飲み物を主食とした場合、三〇歳のA氏は一日に五キログラムのネッチ・チャガのパルショータ①からは三四〇〇キロカロリー、パルショータ②からは五四五〇キロカロリー、四キログラムのネッチ・チャガからは三七六〇キロカロリー、三キログラムのカララからは一三三〇キロカロリーを摂取している計算になった。

A氏は、農繁期には週に六日、農閑期には週に二、三日畑に出かけて農作業する。男性の一日の推奨カロリー摂取量は、Harris Benedict Equation の式にしたがって以下のように求めることができる。

まずこの男性の基礎代謝量（BMR）を算出する。

基礎代謝量＝66・47＋（13・75×70体重キログラム）＋（5×178身長センチメートル）－（6・76×30年齢）

この計算によると、A氏の一日の基礎代謝量は一七一六・一七キロカロリーである。

そして、この値をもとに、エネルギー必要量を算出する。このとき、身体活動レベルは、週に一〜三日の肉体労働では基礎代謝量×一・三七五とし、週に六日の肉体労働では基礎代謝量一・七二五として算出できる。よって、農閑期の身体活動レベルは労働日数の少ないため、基礎代謝量×一・三七五、農繁期の身体活動レベルは労働日数の多い基礎代謝量×一・七二五として算出した。

エネルギー必要量＝活動エネルギー×（66・47＋（13・75×70体重キログラム）＋（5×178身長センチメートル）

－（6・76×30年齢）

表11　デラシャの飲む酒とその材料の栄養価

	パルショータ①	パルショータ②	ネッチ・チャガ	カララ	モロコシ	トウモロコシ
エネルギー（kcal）	68.00	109.00	94.00	44.00	336.00	359.00
タンパク質（g）	1.70	3.30	2.60	1.30	8.80	8.90
脂質（g）	0.40	1.40	1.20	0.60	2.70	4.70
炭水化物（g）	8.00	15.50	11.00	5.60	69.20	70.20
エタノール（g）	2.97	3.10	4.10	1.80	0.00	0.00

計算式より、農繁期は二九六〇キロカロリー、農閑期は二三六〇キロカロリーのエネルギーを一日に摂取することが推奨される。しかし、カララに含まれるエネルギーは低く、一日に飲める量も少ないため、農閑期・農繁期に関わらず、カララだけでは一日に必要なエネルギーをまかなうことは難しい。一方、パルショータ①を四・三五キログラム、パルショータ②を二・七二キログラム、ネッチ・チャガを三・一五キログラム飲酒すれば、農繁期の一日の推奨摂取エネルギーを満たすことができる。農閑期の推奨摂取カロリーはさらに低く、パルショータ①では三・四七キログラム、パルショータ②では二・一六キログラム、ネッチ・チャガでは二・五一キログラム飲酒すれば十分である。

酒から摂れるタンパク質は、パルショータ、ネッチ・チャガ、カララ一〇〇グラムあたりには、パルショータ①で一・七グラム、パルショータ②で三・三グラム、ネッチ・チャガで二・六グラム、カララで一・三グラムのタンパク質が含まれていた（表11）。A氏は一日に最大、五キログラムのパルショータ①から八五グラム、パルショータ②から一六五グラム、四キログラムのネッチ・チャガから一〇四グラム、三キログラムのカララから三九グラムのタンパク質を摂取することができる。

体重一ポンド（一キログラム＝二・二〇四六二ポンドである）につき一グラムのタンパク質を摂ることが理想的であるとすることもあるが（Mettler et al. 2010）、これを実現するのは難しい。一般的に、激しい運動や肉体労働をしている者は、運動量の少ない者よりも必要とするタンパク質の量が多く、推奨量（RDA）は一九歳以下で体重一

表12　デラシャの飲む酒とその材料100gあたりのタンパク質（g）と必須アミノ酸（mg）含量とそれらの値から算出したアミノ酸スコア（g）

	アミノ酸スコア（%）	タンパク質（g）	必須アミノ酸（mg）								
			LYS	HIS	PHE	LEU	ILE	MET	VAL	THR	TRP
パルショータ①	51.1	1.7	50	45	90	217	68	32	86	69	49
パルショータ②	48.9	3.3	93	87	157	393	118	58	153	118	28
カララ	61.4	1.3	46	36	64	140	48	24	64	49	13
ネッチ・チャガ	49.4	2.6	74	75	127	321	95	51	122	95	22
モロコシ	35.5	8.8	180	180	440	1100	320	130	410	280	100
トウモロコシ	37.1	8.9	190	270	430	1120	290	200	410	310	60

*.LYS：リジン、*2.HIS：ヒスチジン、*3.PHE：フェニルアラニン、*4.LEU：ロイシン、*5.ILE：イソロイシン、*6.MET：メチオニン、*7.VAL：バリン、*8.THR：スレオニン、*9.TRP：トリプトファン

キログラム当たり〇・八グラム以上のタンパク質を必要とする（Phillips 2006, Institute of Medicine）。また、高齢者も必要なタンパク質の量が多く、体重一キログラム当たり一・〇グラム〜一・二グラムが健康維持に有効とされる（Morais et al., 2006; Gaffney-Stomberg et al., 2009）。

そのため、体重七〇キログラムで筋肉質で肉体労働の多いA氏のタンパク質推奨摂取量は以下の式で求められる。

A氏の一日のタンパク質推奨摂取量＝70×0・8〜＝56グラム

A氏は一日に五六グラムのタンパク質を摂取することが望ましいとされる。カララだけを飲んだ場合、タンパク質の最大摂取量は三九グラムしかなく、カララだけでは推奨摂取量を満たすことはできない。ネッチ・チャガだけを飲んだ場合では、最大一〇四グラムのタンパク質の摂取が可能であり、タンパク質摂取量の推奨以上である。パルショータ①だけを飲んだ場合は八五グラム、酵母の増殖がより進んだパルショータ②を飲む場合は、一日一六五グラムのタンパク質を摂ることができ、推奨範囲を大幅に上回ることができる。

穀物に含まれる必須アミノ酸のなかで最も不足しているのはリジンである（Lukmanji et al. 2008）。それぞれの飲み物を定量分析すると、パルショータ①

で一〇〇グラムあたり五〇ミリグラム、パルショータ②で九三ミリグラム、ネッチ・チャガで七四ミリグラム、カララで四六ミリグラムのリジンが含まれていた（表12）。A氏が一日に飲む五キログラムのパルショータ①には二五〇〇ミリグラム、パルショータ②には四六五〇ミリグラム、四キログラムのネッチ・チャガには二九六〇ミリグラム、三キログラムのカララには一三八〇ミリグラムのリジンが含まれている。

ＦＡＯやＷＨＯが推奨するリジンの一日の摂取量は、A氏の年齢・体格から二一〇〇ミリグラムとされている（FAO/WHO/UNU 2007）。カララのリジンの含有量は低く推奨摂取量にとどかないが、パルショータとネッチ・チャガでは推奨摂取量以上のリジンを摂取することが可能であった。

3　発酵による栄養価の向上

食品に含まれるタンパク質を評価する方法にアミノ酸スコアがある。アミノ酸スコアは、食品中のタンパク質を構成しているタンパク質を構成している窒素一グラムに含まれる各必須アミノ酸（ミリグラム）と、人体を形成するタンパク質を構成している窒素一グラムに含まれる各必須アミノ酸量（基準値）との比率を比較し、最も比率の低い必須アミノ酸の値を評価値として、タンパク質の質を評価する数値である（Schaafsma 2000）。アミノ酸スコアが一〇〇未満の場合、その食品単体では必須アミノ酸が不足している。

必須アミノ酸のなかで、最も比率が低いものを第一制限アミノ酸と呼ぶ（Schaafsma 2000）が、本実験ではすべての検体においてリジンが第一制限アミノ酸であった。材料であるモロコシとトウモロコシ、醸造酒であるパルショータ①、パルショータ②、ネッチ・チャガ、カララ各一〇〇グラムに含まれる必須アミノ酸をそれぞれ定量した（表12）。その結果、アミノ酸スコアは、材料のモロコシで三五・五、トウモロコシで三七・一、パルショータ①で五一・一、パルショータ②で四八・九、ネッチ・チャガで四九・四、カララで六一・四となった。

これらのアミノ酸スコアは、肉、魚、乳製品、卵などのタンパク質を豊富に含む食物と比べて低い。しかし、材料であるモロコシとトウモロコシと、各飲み物を比較すると、いずれもリジンの割合が増加し、アミノ酸スコアが上がっていた。アミノ酸スコアの上昇を説明するためにはさらに詳細な分析データを待たなければならないが、発酵過程でリジンが増えたと考えることはできるだろう。

以上のことから、デラシャはパルショータから一日に必要なカロリーやタンパク質を得ることができている。パルショータの材料である穀物には、タンパク質やアミノ酸が少なく、リジンの含有量はとくに低いことが指摘されてきた（Chavan and Kadam 1989, Lukmanji et al. 2008）。デラシャは、穀物をゆっくりと時間をかけて発酵させることで、わずかではあるが第一制限アミノ酸を増やしてアミノ酸のバランスを改善しているのだと推察できる。そして、アルコール度数を抑えた栄養バランス食品を、時間をかけて毎日大量に飲むことで、一日に必要なカロリーやタンパク質を保管していると考えられる。デラシャの健康は、パルショータという優れた食品と、その飲み方によって維持されているのである。

第4章　デラシェ地域の農業

デラシェの農村の食事内容は、アレと接するC村やコンソに近いG村を除くと、ダガもコラも基本的にはあまり変わらない。ダガのY村では、醸造酒であるパルショータ、カララ、エンセーテの乳酸発酵パン・ヘッギョダ、エンセーテの乳酸発酵おから・ハイソタ、穀物団子とモリンガを塩ゆでしたハワラタが食べられていた。一方、コラのA村、O村、W村の食卓を彩っていたのは、醸造酒であるパルショータ、ネッチ・チャガ、カララ、ハワラタ、穀物の無発酵パン・ラッコトであった。デラシャの食事は種類が少なく、作物もダガで栽培されるエンセーテとケール、コラで栽培されるモロコシとトウモロコシ、モリンガの五種類を基本とし、そのほかはきわめて小規模にしか育てていない。エチオピアで広く食べられるようになったインジェラの材料として、テフが自家消費用と換金用に栽培されるようになったのも最近のことである。デラシャは、このかぎられた作物だけで農業を営んでいるのだが、そこには、自然の状態に抗わない、とてもユニークな農法が営まれていた。

以下では、作物の特性と合わせて、これらの農法についても紹介する。

1　作物について

1−1　モロコシ

デラシャにとってもっとも重要な作物は何といってもモロコシである。デラシェ語でマシラ（mashila）と呼ばれるモロコシは、耐乾性・耐暑性に優れた作物で、乾燥したコラ地域でもよく育つ。この地域ではモロコシの二期作が可能で、最初の雨季カシャナでは二月下旬〜四月上旬に播種して七月〜八月に収穫、二番目の雨季ハガ

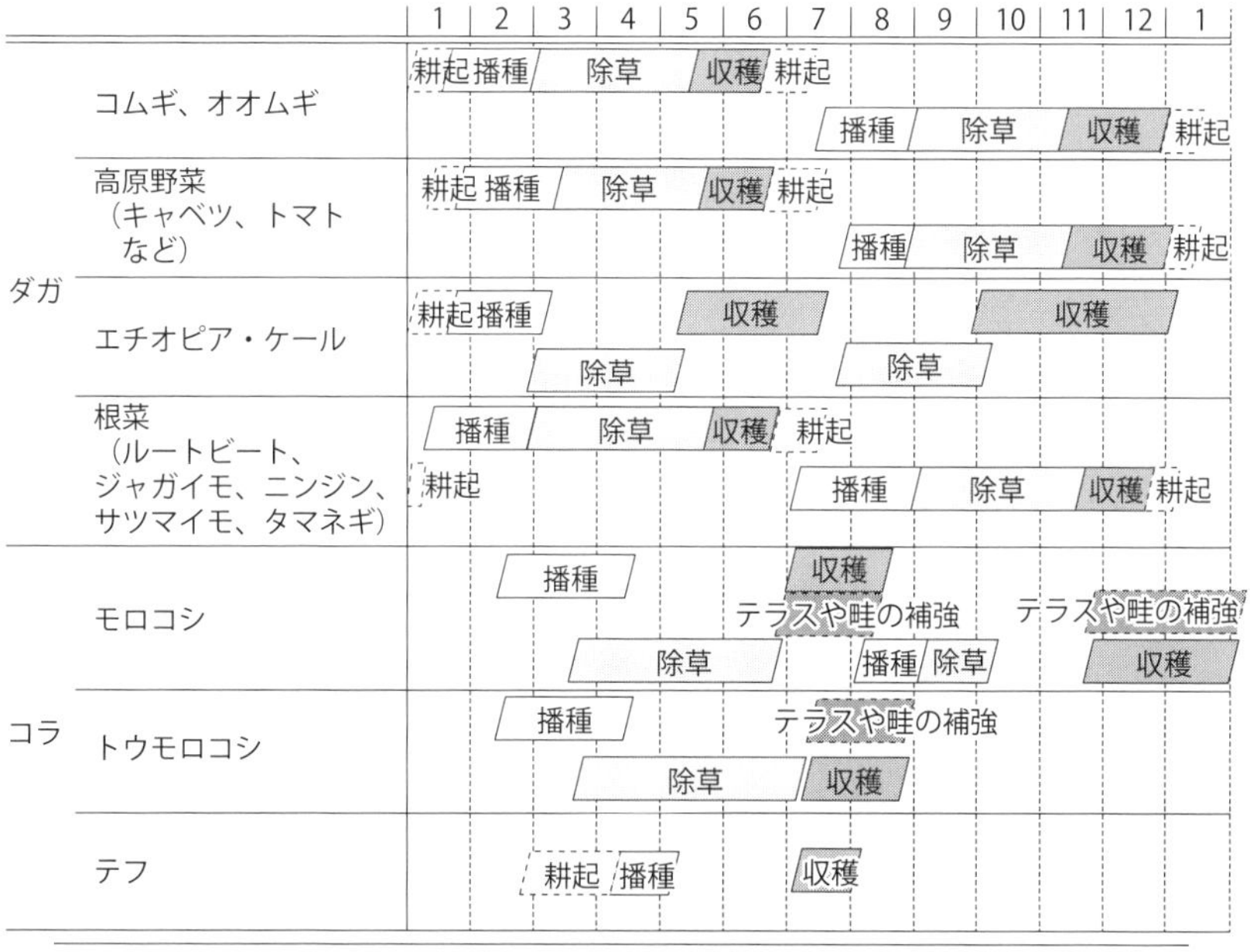

図 26　農事暦

イテでは八月頃に播種し一一月下旬〜一月下旬に収穫する（図26）。収穫したモロコシは脱穀され、その一部をウングラ（ungla）と呼ばれる、タケで編んだ貯蔵庫に保管して数ヵ月間利用し、残りの大半をポロタと呼ばれる地下貯蔵穴に入れて数ヵ月から数年間と、長期にわたって保存する。山塊斜面と平野に畑をもつW村の五世帯を対象に、GPSで畑の面積を計測したうえで二〇一一年（二〇一一年二月〜二〇一二年一月）のモロコシの収量を調べたところ、カシャナで六八九キログラム／ヘクタール、ハガイテで三五二キログラム／ヘクタールであった。降水量が少ないハガイテの収量は、カシャナの半分しかなく、降水量がモロコシ生産のもっとも大きな制限要因となっていることがわかる（表13、図3）。ただし、雨が少ないと壊滅的な減収となるトウモロコシとは異なり、モロコシはハガイテでも毎年一定の収量を上げている。こうした乾燥への強さが、デラシェ地域でモロコシが基幹作物とされてきた大きな要因の一つ

表13　モロコシとトウモロコシの収量（kg/ha）

	カシャナ	ハガイテ
モロコシ	689	352
トウモロコシ	1530	—

＊2011年2月〜2012年1月

写真58　鳥追い

なのである。

モロコシは、一六〜一七世紀にかけてエチオピア東南部からこの地に移住してきたオロモの人々が定着させたと言われる古い作物で、村や世帯ごとにさまざまな品種を栽培している。伝統的な生活を続けるW村では、モロコシの品種はとくに多様で、コノダ（konoda）（写真47）、ララ（rara）（写真46）、ケッラ（kera）（写真42）、ディシカロ（dishikaro）（写真43）、カンシラ（kanshira）（写真44）、モッサイヤ（mossaiya）（写真45）、チャラジャラトゥー（charajarat）など、穂の形状もさまざまである。コノダは草丈の高いモロコシで、手のような形をした穂にはクリーム色の種子を着ける。ララは、草丈は低いが茎が太く、小さな握り拳のような穂には白い種子が密集する。ララの稈は甘く、子どもたちがおやつとしてしがんでいるのをよく見かけた。「淡色のモロコシはタンニンがないため苦みがなく、トウモロコシよりも甘みがあっておいしい」、とデラシャは言う。パルショータを飲まないデラシェの中心地ギドレでは、テフの増量剤としてモロコシを混ぜてインジェラを焼くことがあるので、タンニンを含まない品種はインジェラを主食とする地域でも高値で売れる。ギドレの市場では、トウモロコシが平均二・六Birr／キログラムであるのに対し、コノダは平均五・五Birr／キログラム、ララは平均三・五Birr／キログラムで売られていた（二〇一一年一二月）。しかし、タンニンを含まないコノダやララは鳥害に遭いやすいので、毎日、畑に行って鳥追いをしなければならない（写真58）。一方、ケッラ、ディシカロ、カンシラ、モッサイヤ、チャラジャラトゥーといった品種は、種皮が褐色をしていて、タンニンを多く含んで苦味が強く、インジェラには向かない。価格が低いため、これらはほとんど自家消費用に栽培されている。ギドレの市場では、ディシカロが二・三Birr／キログラム、ケッラが二・一Birr／キログラムで売られていた（二〇一一年一二月）。ディシカロは草丈が高くて稈が太く茶色の種子を箒のよう垂れ下げる。ケッラは草丈が低く細長い穂に赤い種子をつける。カンシラは高い草丈に握り拳のような赤い穂、モッサイヤは低い草丈に大きな赤い穂、チャラジャラトゥーは草丈が低いが稈は太く穂には赤茶色の種子がついている。赤系の種子はいずれもタンニンを含んでいるため、それ単品でパルショータやハワラタをつくると苦みが強くなりすぎてしまうが、鳥追いをする必要がないというのは大きな魅力である。赤系品種だけでパルショータを醸造することは珍しく、だいたいは白系のモロコシやトウモロコシと混ぜ合わせて使う。W村とO村の人々は、赤系と白系のモロコシを混ぜたパルショータをとくに好み、市場価格の高いララやコノダを換金用かつ自家用に、鳥害に強いディシカロやケッラを自家用に栽培していた。

一方、二〇世紀に入ってからできたA村にはモロコシの品種が少なく、コノダとララ、まれにディシカロが栽培されているだけである。A村に暮らす男性は「この村でモロコシを売ることは滅多にないけれど、いざというときのために高く売れるコノダやララを育てている」と話していた。幹線道路沿いに位置するA村では、W村やO村よりも現金を使用する機会が多く、市場価値の高い品種が優先される。また、A村の人々はW村やO村よりも、タンニンの苦みを嫌う傾向にあり、白系のコノダやララをトウモロコシに混ぜてパルショータをつくることが多い。このように、それぞれの村がもつ嗜好性や経済性にあわせてモロコシの品種が選択的に栽培されている。

モロコシの栽培方法はどの村でもほぼ同じである。コラでは雨季のはじめにクゥダッ（kudda）と呼ばれる激しい雨が夜中に一時間ほど降る。翌朝、かれらは畑の表面に六〇〜九〇センチメートル間隔でロッチャという堀棒を突き刺していく。どの畑にも多くの小石が転がっている。とくにヘルチャと呼ばれる場所では、砂利を敷いた庭園のように小石が地表をびっしりと覆っている。堀棒でほじった小さな穴にモロコシの種子を三〜四粒ずつ播いていく（写真59）。この播種作業をコデナ（kodena）、播種用にとっておいたモロコシ種子をホッタ（hota）という。ホッタには穀粒が大きく形のよい穂が選ばれ、台所の天井に差して保存しておく（写真60）。畑の表面には小石や礫が多いためほとんど耕起せず、埋土種子も上がってこないので畑には雑草もあまり生えない。しかし、かれらは、播種してから二〜三日に一度は畑に行ってロッチャやコトコタ（kotukota）と呼ばれる小型の鍬（写

写真59　モロコシの播種

写真60　天井につるされた播種用の種子

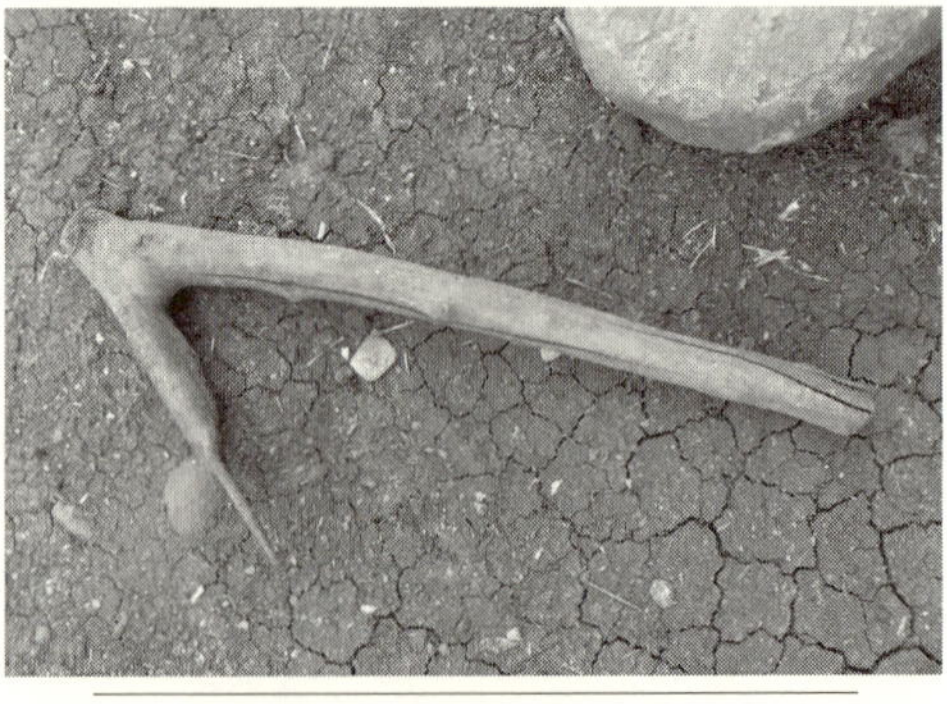
写真61　除草用の鍬コトコタ

真61）を使ってわずかな雑草を丹念に取り除く。除草作業は、コッシャ（kosya）と呼ばれる。また、芽が出たばかりの苗を猿が食べに来たり、穂を鳥がついばみに来たりするので、畑に植えられたモリンガの樹上にラハッ（rahha）と呼ばれる鳥見台をつくって見張りをする。猿や鳥が現れると、フルマ（furma）というロープを振って、ブンッという大きな音をたてながら石を飛ばしてそれらを追い払う。モロコシの種子が完熟し十分に乾燥したら収穫がはじまる。モロコシの収穫作業は、モーケット（mokket）と呼ばれている。アルベーネット（arbenet）という大きめのナイフか、ハントータ（hantota）という小さめのナイフで、モロコシの穂を刈り取る（写真62）。穂がまだ湿っているので二週間～一ヵ月間畑の隅に組まれたトーラト（torato）と呼ばれる台の上に積み上げて乾燥させる（写真63）。よく乾いたモロコシの穂をビニールシートの上に広げ、トーラッ（tora）という二本の棒で

写真 62　モロコシの収穫

写真 63　乾燥されるモロコシ

写真 64　モロコシの脱穀

叩いて脱穀する（写真64）。この作業をロッコソダ（rokkosoda）という。脱穀したモロコシを二〇〜三〇キログラムに分けて皮袋に入れ、ロバの背に乗せて村まで運び、地下貯蔵穴ポロタや地上の貯蔵庫ウングラに入れる。作物残渣は、ルカサ（lukasa）という長さ一・五メートルほどの棒で掘り起こし、畑のなかに畦状に並べられる。作物残渣はやがて朽ちていくが、三〜四年ごとに畦の位置を変えることで、有機物が畑中に行き渡るようになる。

1-2　トウモロコシ

モロコシと並んで栽培が盛んなのがトウモロコシで、これも換金用と食用の両方に利用される。エチオピアでは、近年になってトウモロコシ栽培が急速に拡大している（McCann, 2001; 2005）。デラシェ地域にも、三〇年ほど前のデルグ政権時代に実施された農村開発政策によってトウモロコシ栽培が導入された。新しく開かれた幹線道路沿いのA村、G村では、比較的最近になってからトウモロコシを盛んに栽培するようになり、今ではほとんどの世帯がモロコシと二毛作している。デラシェ語にトウモロコシを指す単語はなく、アムハラ語のボコロ（bocolo）という呼称が代用されている。トウモロコシは乾燥に弱いため、降水量が三〇〇ミリメートルに満たないハガイテ（二番目の雨季）で栽培することは難しく、降水量が五〇〇ミリメートルを超えるカシャナ（最初の雨季）だけで栽培され、二月下旬〜四月上旬月に播種し七月〜八月に収穫される（図26）。A村で二・二ヘクタールの畑をもつある世帯は、二〇一一年には三三〇〇キログラム（一五〇〇キログラム／ヘクタール）のトウモロコシを収穫した。またA村の一〇世帯を対象に、二〇一一年の畑の面積をGPSで測定したうえで収穫量を調べたところ、収量は平均一五三〇キログラム／ヘクタールであった（表13）。トウモロコシは穂を収穫したあと脱穀せずに貯蔵するため、収量には穂軸の重さが含まれているが、それを差し引いても高い収量を示した。これら一〇

写真65　鳥が来ないか見張る子ども

世帯のすべてがハガイテではトウモロコシを栽培しおらず、その理由として雨が少ないことをあげていた。こうして収穫されたトウモロコシは、防虫剤を混ぜたうえで、ゴタラ（gotala）と呼ばれる大型の貯蔵庫で数ヵ月から一年間貯蔵される。W村やO村では、トウモロコシもモロコシのように地下貯蔵庫ポロタに貯蔵する事が多い。

A村、G村では、作付け体系にトウモロコシ栽培が完全に組み込まれているが、かれら自身は「トウモロコシでつくったパルショータはおいしくない。毎日、モロコシだけのパルショータを飲みたい」とその味には不満をこぼす。トウモロコシは重要な農作物の一つではあるが、食生活のなかではモロコシの代替に過ぎないのである。それにもかかわらず、モロコシとトウモロコシの両方を栽培する世帯もあれば、トウモロコシしか栽培しない世帯もある。モロコシだけのパルショータを毎日飲めるほどモロコシの生産量は多くなく、A村、G村でよく飲まれているパルショータにはトウモロコシを三〜七割ほど混ぜざるをえないのである。これらの村は幹線道路沿いにあって、現金を使う機会が多い。トウモロコシを販売した収入で子どもを学校へ通わせているので、一〇歳以下の就学率は非常に高い。多くの子どもが小学校に通うようになったことで、鳥追いする労働力が減ってしまった。そのことも、鳥害を受けにくいトウモロコシ栽培が急速に普及した一つの要因なのだろう（写真65）。重田（一九八七）も、アフリカにおけるトウモロコシ栽培の拡大と子どもの進学率の関係を指摘している。

トウモロコシは、カシャナのはじまりを告げるクゥダッと呼ばれる雨の翌日に種子を播く。基本的な栽培方法はモロコシとあまり変わりがないが、トウモロコシは雌穂が苞葉に包まれているため、鳥追いをする必要がない。トウモロコシが完熟して穂が完全に乾いたら、包葉を剥き、穂軸を折って収穫する。この作業をファルファラ（farfara）という。収穫した穂は、畑のなかに建てた貯蔵庫ゴタラに入れてしばらくの間保管する。このゴタラは、木を簡単に組み茅葺きの屋根をのせただけなので通気性がよい。数日すると、町から買い付け業者がやってきて、ゴタラに入れたトウモロコシの三分の一から二分の一を買っていく。残りのトウモロコシは、ロバの背に乗せて村まで運び、家の敷地内に常設してあるゴタラに防虫剤を施して貯蔵する。敷地内のゴタラはネズミを除けるためにタケを編んだ壁で囲まれており、これも通気性がよい。トウモロコシは、脱穀せずに数ヵ月間貯蔵し、調理するたびに脱穀し、村の製粉機で製粉する。

穂を刈り取ったあと、トウモロコシの残差も堀棒で根から掘り起こし、石のテラスや畦の上に並べておく。こうした残渣は、土砂や表流水の流下を抑える働きをする。

1-3　エンセーテ

ダガに暮らす人々にとって、モロコシに次いで重要な作物がエンセーテである（写真66）。エンセーテはバショウ科の多年生作物で、エチオピアで栽培化され、エチオピアだけで栽培・利用されている（重田 一九八八；

一九九一：一九九二：二〇一四）。エンセーテの根（イモ）と偽茎（幹のように見える部分）にはデンプンが蓄積している。このデンプンからつくるヘッギョダ（アムハラ語ではコチョ：Coch）やハイソタ（アムハラ語ではホソセ：hosose）という食品がダガに暮らすデラシャの重要なカロリー源となっている。収穫作業では、最初に葉身をナイフで切り落とし、偽茎をつけたまま根を掘り出して、そのまま家の庭先にもち帰って根と偽茎を切り離す（写真67）。エンセーテの根はデンプンの塊である。周囲の汚れを削り取ってから食べやすい大きさに切り分けて、土器や鉄の鍋の中でケールとともに塩ゆでにする。クリやイモのようでとてもおいしい。

写真66　エンセーテ畑

写真67　エンセーテを運ぶ女性

エンセーテの偽茎からデンプンを集める作業はとてもユニークである。偽茎を一枚ずつ剥ぎ取り、そこに含まれるデンプンを木のヘラでこそげ取る。その際、偽茎の繊維が混入してしまうので、ペースト状のデンプンをエンセーテの葉の上に置いてナイフで叩き、ナイフに引っかかった繊維を丁寧に取り除いていく。きれいになったデンプンをエンセーテの葉で包み四～六日ほど土に埋めて乳酸発酵させる。これを円盤状に固め、再びエンセーテの葉に包んで両面を焼くと、ヘッギョタというパンができる。乳酸発酵しているので少し酸味があり、ライ麦パンに似た風味と柔らかい歯ごたえがあってとてもおいしい。

エンセーテの発酵デンプンに水、塩、ケールを加えてかき混ぜながら火にかけると、おからのようなハイソタという料理ができる。ハイソタも少し酸味があり、ぼそぼそとした食感がおからに似ている。口の中が少し乾いたような状態になるので、

写真68　ダガの庭畑

パルショータとよく合う。私はおからが好きなので、ハイソタが食卓にあがると嬉しくていつもたくさん食べていた。ヘッギョタやハイソタは、ダガの中心的な固形食で、Y村では朝食や夕食にパルショータのつまみとしてよく食べられる。

デラシャに隣接する農耕民アレにとってヘッギョタはもっとも重要な主食であり、アレの領域に近づくにつれて、デラシャもエンセーテの食品をよく食べるようになる（写真68）。領域の境界付近に位置するC村は、デラ

シャとアレ双方の影響を受けており、Y村の住人がパルショータを一日四~七リットルも飲むのに対して、C村では三~四リットルほどしか飲まず、その代わりにヘッギョタの消費量が多くなっている。朝から畑に行くときも、朝食と昼食用の弁当としてビニール袋に入れたヘッギョタをもっていく。

エンセーテの繁殖にはヒコバエを用いる。エンセーテの根に十字形の傷をつけておくと、その傷口から芽が出てくる。このヒコバエを畑に移植することで、親株とまったく同じ遺伝子をもつクローン株を増やすことができる。ヒコバエを六〇~一二〇センチメートルの間隔を開けて植え、その株間を中型の鍬モコチャ(mokocha)や大型の鍬コットタ(kottota)で耕し、ケールや根菜類ルートビート、ニンジン、タマネギ、ニンニクなどを植える。

1-4 テフ

エチオピア北部や地方の都市部で主食とされるインジェラはテフを材料にしている。草丈五〇センチメートルほどの小さなイネ科草本で、柔らかいベージュ色の草むらが風になびくさまはとても美しい。粒が小さすぎてコクゾウムシやバクガなどの害虫が卵を産みつけることができず、貯蔵中に虫害にあわないという利点がある。テフには種皮が白色のものと赤色のものがあり、一般的には白色のテフが上質とされている。白と赤のインジェラを食べ比べてみると、白い方が食べやすく、赤いテフはタンニンを含んでいるのか、少し癖があるように思えた。アムハラの友人に言わせると、インジェラの味はそんな単純なものではないらしい。ギドレの住人を除いて、デラシャ社会にはテフ(インジェラ)を食べる習慣はまだそれほど浸透していない。ただ、テフは高く買い取ってもらえるので、二〇〇〇年前後からコラの畑で盛んに栽培されるようになっている。

上述したように、従来のデラシャの農業では耕作せず、堀棒で地面に穴を空けてモロコシやトウモロコシの種子を点播していた。一方、粉のように小さいテフの種子は畑全面に散播しなければならず、播種前に畑を耕し

写真69　テフを栽培するために牛耕する男性

ておくのがテフの一般的な栽培方法となっている。農村における現金の支出が増えるのにともなって換金作物のテフが普及していったが、その過程で役牛の飼育や牛耕の技術もデラシャの農業に取り入れられていったのである。インジェラがデラシャの食文化になかったことでテフは栽培されてこなかったが、テフの栽培に必要な特別な技術もその普及を制限する原因の一つだったのであろう。

土壌の乾燥に弱いテフは、雨が安定しているカシャナに、比較的平坦な畑を選んで栽培される。村には、犂を曳かせるウシ二頭を飼える世帯は少ないので、テフを栽培するほとんどの世帯がウシと犂を借りて耕作している。コラの緩傾斜地の畑には、前作したモロコシやトウモロコシの残渣が畦として二～二・五メートルの間隔をあけて等高線状に並べられている。その畦間をウシと犂で耕していく（写真69）。耕起した後で種子を散播し、発芽したあとはときどき除草し、出穂すれば終日鳥追いをする。収穫は、完熟した穂をナイフで刈り取り、山積みにして乾燥する。充分に乾燥したら、穂の山を棒で叩いて脱穀したあと風選してゴミを取り除く。テフは草丈が低いので、デラシャにとって不慣れな中腰の作業はなかなかつらそうだ。世帯ごとの収穫量は一〇〇～三〇〇キログラムほどで、買い付け商人にすべて売ってしまうか、袋で保管しながらギドレの市場で少しずつ売る。

1−5　モリンガ

ワサビノキ科モリンガ属の樹木モリンガ（*Moringa stenopetala*）の葉は、コラの人々にとってほとんど唯一の葉菜である。モリンガは栄養価が高く、世界の熱帯・亜熱帯地域で栽培され、最近の健康ブームにのって、乾燥葉の茶、粉末、サプリメントはひろく流通している。かつてエチオピアでは、少しぽっちゃりした体格が好まれていたようだが、最近はほっそりとしたモデル体型に憧れる人が増えてきているように思う。体型を気にする都市部の人たちの影響もあって、アジス・アベバの高級スーパーマーケットでもモリンガのお茶や粉末が売られているが、一般的にはマラリアの予防薬としてモリンガの乾燥葉を用いているようである（写真70）。世界的に流通しているのはアジア原産の樹種 *Moringa oleifera* で、デラシャが栽培するアフリカ原産の *Moringa stenopetala* とは種が異なっている。インドでは種子や未熟の果実も食用にし、根に薬効があることもひろく知られているが、デラシャは葉だけを利用している。

写真 70　アジス・アベバの高級スーパーマーケットで売られるモリンガの粉

デラシャにとってモリンガはビタミンなどの貴重な供給源であると同時に、ケールとともにパルショータづくりの初期段階で乳酸菌の繁殖を助ける重要なはたらきをしている。また、毎日の朝や夕方に食べる固形食ハワラタやラッコトの材料の一つともなっている。コラで栽培されるイネ科作物はモロコシ、トウモロコシ、テフのみで、その他は畑の一角でヒヨコマメ（*Cicer arietinum*）、トウガラシ（*Capsicum sp.*）、タマネギ（*Allium cepa*）、ニンニク（*Allium sativum*）、ヒョウタ

写真 71　モリンガの収穫

写真 72　敷地内で天日干しされるモリンガ

ン（*Lagenaria siceraria var. gourda*）、カボチャ（*Cucurbita spp.*）、トマト（*Solanum lycopersicum*）をわずかに栽培するだけである。こうした野菜に混じって、畑の中には果樹や建材用の樹木、そして必ずモリンガが二〜四本ほど植えられている。

　モリンガは植えてから五年ほどで葉を収穫できるようになり、若木ほど葉の状態はよいのだという。二〇〜三〇年ほど経って果実を多くつけるようになると、若い葉をあまりつけなくなるので切り倒して木を更新する。若い木であれば乾季でも雨季でも多くの葉を着け、一年を通して新鮮な葉を提供してくれる。かれらは畑に行くと、葉の繁った若い枝を数本から数十本もぎ取り、背負子で担いだり、ロバの背に積んで家にもって帰る（写真71）。毎日収穫してもモリンガの葉がなくなることはないのだという。枝から葉を切り離すのは女性の仕事である。手のひらで枝をしごくと一瞬にして葉身だけを取ることができる。簡単そうに見えるがコツが必要で、力の加減を間違えると葉が破れたり残ったりする。慣れない私がやると三〇分くらいかかる作業なのだが、村の女性たちはそれを五分ほどで終えてしまう。雨季には大量の葉を収穫し、天日に干し、乾燥粉末にして保存しておく。これを、パルショータづくりの材料として一年中使う（写真72）。

1–6　エチオピア・ケール

パルショータづくりにもっとも適した葉菜とされるのが、エチオピア・ケールである（写真73）。アブラナ科の作物であるケールの葉には多量の乳酸菌が付着していると考えられ、これをパルショータの生地（シュッカ）に練り込むことで乳酸発酵が迅速にすすむ。しかしながら、ケールは冷涼湿潤なダガでしか栽培できないため、コラの住民はケールをギドレの市場で一束（約一・三キログラム）＝一Birr（二〇一三年二月）で購入する。つまり、ダガの人々にとってケールは現金収入源でもある。ケールが貴重なコラでは専らパルショータの材料であるが、ダガにおいてはモリンガと同様に葉菜でもあり、ハワラタやヘッギョダ、ハイソタ、ラッコトとともに朝夕の食卓にのぼる。

写真73　エチオピア・ケール

ケールは家の庭畑、とくにエンセーテ畑には必ずケールが植えられている。聞き取りによると、デラシャが栽培するケールはデラシェ語でブランゴ（blango）と呼ばれ、エチオピア帝国期にアムハラの軍人たちが持ち込んだアブラナ科の野菜アビシャ・ゴーメン（gomen）とは品種が異なり、古くからダガで栽培されていたという。多年生で、四～五年にわたって葉を収穫したあと、種子は自家採取できる。

1−7　オオムギ・コムギ・高原野菜

ダガではオオムギやコムギも栽培していて、それらがパルショータ、ネッチ・チャガ、カララの材料とされることもある（写真74）。とくに、オオムギはアミラーゼ活性が高く、デンプンの糖化を速やかに促すことから（Brown and Morris 1890）、ダガではその発芽種子の粉末をパルショータづくりによく使う。オオムギも冷涼なダガでしか栽培できないため、コラの人たちはこれもギドレの市場に行って一〇〇グラム＝二Birr（二〇一三年二月）で買わなければならない。醸造の際にはオオムギ、コムギ、モロコシ、トウモロコシの発芽種子を二種類以上混ぜて使っている。オオムギは栄養価が高く（Byung and Ullrich 2008）、粥のように調理して妊婦や子どもが食べることもある。私もY村で体調を崩したときは、オオムギの粉末を湯で練って食べさせてもらった。また、オオムギやコムギは換金性も高く、近隣都市アルバミンチまでトラックで運んで出荷することもある。町では、オオムギとコムギを混ぜた粉末からパンをつくっている。

ダガでは、キャベツも換金作物としてよく栽培している。農村では食べないが、ギドレではインジェラと一緒に食べるワットの材料としてよく使う。キャベツにバルバレ（berebere＝トウガラシの粉末）とバターを加えて炒めると、キャベツのワットができる。インジェラを主食にしている町中ではキャベツは需要が高く、ギドレの市場では二個＝一Birr（二〇一三年二月）、アルバミンチの市場では一個＝二Birr（二〇一三年二月）と、野菜の中では高値で売れるので、農家も好んで栽培するようになっている。

写真74　ダガの大麦畑

オオムギ、コムギ、テフ、キャベツの栽培には牛耕が使われる。エチオピア帝国期にギドレを支配していたアムハラの軍人や貴族たちが、インジェラやパンを自給するためにこれらの作物を持ち込んでデラシャに栽培させていたといわれている。その際、牛耕の技術も一緒に伝えられた。今では、ダガでムギ類や高原野菜の栽培が、コラでは平坦地や緩斜面で牛耕を用いたテフ栽培がそれぞれ定着しつつある。

2 村の景観

ダガでは、冷涼で湿潤な気候のなかでユーカリを中心とした有用樹が小規模に植林され（写真75）、山の稜線部から延びる段々畑ではオオムギ、コムギ、テフ、トウモロコシが栽培されている（写真76）。ダガの居住地には、家を囲むようにエンセーテを植えているので、遠くからはエンセーテの林が点在しているように見える。その林に入ってみると、エンセーテの林床にはさまざまな葉菜類がきれいに混作されている。

一方、コラは乾燥していて、アカシアなどの樹木が疎らに生えるサバンナ的な景観を呈している。山の斜面には、段々畑や地表面を小石が覆う畑ヘルチャが広がり、平地では等高線に沿った畦をもつ畑がつくられている（写真77）。畑には、樹木作物であるモリンガ、オレンジ（*Citrus sinensis*）、レモン（*Citrus*

写真 75　ダガのユーカリ畑

limon）、マンゴー（Mangifera indica）、パパイア（Carica papaya）、アボガド（Persea americana）などの果樹、建材・飼料となるシクンシ科のテルミナリア・ブラウニイ（Terminalia brownii）や、建材・薬用・飼料として使われるムラサキ科のコルディア・アフリカーナ（Cordia africana）などの有用樹がぽつぽつと植えられている。

写真76　ダガの家と畑

写真77　コラの畑

3 畑の土壌の母材

コラのA村で土壌と石をサンプリングし（表14）、砂粒よりも細かく砕いてから、蛍光X線回折装置で鉄、アルミニウム、チタン、ケイ素の質量（グラム）を定量した。なお、ヘルチャはデラシェ語で「小石」と同時に、「それらに覆われた斜面地」も指すが、この節では小石だけに限定する。土壌や石に含まれる鉄、アルミニウム、チタンの質量（グラム）から、鉄／アルミニウム値とアルミニウム／チタン値を算出し、母材の性質を調べたところ、すべての検体において鉄／アルミニウム値が一〇グラムパーセント未満、アルミニウム／チタン値が〇・八グラムパーセント以上となった（図27）。この結果から、母材は玄武岩であると判断することができた（Araki and Kyuma 1985）。また、検体に含まれる鉄とアルミニウムの質量（グラム）と、ケイ素とアルミニウムの物質量（mol）から、鉄／アルミニウム（グラムパーセント）とケイ素／アルミニウム（mol パーセント）の値を算出し、これらの風化度合を調べた。検体としたその他の土壌と石はすべて、検体No.８の玄武岩よりも小さい値を示した（図28）。検体No.８の玄武岩は石であることから土壌よりも物理風化を受けておらず、玄武岩本来の黒色であることから溶脱などの化学風化も受けていないと考えられる。

表14　土壌の母材を調べるために採取した検体

検体No.	現地名	外見	採取場所
1	カトナ（katona）	黒土	A村付近の平坦地にある畑
2			A村のポロタ集合地帯の近くにある畑
3			A村付近にあるポロタがつくられている畑
4	カラカライト（karakarait）	赤褐色	A村付近の平坦地にある畑
5	ヘルチャ（hercha）	角ばった黒い石	表層を黒い小石に覆われた斜面
6		軽石状に風化した小石	
7	ポーラ（pora）	丸く黒い石	2の畑に転がっていた黒い小石
8		黒い石（玄武岩）	A村内

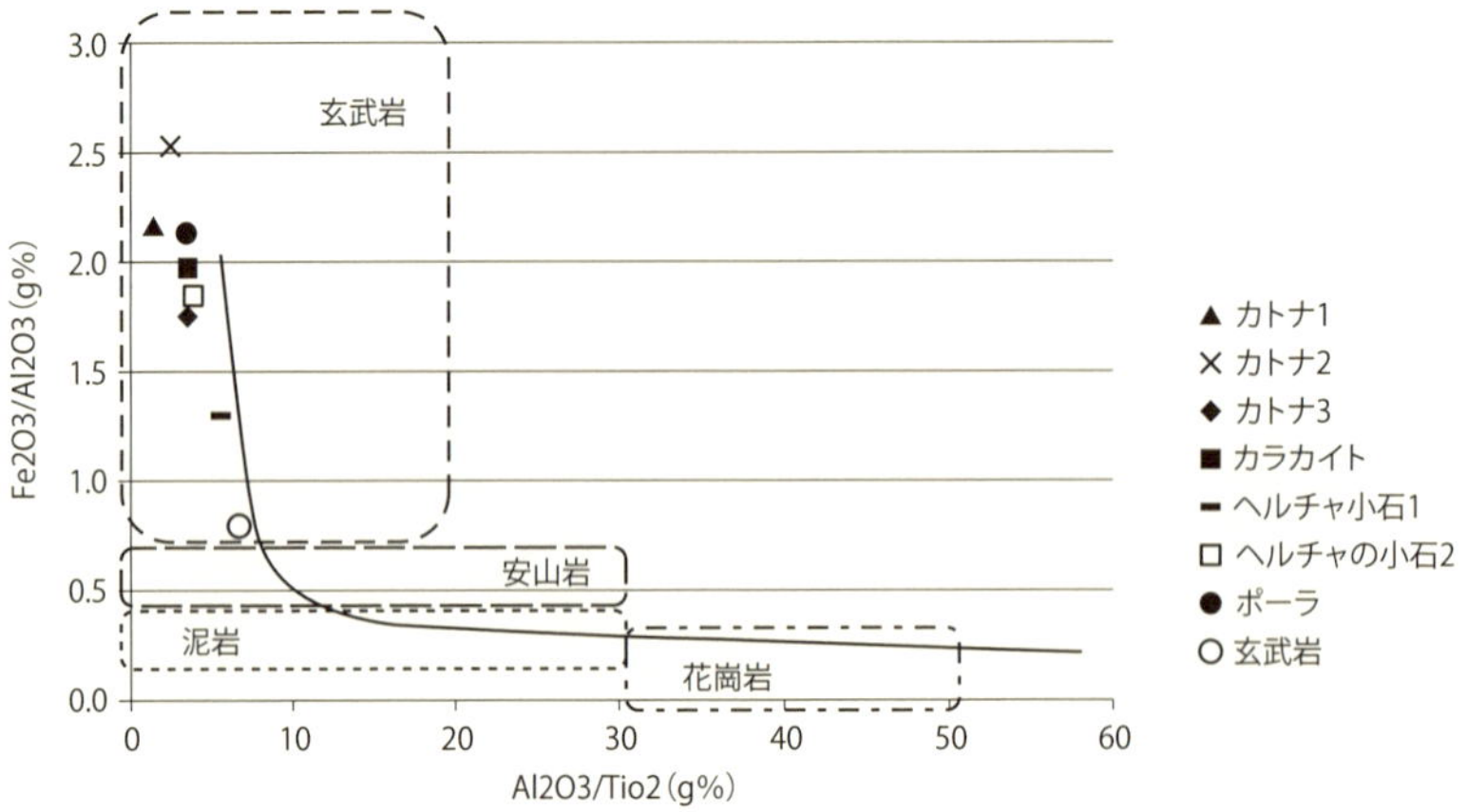

図 27　畑の土壌の母材

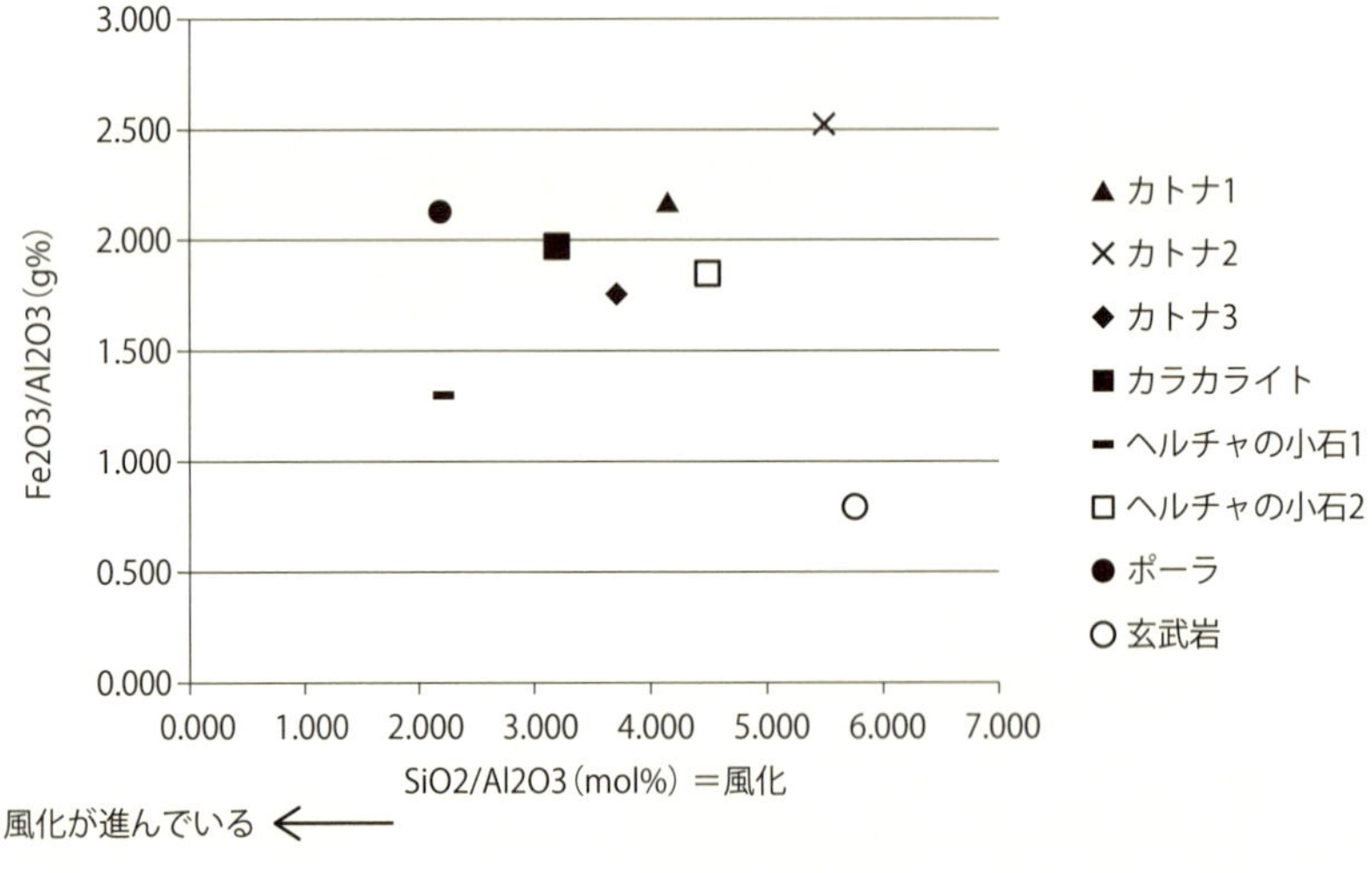

図 28　畑の土壌の風化具合

検体としたその他の土壌と石は、すべて玄武岩よりもケイ素／アルミニウム（mol パーセント）値が小さく、これらは玄武岩が風化して生成されたと考えられた。

エチオピアには、東北部から首都アジス・アベバを通り西南部にかけて大地溝帯が走っており、大地溝帯沿いには火山活動によって形成された湖沼や鉱泉などの火山地形が点々とみられる（諏訪 一九九七）。エチオピア西南部に位置するチャモ湖の周辺にも火山が点在しており、チャモ湖からギドレにかけて新世時代の火山活動によって形成された玄武岩や凝灰岩から成る起伏に富んだ地形が広がっている（Ebinger et al. 1993, 2000）。デラシェ地域の基盤は、火山活動で形成された玄武岩が風化した土壌なのである。

4 畑の土壌の性質

村ごとの畑土壌の性質を比較するために、Y村、Wa村、W村、A村の畑で表土を採取し（表15の検体①～⑩）、その土壌の性質（pH、リン酸吸収係数、CEC、腐食、石灰飽和度、苦土飽和度、加里飽和度、塩基飽和度、可給態リン酸、アンモニア態窒素、硝酸態窒素）を分析した（表16）。

火山灰などの玄武岩質土壌には、シリカ・アルミナ系鉱物（$Al_2O_3 \cdot SiO_2 \cdot nH_2O$）を主成分とするアロフェン質土壌が多い（庄子 一九八三）。アロフェンは、フッ素との反応性やリン酸吸収係数が高く、陽イオンを吸着しやすいという性質がある（庄子 一九八三）。①～⑩の土壌に注目すると、pH（HCl）が五・六九～八・五二、平均

表15　土壌の性質を調べるために採取した検体

検体No.	呼称と色	採集地	標高（m）	色
①	カラカライト	セゲン渓谷平野	1000	黒色
②	ヘルチャ	Wa村	1100	黒色
③	カトナ	A村	1100	黒色
④	カトナ	A村	1200	黒色
⑤	カラカライト	A村	1200	赤褐色
⑥	ヘルチャ	W村	1400	黒色
⑦	カラカライト	W村	1500	黒色
⑧	カトナ	W村	1500	黒色
⑨	アファル	W村	1800	茶色
⑩	カラカライト	Y村	2200	黒色

表 16　土壌の分析結果

検体 No	①	②	③	④	⑤	⑥	⑦	⑧	⑨	⑩
EC（mS/cm）	0. 07	0. 08	0. 05	0. 10	0. 03	0. 03	0. 02	0. 11	0. 11	0. 76
pH（HCl）	7. 62	7. 21	6. 66	7. 47	6. 68	6. 43	5. 69	8. 05	8. 52	6. 06
pH（NaF）	9. 80	9. 70	9. 52	9. 67	9. 55	9. 78	9. 57	9. 87	9. 88	9. 56
CEC（me/100g）	43. 70	37. 60	32. 30	48. 10	29. 90	30. 10	19. 80	58. 00	54. 60	24. 70
CaO（mg/100g）	903. 10	776. 60	594. 00	950. 40	482. 90	455. 40	236. 50	1700. 00	1410. 00	437. 80
MgO（mg/100g）	236. 00	160. 00	183. 00	212. 00	160. 55	172. 00	104. 40	231. 00	76. 90	101. 50
K2O（mg/100g）	82. 40	241. 80	136. 70	298. 00	80. 10	63. 90	62. 20	54. 10	21. 90	255. 30
Ca（mol/100g）	15. 88	13. 65	10. 44	16. 71	8. 49	8. 01	4. 16	29. 89	24. 79	7. 70
Mg（mol/100g）	5. 86	3. 97	4. 54	5. 26	3. 98	4. 26	2. 58	5. 73	1. 91	2. 52
K（mol/100g）	0. 87	2. 57	1. 45	3. 16	0. 85	0. 68	0. 66	0. 57	0. 23	2. 71
石灰飽和度（CaO/CEC）（%）	73. 70	73. 66	65. 59	70. 47	57. 60	53. 96	42. 60	104. 53	92. 10	63. 21
苦土飽和度（Mg/CEC）（%）	26. 80	21. 12	28. 12	21. 87	26. 65	28. 36	26. 17	19. 77	6. 99	20. 39
加里飽和度（K/CEC）（%）	4. 00	13. 65	8. 99	13. 15	5. 69	4. 51	6. 67	1. 98	0. 85	21. 94
塩基飽和度（%）	104. 51	108. 43	102. 69	105. 49	89. 93	86. 82	75. 43	126. 28	99. 94	105. 55
P2O5	121. 00	42. 00	46. 30	46. 90	5. 60	3. 10	2. 50	5. 50	141. 00	125. 00
リン酸吸収計数	1650. 00	1300. 00	1290. 00	1540. 00	1270. 00	1290. 00	980. 00	2320. 00	1830. 00	890. 00
NH4-N（mg/100g）	0. 50	0. 30	0. 60	1. 00	0. 80	0. 60	1. 20	0. 50	0. 60	7. 50
NO3-N（mg/100g）	0. 07	0. 29	0. 64	0. 86	0. 00	0. 07	0. 21	0. 36	0. 07	24. 00
腐植（%）	2. 31	6. 89	5. 75	9. 58	5. 12	3. 70	3. 72	4. 27	0. 68	3. 48

七・〇四であったのに対してpH（NaF）は九・五二〜九・八八、平均九・六九とフッ素との反応性が高く、リン酸吸収係数も八九〇〜二三二〇、平均一四三六と高い値を示した。また、検体①〜⑩の交換イオン容量（CEC）は一九・八〜五八・〇 me（ミリイクイバレント）／一〇〇グラムであった。アロフェンは、交換イオン容量が三〇 me／一〇〇グラム以上を示すことが多く、⑦と⑩以外は三〇 me／一〇〇グラム以上を示していた。以上の分析結果から、①〜⑩の土壌はアロフェン質土壌、もしくはそれに類する土壌であると考えてよいだろう。シリカ・アルミナ系鉱物（Al_2O_3・SiO_2・nH_2O）は、多孔質で微細孔も多く、非結晶性であり、比表面積が大きい。アロフェン質土壌は、団粒構造に優れており作物が根を伸ばしやすいうえに、雨水を保持しやすい（庄子 一九八三）など、作物の生育に適した性質をもつことが知られている。

また、①〜⑩の土壌は、多量の陽イオンを吸着しており、そのほとんどをカルシウムイオン、マグネシウムイオン、カリウムイオンが占めている。これらのイオンの含有量が多いほど、交換イオン容量も高く、塩類飽和度は平均一〇〇パーセント近くになる。①、②、③、④、⑧、⑩の石灰飽和度（CaO/CEC）（パーセント）には遊離したカルシウムイオン、苦土飽和度（Mg/CEC）（パーセント）には遊離したマグネシウムイオン、加里飽和度（K/CEC）（パーセント）には遊離したカリウムイオンが含まれると考えられる。そのため、石灰飽和度と苦土飽和度と加里飽和度の合計は、一〇〇パーセントよりも高い値になる。半乾燥帯に位置するデラシェ地域は、降水量が少ないため、カルシウムイオン、マグネシウムイオン、カリウムイオンが集積したものと考えられる。カルシウムイオンやマグネシウムイオンは、コロイドを安定させて土壌中のコロイドの移動を妨げる（Araki and Kyuma 1985）。塩類飽和度は八〇パーセント前後が良好な状態で、一〇〇パーセント以上だと過剰であるが（前田・松尾 二〇〇九）、それは圃場実験を前提とした値であり、実際は塩類飽和度が一〇〇パーセント以上の土壌でも作物はよく生育することから、デラシェ地域の土壌も塩類飽和度だけで悪いと判断はできない。

検体⑨以外の土壌の腐食含有量は平均四・九八（⑦を含むと四・五五）パーセントと高い値を示した。腐植はイオン交換能をもつため、陽イオンを多く吸着することで陽イオン濃度を調節し、植物の根に均等に養分を与える（前田・松尾 二〇〇九）。①〜⑩の土壌は、アロフェン質土壌であるとともに腐植含有量が高いため、植物の必須栄養素であるリンを平均五三・八九ミリグラム／一〇〇グラムも吸着している。ちなみに、有効態リン酸を一〇ミリグラム／一〇〇グラム以上含む土壌は良好であるとされている。しかしその一方で、窒素の含有量は低い。一般的に、腐植には土壌微生物によって分解されたアンモニウムイオンや硝酸イオンが多く含まれているが、①〜⑩にはアンモニウムイオンが一・三六ミリグラム／一〇〇グラム、硝酸イオンが平均二・六六ミリグラム／一〇〇グラムしか含まれておらず、有機物が不足していると判断できる。

以上から、デラシェ地域の畑の土壌は、玄武岩が風化し、砂や粘土物質と混ざって生成された土壌であるといえる。これらの土壌は、団粒構造が優れており、土壌栄養分には偏りがあるものの、概して肥沃な土壌であり、水分さえ十分に得られれば作物栽培に適しているといえる。

5　農地開拓の歴史

アフリカの山地に暮らす民族のなかには、タンザニアのマテンゴ（加藤 二〇〇二）やマリのドンゴ、エチオピアのコンソ（Hallpike 2008）のように、他民族に土地を追われて山地へ避難したという歴史をもつ人たちも多い。かれらはつねに土壌浸食の脅威にさらされながら、斜面地から糧を得る農法を練り上げる必要があった（加藤 二〇〇二、Hallpike 2008）。デラシャも同様の歴史をもち、斜面での特殊な農法を発達させていった。デラシャの古老たちによれば、セゲン渓谷平野に暮らすボラナ、グジ、グンマイデなどの牧畜民との対立を避けて山に逃げ、

写真78　斜面につくられたW村の様子

斜面地で暮らすようになったのだという。

かつてデラシェ地域には、現在のデラシャのクランである、エーライタ（alayta）、カリタ（karita）、カンシータ（kansita）、カーライタ（kalyta）、カリシタ（karishita）の先祖が暮らしていたと伝えられている。人も少なく、山頂付近にぽつぽつと家が点在していて、人びとは家の周りに畑を開き、木の棒の先端に鉄具を取り付けたパウラ（pawra）という農具で土を耕し、テフに似た穀物カータ（kaata）やエンセーテを栽培していた。一六〜一七世紀ごろ、エチオピア東南部からオロモ系の諸民族がデラシェ地域に次々と移住してきた。かれらは、現在のコーライタ（kolayta）、アルガマイテ（argamayta）、マリータ（malita）、ケータイ（kateyei）というクランの先祖だという。オロモたちは、はじめは山塊の麓に広がるセゲン渓谷平野への移住を試みた。しかし、すでに牧畜民たちが平野に暮らしていたため、平野部に住むのを諦めて、ガドゥラ山塊の丘陵地に移り住んだ（写真78）。この移住によってデラシェ地域の人口密度は急激に高まり、人びとは比較的平坦な稜線部だけでなく、急斜面にも集落や畑を広げていった。移住者のなかには、コンソで王となったマト・ハリピケ（Mato Hallpike）の親族も含まれていた（Hallpike 2008）。コーライタ・クランの初代の首長となったティティパ（Titipa）は、マト・ハリピケの子どもだと伝えられている。コーライタは、新しく移住した集団のなかでも大きく勢いがあり、その首長ティティパは先住していたエーライタの首長カナ（kana）が死んだ後、その王位を継承した。こうしてオロモの生活習慣様式や文化がデラシェ全域に広まったといわれている。

デラシェ地域は南部諸民族州のなかでも、もっともモロコシ栽培が盛んな地域であるが、それもオロモに由来するといわれている。もともとこの地域で栽培されていたカータという作物は平坦な土地でしか栽培できず、またエンセーテは冷涼で湿潤な気候を好むので、畑は山の稜線部付近に限られていた。一方、オロモが持ち込んだモロコシは耐乾性や耐暑性に優れ、不耕起でも栽培することができたため、デラシャはコラに畑や居住域を拡大するようになっていった。畑を開くために斜面の森林が伐採されたことで土壌流亡が進み、斜面では風化した玄武岩や石が地表に露出し、現在の荒々しい景観がつくられていった。

デラシャは、斜面中腹まで畑として開いたが、牧畜民との緊張関係は続いていたので、山裾までは開くことはできなかった。それでも牧畜民たちはデラシャが飼う家畜を狙ってたびたび集落を襲撃したため、デラシェの集落は石の塀で何層にも囲まれた要塞のような姿になっていった。斜面と平野部との境界付近には、デラシャの生活圏と牧畜民の遊動域を区別する目安として森林帯が残されていた（図29上）。デラシャは、水はけのよい斜面の畑で農業をおこなうために、保水性を高める農法を考案していった。その具体的な方法については後で詳述する。

一八九七年にエチオピア帝国がセゲン渓谷平野まで進軍し、抵抗する牧畜民たちを一掃した。当時のデラシャの王は帝国軍に無条件降伏し、ギドレに駐在する軍への納税と労役を課された。帝国軍は、稜線付近に広がる肥沃な農地を接収したうえで、デラシャにテフやムギ類、ケールなどの高原野菜の栽培を強いた。畑を失い重税を

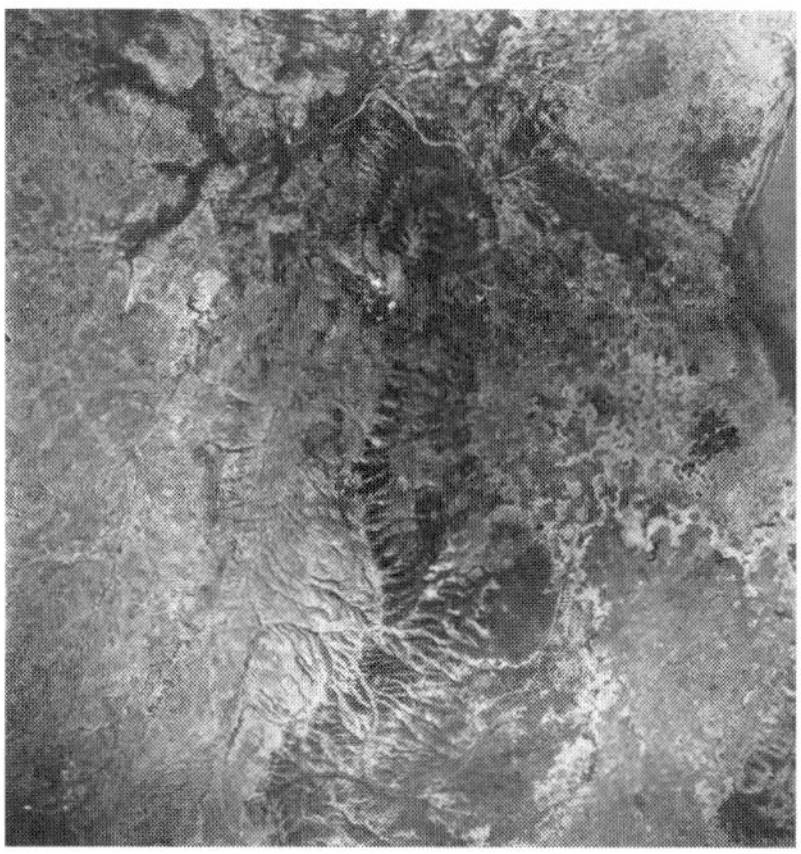

1967年のセゲン峡谷平野

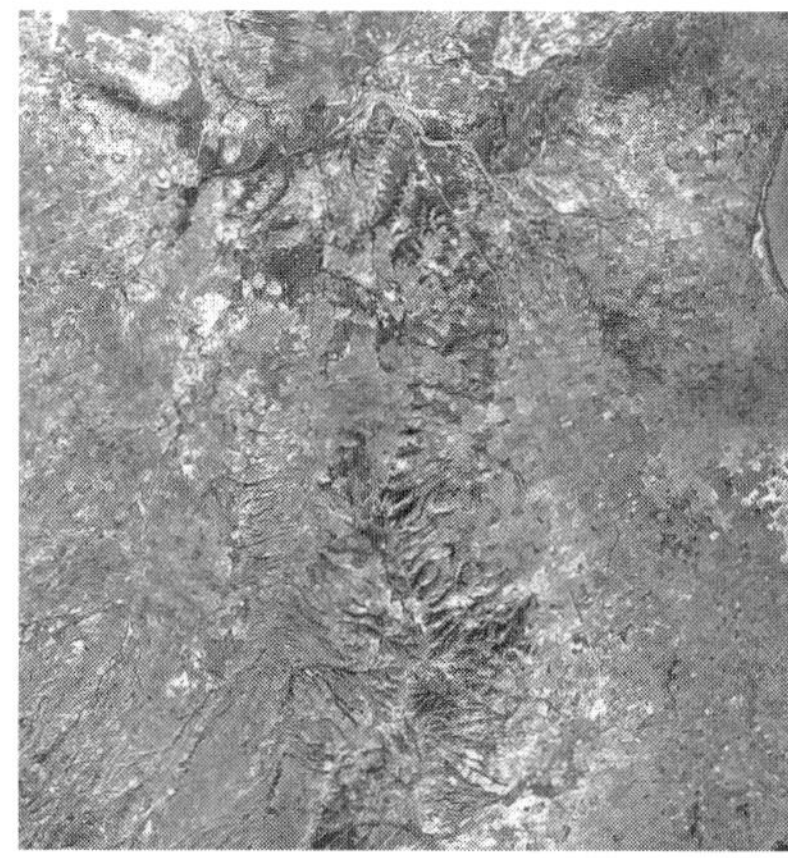

1984年のセゲン峡谷平野

1965年のギドレ近郊

1984年のギドレ近郊

図 29　デラシェ地域における森林減少と農地拡大

課されたデラシャは、牧畜民が去ったセゲン渓谷平野に下り、チャモ湖の南側湖畔を少しずつ開墾していった。当時はまだ開墾のスピードが遅く、一九六七年に撮影された航空写真を見ても、まだ多くの森林が残されていた（図29下）。

セゲン渓谷平野が本格的に開墾され始めたのはデルグの時代に入ってからである。一九七四年にエチオピア革命が起こってエチオピア皇帝ハイレ＝セラシエが廃位され、マルクス・レーニン主義に基づく統治をかかげた軍事政権が誕生した。この政権は、アムハラ語で「評議会」を意味する「デルグ（Derg）」を冠してデルグ政権と呼ばれている。デルグ政権は、南部の農村開発に力を入れ、新しい土地法の施行、農民組合の設立、集村化、国家農場の創設などを実施した。デラシェ地域では、一九七九年からデルグ政権によって農村開発がすすめられ、私の調査地で言えばA村、G村のような新しい村がつくられてその村民にセゲン渓谷平野の開拓を強制した。

A村で八人、G村で四人の古老たちから、当時の開拓の様子を聞くことができた。ダガやコラの集落に暮らしていた住民は、労働者として各開拓村へと三〇～一〇〇人が強制的に移住させられた。当時のデラシャ社会では、土地はすべて長男が相続することになっていた。また結婚に際しては、長女に対してだけ婚資が支払われていた。デルグ時代に開拓者として選ばれたのは、各村に暮らす一〇代後半～三〇代のうち、相続権をもたない次男や三男、婚資を支払う余裕のない家の次女や三女であった。当初、A村やG村では、つらい開墾に絶えかねて、もとの村に逃げ帰る者もいたが、軍人によってすぐに連れ戻され、見せしめとして体罰が加えられていたという。

その一方で、デルグ政権は開拓者に農具とウシ、そして二年分の食料（コムギ）を与え、開墾地の所有権を与えるなど、いろいろ優遇しながら積極的に南部地域の開発をすすめていった。開拓者は六～一一人からなるダエタ（daeta）というグループを組み、木を切り倒し、ウシで木の根を掘り起こして畑を開いていった。開墾は重労働であり、開拓村の村人たちははじめ軍人に銃で脅されてやむなく作業していたが、やがて自ら熱心に取り組むようになっていった。先にも触れたように、デラシェ社会では、財産はすべて長男が相続する。開拓村に連れてこられたような弟や妹たちは故郷の村にいても何も相続できないので、村を離れるしかなかった。ところが、デルグ政権時代に土地法が改訂され、それまでのように土地を自由に開墾し所有することができなくなった。それに比べれば、農具や食料まで支給してくれる開拓村の生活は悪くないと思うようになり、積極的に開墾をすすめるようになっていったという。やがて、他村に暮らす次男や三男が、土地を得るため開拓村に自発的に移住してくるようになり、セゲン渓谷平野は急速に耕地化していった。一九六七年には山裾を覆っていた森林は、一九八四年には畑になっていた（図29上）。セゲン渓谷平野には、山から流れ出た肥沃な土砂が厚く堆積しており、モロコシやトウモロコシをはじめ、換金用のテフも盛んに栽培されるようになっていった。

6　地勢を生かした畑づくり

デラシェ地域は、火山活動によって形成された山塊斜面とその麓にひろがる平野からなる、起伏に富んだ地形をしている（Ebinger et al. 1993; 2000）。こうした地形を活かして、斜面地と平野の両方に畑を開く世帯もある。A村、O村、W村の各二〇世帯を対象にした聞き取り調査では、斜面の畑は、A村では五六筆のうち四筆（七パーセント）、O村では四八筆のうち一七筆（三五パーセント）、W村では四七筆のうち一五筆（三二パーセント）あった（表17）。世帯別にみると、斜面と平野の双方に畑をもっている世帯は、A村では四世帯で二〇パーセントしかなかったが、O村では八五パーセントに相当する一七世帯、W村では七〇パーセントに相当する一四世帯であった。その他の世帯は平野にしか畑をもっていなかった。古いO村

表17　A村とO村、W村の各20世帯が所有する畑のつくられている場所と畑の総数

	A村	O村	W村
斜面地	4	17	15
平坦地	52	31	32

とW村は、斜面と平野の双方に畑をもっているが、開拓村であったA村はほとんどの世帯が平野にしか畑をもっていないのは、いわば当然のことであろう。

斜面と平野に区別しても、実際には斜面の斜度や、表層土壌の厚さ、地表を被う石の大きさや量はさまざまであり、畑も単純に二分できるわけではない。デラシャは昔から畑の個性をうまく生かしながら、石や作物残渣を巧みに使ってさまざまな畑をつくってきた。それを土壌の性質をもとに大別してみると、⑴テラスで土壌浸食を抑えつつ作物残渣で地力を保つ、⑵石と作物残渣でつくる格子状の畦で養水分を保つ、⑶小石に覆われた斜面をそのまま使う、⑷緩斜面や平坦地で格子状の畦をつくって養水分を維持する、といった四つの農法を見いだすことができる。以下では、これら四つの農法について解説する。

6-1　テラスで土壌浸食を抑えつつ作物残渣で地力を保つ…⑴

この農法は、ダガとコラのいずれにおいても、集落近辺の斜面畑で見られる。ダガのY村や、コラのO村とW村は、一六～一七世紀頃につくられた初期の集落で、四〇〇年以上にわたって集落周辺の土地を繰り返し耕してきたのであろう。大雨が降るたびに表土が流され、今ではすっかり土壌が浅くなり、至る所で母岩が露出し、岩石や礫が地面に多数転がっている場所も珍しくない。大きな岩石は作付けの邪魔になるため、デラシャは岩を拾い集めて等高線に沿って積み上げてテラスをつくっていった（写真79）。このテラスをタルガ（targa）という。タルガは傾斜が急な場所ほど高くなる。ダガではテラスを耕してエンセーテやムギ類、テフ、高原野菜を育て、コラでは不耕起でモロコシやトウモロコシを栽培している。コラの降水量は年間七八〇ミリメートルほどしかないが、短時間に叩きつけるような強い雨が降る。テラスをつくることで、表流水の流下速度を落とすことができ、表土の損失を抑える効果がある（Posthumus and Stroosnijder 2010）。コラではデラシャは、テフ以外の畑は基本的

写真 79　テラス

写真 80　格子状の畑

に耕起しないが、この無耕起栽培も土壌の流亡を抑えるのに一役買っている。W村でルガの畑をもつ五世帯は、二〇〇九年二月～二〇一〇年二月の一年間にカシャナで平均八〇〇キログラム／ヘクタール、ハガイテで平均四五〇キログラム／ヘクタールのモロコシを収穫していた（表18）。

6-2　石と作物残渣でつくる格子状の畦で養水分を保つ…(2)

これもコラの緩斜面で見られる農法だが、地表に露出している石が小さい場合につくられる。小石では大きなテラスはつくれないので、小石を線状に集めて畑に格子模様を描く。その上にモロコシやトウモロコシの稈をのせて畦をつくっていく（写真80）。等高線に垂直な畦をコソマ（kosoma）、並行な畦をモナ（mona）、モナが2列並ぶとタルガと呼ぶ。格子の畦に囲まれたスペースをポータイタ（potaite）と呼び、そこに作付ける。かれらは、上記(1)でタルガをつくったのと同じように、耕起はせず、堀棒ロッチャでポータイタの表土をほじって三～四粒のモロコシやトウモロコシの種子を播いていく。ポータイタがつくられた斜面を遠くから眺めると、煉瓦がジグザグにびっしりとはめ込まれた煉瓦塀のようにみえる。この畑をつくる作業手順は、まずモロコシとトウモロコシの穂を刈り取ったあと、堀棒で作物の残渣を掘り起こし、稈を小石の列の上に並べていく。畦づくりの意味は正確には把握できていないが、畦には土砂が堆積していくことから、表土の流亡を抑えていると考えられる。二〇〇九年二月～二〇一〇年二月の一年

表18　コラで栽培される作物ごとの収量（kg/ha）

作付期	作物	場所毎の収量（kg/ha）			
		テラス	格子状の畦	ヘルチャ	平野
カシャナ（2～7月）	モロコシ	800	600	900	850
	トウモロコシ	—	—	1800	2100
	テフ	—	—	—	600
ハガイテ（8～11月）	モロコシ	450	300	500	400
	トウモロコシ	—	—	—	350
	テフ	—	—	—	250

間でW村のこの畑をにおけるモロコシの収量は、一〇世帯の平均ではカシャナで六〇〇キログラム／ヘクタール、ハガイテで三〇〇キログラム／ヘクタールであった（表18）。

6‐3　小石に覆われた斜面をそのまま使う…(3)

この畑は、平野につながる緩斜面でよくみられる。山裾には、玄武岩が風化してできた直径一五センチメートル以下の小石が表層に厚く堆積している斜面がある。このような場所はヘルチャと呼ばれる。小石の隙間には、玄武岩を母材とする土壌が入り込み、深さ四〇センチメートルほどの土層を形成している。かれらはヘルチャの上に、(2)の農法でみられたような作物残渣の畦をつくって、土壌と雨水の流下を抑える。小石を敷き詰めたような畑に、掘棒で穴をほじってモロコシやトウモロコシを播種していく。たったこれだけの作業なのだが、作物は驚くほど良好に生育する（写真81）。A村でヘルチャに畑をもっている四世帯について二〇〇九年二月～二〇一〇年二月の収量を調べてみると、カシャナで一八〇〇キログラム／ヘクタールのトウモロコシ、九〇〇キログラム／ヘクタールのモロコシ、ハガイテで平均五〇〇キログラム／ヘクタールのモロコシを収穫していた（表18）。ヘルチャが他の農法よりも高い収量を示すのは、もともとの土壌が肥沃であることに加え、表層を覆う小石には毛細管現象を遮断して水分の土面蒸発を抑えるとともに、雑草が生えるのも抑えるという、ストーンマルチのような効果があるためだと考えられる。

6‐4　緩斜面や平坦地で格子状の畦をつくって養水分を維持する

山裾の緩斜面や平坦地には、ヘルチャとは対照的に、山から土砂が流れてくる場所もあり、そこには石はまったくなく、黒っぽい土壌が厚く堆積している。かれらは、表土を四方に掘りあげて格子状の畦を立てる。格子は

写真 81　ヘルチャで栽培されるトウモロコシ

写真 82　平坦地の畑

等高線に沿って長い長方形をしていて、畦の上には穀物の稈を並べていく（写真82）。この畑でも、モロコシやトウモロコシを畦の上ではなく、畦に囲まれた凹地に植える。この畑もタルガと呼ばれている。玄武岩に由来するこうした土壌は肥沃であるが、乾燥すると土壌構造が変化して作物の生産性が著しく落ちるともいわれている（Veldkamp 1994）。半乾燥地に玄武岩を母材とする土地があれば、土を乾かさないことが肝心なのである。この地域でつくられる畦は、根圏の気相を保つためではなく、むしろ雨水を少しでも保持しようとするための工夫だとみることもできる。そういう目的でつくられる構造をタルガと総称しているのかもしれない。A村でこの畑をもつ一〇人は、二〇〇九年二月〜二〇一〇年二月のカシャナに平均二一〇〇キログラム／ヘクタールのトウモロコシ、八五〇キログラム／ヘクタールのモロコシ、六〇〇キログラム／ヘクタールのテフ、ハガイテに平均三五〇キログラム／ヘクタールのモロコシ、一二五〇キログラム／ヘクタールのトウモロコシの収穫をあげていた（表18）。

アフリカ大陸には、玄武岩に由来する土壌が堆積している場所は多くない。デラシャは、この恵まれた資源を長く利用できる農法を創出することで、雨の少ない山地での生活を可能にしてきたのである。さらにデラシャは、風化の過程にある玄武岩を駆使して、穀物の貯蔵庫まで創りあげた。それは、半乾燥地での不安定な食料生産を支えるとともに、パルショータというデラシャ特有の食文化を成立させる礎ともなった。次章では、世界で残存する唯一の貯蔵穴といってよいポロタについて解説する。

第5章　モロコシを保存する地下貯蔵穴ポロタ

デラシャはモロコシ酒パルショータを主食として毎日平均五キログラムも飲んでおり、大量のモロコシを必要とする。しかし、半乾燥地であるデラシェは降水が不安定で、耐乾性に優れたモロコシといえど収量は安定しない。そこで、デラシャは凶作に備えて、豊作年の収穫物を地下貯蔵穴ポロタ（polota）に長期間保存することで、年による収量の変動を平準化してきた（写真83）。ポロタは、深さ約二メートル、最大直径約一・五メートルのフラスコ状の地下貯蔵穴で、二トンものモロコシを貯蔵できる。デラシャのある男性は「数年前に、二〇年間放ってあったポロタを開けるのに立ちあったが、中のモロコシはまったく傷んでいなかった」と語っていた。デラシャにとってポロタは穀物の長期貯蔵という大切な機能をもつのはもちろん、富をもつ者がそれを社会に還元するときのツールともなっていて、ポロタの所持が社会的な立場や発言力にも影響を及ぼしてい

写真83　ポロタ

る。ここでは、デラシャがどのようにモロコシを安定的に確保しているのかを、地下貯蔵穴ポロタに注目しながらみていきたい。

1 アフリカの穀物貯蔵庫の問題点

アフリカ大陸の七〇パーセントは乾燥・半乾燥地が占め、天水に強く依存する農業においては作物の安定した生産は難しい。降雨に恵まれている地域ではトウモロコシ、コムギ、イネなどの外来作物が普及しているが、アフリカでは今もモロコシ、シコクビエ、トウジンビエといった在来の穀物が広い地域で栽培されている。とくに、モロコシは耐乾性や耐暑性に優れているうえ、痩せた土地でもよく育つことから、干ばつにたびたび見舞われるアフリカの半乾燥地域では相変わらず重要な作物の一つである（Gebrekidan 1981, Gerekidan and Belaynesh 1981, Hepperly et al. 1982, Stemler et al.1977, Teshome et al. 1999）。モロコシの起源地ともされるエチオピアでは、その栽培地域は他のどの作物よりも広範にわたっていて、降水量でみると四〇〇〜二〇〇〇ミリメートル、標高では四〇〇〜三〇〇〇メートルの多様な生態環境のもとで栽培されている（Vavilov 1951）。

貯蔵中の穀物に総じて言えることであるが、とくにモロコシは害虫の被害を受けやすいことでも知られている（Blum and Bekele 2002）。貯蔵中の穀物の劣化には、種子呼吸によって起こる内的劣化と、外部からの影響による外的劣化がある。内的劣化とは、種子呼吸によって種子中のデンプンが二酸化炭素と水に分解されて消費されることや、化学的な変化によって種子内部の成分が変質することを指す。一方、外的劣化とは、菌類の繁殖にともなう種子の腐敗や、昆虫類、齧歯類、鳥類による食害などを意味する。貯蔵庫の隙間から侵入して作物を食い荒らしたり、卵や胞子の状態で種子に付着して貯蔵庫に入り込み、庫内の温度や湿度、種子の水分含有量が昆虫類や菌類の生育に適した条件になるのを待って増殖し、種子に被害を及ぼす。アフリカでは、とくにコクゾウムシ属（Sitophilus spp.）やバクガ（Sitotroga cerealella）、コクヌストモドキ（Tribolium castaneum）による穀物の食害が深刻で（Hill 1990, Proctor 1994, Bekele et al. 1997, Eticha and Tadesse 1999, Teetes and Pendleton 2000）、とりわけモロコシはこれらの被害を受けやすい。さまざまな要因からなる穀物の劣化を防ぐためには、貯蔵庫の衛生状態を保つことと換気、害獣や害虫の駆除が重要である（Gwinner et al. 1996）が、これらの条件を満たすのは空調設備の整った現代的な貯蔵庫ということになる。

このような貯蔵庫をアフリカの一般的な農家がもつことは難しい。アフリカの農村で使用される貯蔵庫は、木材、植物繊維、粘土などでつくった在来のもので、それらには開放型、半開放型、密封型の三つのタイプがある（Gwinner et al. 1996）。開放型の貯蔵庫は、木材で高床の台を組み、そのうえに板、藁、トタンなどで屋根をつくっただけの簡素なつくりである。これは、湿気を含んだ収穫直後の収穫物を乾燥するために使われる一時的な貯蔵庫である。半開放型の貯蔵庫は、木材で組んだ高床式の土台に、木材、タケ、小枝、葉、藁、樹皮などでつくった壁を取り付け、その上に板、藁、トタンなどの屋根をのせたもので、湿気の少ない乾燥・半乾燥地帯に見られる。そして、密封型もアフリカ各地で見られる貯蔵庫で、藁などでつくった半開放型貯蔵庫の壁に粘土を塗ったり、石材や煉瓦を積み上げたり、大きな焼き物を使ったりして、機密性を高めて害虫などの侵入を防ぐ。

エチオピアでは、アムハラ語でゴタラという、木、タケ、泥でつくった半開放型の貯蔵庫（写真84、85）が広く普及している（Gilman 1968）。ゴダラでは大きな動物の侵入を防いだり、直射日光を避けたりすることはできるが、温湿度を制御することはできず、害虫については防虫剤に頼らざるを得ない状態で、長期にわたって穀物の劣化を防ぐのには費用がかかる。一般にアフリカ在来の半開放型貯蔵庫は、貯蔵効率が総じて低く、穀物を収穫してから消費するまでの一年未満のあいだにかなりの量が劣化してしまう。モロコシは、貯蔵中の劣化がとく

148

写真84　木とタケ、泥でつくったゴタラ

写真85　木とタケでつくったゴタラ

に深刻な作物である。先行研究によれば、ケニアにおいて半開放型の在来貯蔵庫でモロコシを貯蔵したところ、四ヵ月間で種子重量の六・一〜一四・三パーセントが減少したという(Nyambo 1993)。また、エチオピアの事例では、ゴタラで貯蔵したモロコシのうち、次の収穫期までの数ヵ月間に、一五パーセントの種子が食べることができないほど劣化し、三八パーセントの種子が発芽不能になったという報告がある(Mendesil et al. 2007)。

数ヵ月の貯蔵が限界とされるなか、デラシャの地下貯蔵穴ポロタは、モロコシを数年から二〇年ものあいだ貯蔵できるという。デラシャはほぼすべての世帯がポロタをもっている。「デラシャにとっての必需品」を尋ねれば、かれらは間違いなく「パルショータ」と「ポロタ」と答えるだろう。別の見方をすれば、「パルショータとポロタは、デラシャしかもたない」といっても過言ではない。実際に、デラシェ地域に隣接するコンソ地域、ザイセ地域、アレ地域を広域調査しても、パルショータという緑色の濁酒を自慢されたことはなかったし、ポロタのような地下貯蔵穴について聞くこともなかった。これらは、デラシャだけが受け継いできた文化であり、技術なのである。この章では、ポロタがどのような構造と機能をもち、それがパルショータとどのような関係にあるのかも見ていきたい。

2 ポロタがつくられる場所

どうしてポロタはデラシェ地域にしかないのだろうか? デラシェ地域内をひろく歩き回ってみると、ポロタをつくる場所がかぎられていることがわかってきた。ポロタは、デラシェ語でオンガ(onga)と呼ばれる難透水性の土層が、地表近くに存在している場所にしかつくられない。オンガは、地質学的にいえば母岩が定容積風化した土層と言えるかもしれないが、一般的に「硬いが、鋭利な金属で人間が掘削できる土層の総称」と表現した方が正しいかもしれない。この地域一帯には、そのような土層はどこにでもあるのだが、それが地表近くに存在している場所となるとかぎられてくる。先にも触れたように、オンガは総称であるため、母材や風化程度の異なる土層を含んでいる可能性があって、色や模様、手触り、硬さにもかなりの変異がある。標高一一〇〇メートルのA村周辺のオンガは、母岩が定容積風化した典型的な土層で、赤褐色で滑らかな手触りをしており、表面を石で叩いてもなかなか砕けない。標高一七〇〇〜一八〇〇メートル付近のO村やW村のオンガも定容積風化の土層ではあるが、より風化が進んでいるのか、白色でツルツルとした手触りをしており、表面を爪でひっかくと簡単に傷を付けることができる。標高一二〇〇メートル付近のAt村のオンガは砂利が堆積したような土層で、クリーム色、黄色、黒色、緑色、白色の斑点模様を呈し、表面にはごつごつとした細かい凹凸がある。このオンガを石で叩いても砕けないが、鋭利な金属で突くと意外と簡単に掘削することができた。

オンガの層の上には、土壌、または風化した岩石が堆積して透水性の土層を形成していて、これも村ごとに性質が異なっている。A村ではこれをソーギッタ（sogita）と呼び、黄色くて緻密な土層である。O村、W村、At村では、オンガの上層にプスカ（pusuka）と呼ばれる粘土と砂が混ざった白っぽい土層がのっている。ソーギッタは堀棒で刺さなければ砕けないが、プスカはスコップで簡単に掘ることができる。ソーギッタでもプスカでも、オンガに比べるとはるかに脆く、そこに構造をつくろうとしてもすぐに崩れてしまう。

オンガの特徴を明らかにするために、A村、O村、At村のそれぞれのオンガ、A村のソーギッタ、ソーギッタの地表に転がっていた小石（玄武岩）を採取して蛍光X線回折装置で化学組成を調べた。分析結果から、鉄（グラム）／アルミニウム（グラム）とアルミニウム（グラム）／チタン（グラム）の値を算出したところ、すべてのサンプルは鉄／アルミニウム値が一〇（グラムパーセント）未満、アルミニウム／チタン値が〇・六（グラムパーセント）以上となった（図30）。次に、これらの検体に含まれるケイ素の質量をモル質量（mol）に換算して、ケイ素

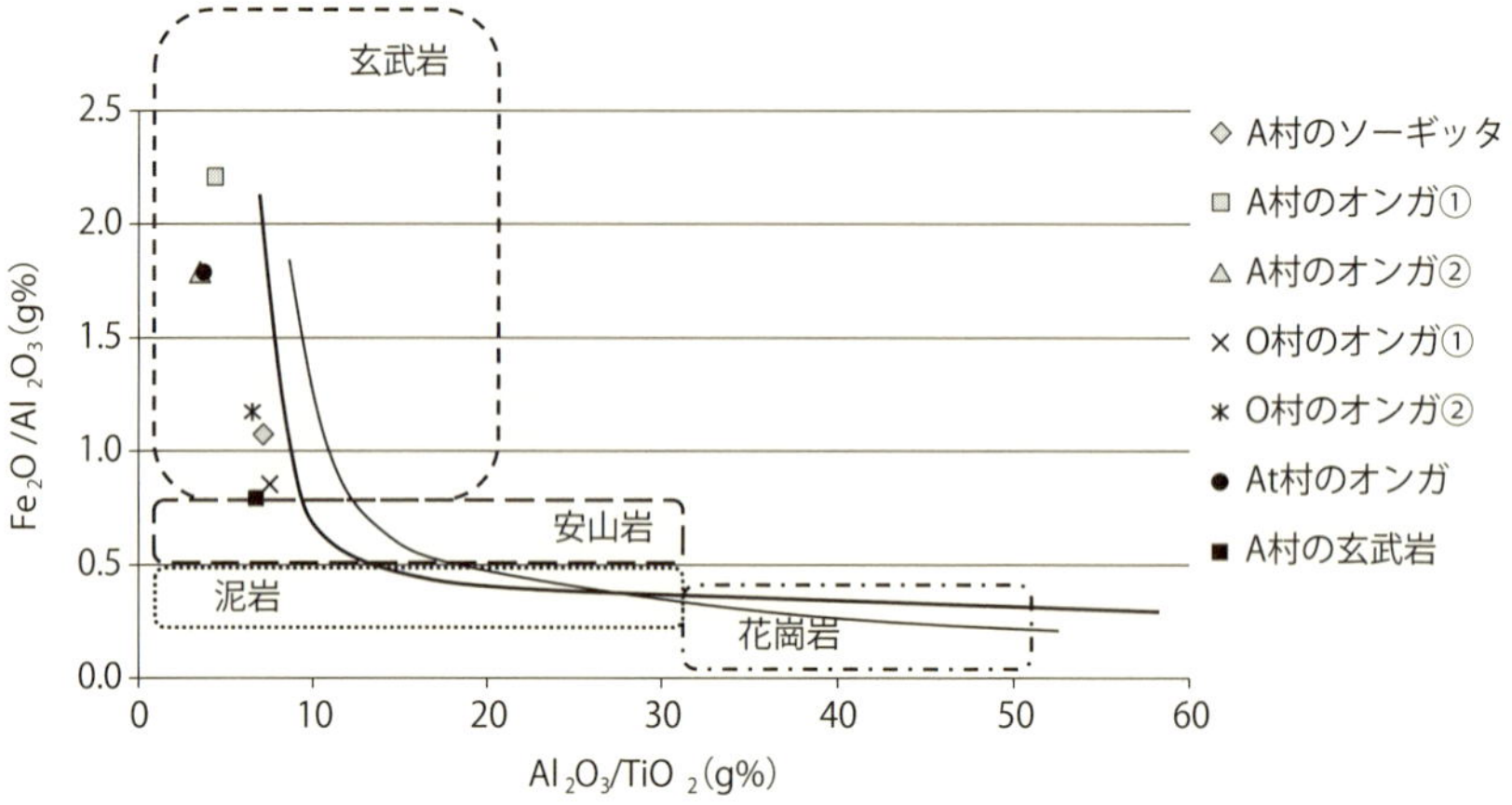

図 30　オンガの母材

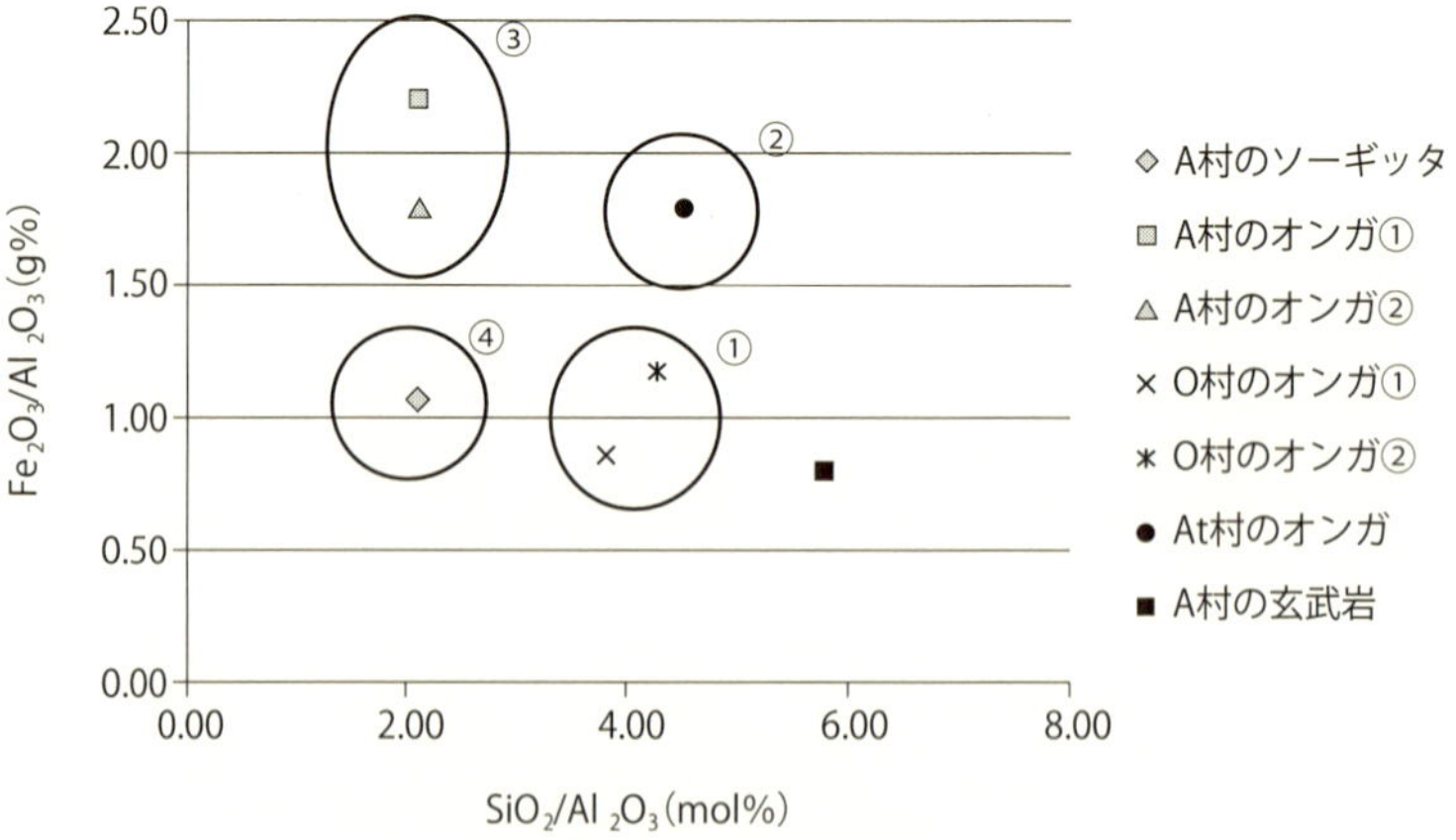

図 31　オンガの性質

（mol）／アルミニウム（グラム）を算出した（図31）。ケイ素／アルミニウム値は、O村のオンガ（図中①）が四・〇（mol パーセント）、At村のオンガ（図中②）が四・五（mol パーセント）、A村のオンガ（図中③）が二・一（mol パーセント）、ソーギッタ（図中④）が二・一（mol パーセント）となった。A村の地表に転がっている小石は五・八（mol パーセント）で玄武岩と判断でき、すべてのオンガとソーギッタはいずれもがそれよりも低位置を示し、玄武岩が風化したものであることが確かめられた。

縦軸の鉄／アルミニウムの値が近いものほど、同じ玄武岩でもより母材の性質が近く、横軸のケイ素／アルミニウム値が低い方が、風化が進んでいる。いずれの検体も玄武岩由来であるが、色や手触り、硬さが違うのは、母材の性質と風化程度の違いによることがわかった。O村のオンガ（図中①）の周囲には、「玉ねぎ状」に風化した岩がいくつも観察された。周囲の環境や鉄とアルミニウム、チタンの比率から、この村のオンガは化学的な風化還元作用を受けて鉄が抜け落ちた玄武岩であり、白色の見た目や滑らかな手触りなどから総合して、カオリナイト〔kaolinite, $Al_2(Si_2O_5)(OH)_4$〕であると考えられる。カオリナイトは、玄武岩中に含まれる斜長石が風化し分解されて生成される。このような風化によって生成された岩石は、緻密な微量粒子が集合して形成されているため、水を透しにくく、ポロタをつくるのに適している。

At村のオンガ（図中②）を分析すると化学組成のうちカルシウムが四六・七パーセントと高い割合を占めている。大地溝帯内には、主成分のうち五〇パーセント以上が炭酸塩鉱物で構成されたカーボナタイトと呼ばれる火山岩が点在しており、デラシェ地域の近くにあるチャモ湖周辺でもカーボナタイトの岩石が存在している（George and Rogers 2002）。周囲の岩石とカルシウムの含有量、見た目から、At村のオンガは、カーボナタイトが風化還元作用を受けてカルシウムの一部が溶脱し、生成されたと考えられる。A村のオンガ（図中③）は赤褐色を呈していることから、鉄が高い割合で含まれていると考えられる。このような赤褐色の土壌はアフリカでよく見られ、化学風化作用によって塩基類やシリカなどの移動しやすい元素の溶脱が進み、鉄やアルミニウムなど残留しやすい元素が濃縮して生成される（荒木 一九九六）。A村のオンガも、このように塩基類やシリカの溶脱によって生成されたと考えられる。一方、A村のソーギッタ（図中④）は、鉄とアルミニウム、チタンの比率からO村のオンガと同質の玄武岩を母材にしているといえるが、透水性が高く、元来の玄武岩の緻密な構造は壊れている。この検体はA村の中でもポロタが密集する地帯で採取したが、そこは周囲よりも低い窪地状になっていて雨水が流れ込むようになっている。玄武岩の母材が物理風化作用を受けて細粒化し、シルト化したものが、周辺地域から雨で流されて集まり、もともと存在したオンガの上に堆積して、現在の土層が形成されたと推察した。

以上のことから、オンガとは玄武岩もしくは玄武岩と化学組成が似た母材が風化したものであり、風化の過程や程度のちがいが見た目や手触り、硬さの違いとなってあらわれている。どのオンガにも共通する特徴として、水をほとんど通さない難透水層であることがあげられる。風化は大きく物理風化と化学風化に分類される。物理風化が風化対象を細粒化して物理性を変化させるのに対して、化学風化は溶脱や風化還元などの岩石の化学組成を変化させる風化のことを指し、風化対象の元素構成が変わり性質は変化するが、体積は変わらない。オンガは岩のように水を通さないことから化学風化を受けているが、物理風化は受けていないと考えられる。そのため、オンガは構造が緻密でありながら先端に尖った金属がついた堀棒などで比較的簡単に加工できる。一方、オンガの上に堆積している透水層は玄武岩が物理風化を受けた層であるため透水性をもつ。ポロタは非常に頑丈で、一度造ると何世代にもわたって使うことができるのは、玄武岩が定容積風化した硬いオンガの土層を、物理的に風化した柔らかい土層が保護しているからなのである。

3 ポロタの形状

ポロタを上から見るとただ穴が空いているだけのように見えるが、じつは強度や機能が巧みに計算された構造になっている。A村のある世帯で使われているポロタの中に、アシスタントの男性に頼んで入ってもらい、メジャーで内部を計測した結果に基づいて、ポロタの断面図を描いた（図32）。横から見ると、ポロタはずんぐりしたフラスコの上に短い円柱を積み重ねたような形をしている。円柱の上端が地面で、ポロタ全体は地中につくられている。最上部の円柱部分は、ワケ（wake）またはワケダ（waketa）と呼ばれる。フラスコ部分全体をマカラ（makara）という。さらにポロタは、部位ごとに細かく呼び分けられていて、フラスコの口にあたる部分はマタブ（matabu）またはマタメタ（matameta）、その下に真っ直ぐのびる

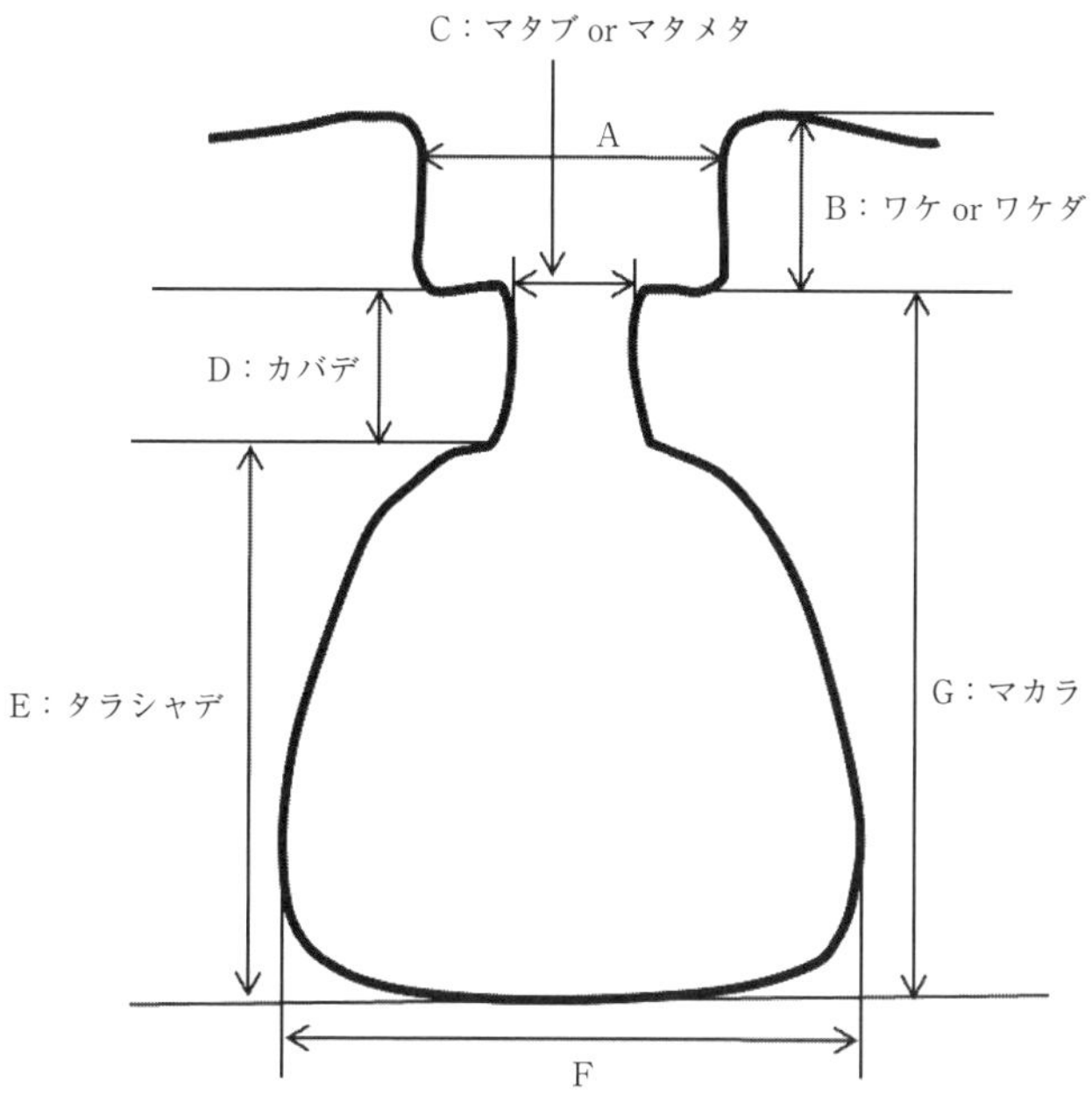

図32　ポロタの外観

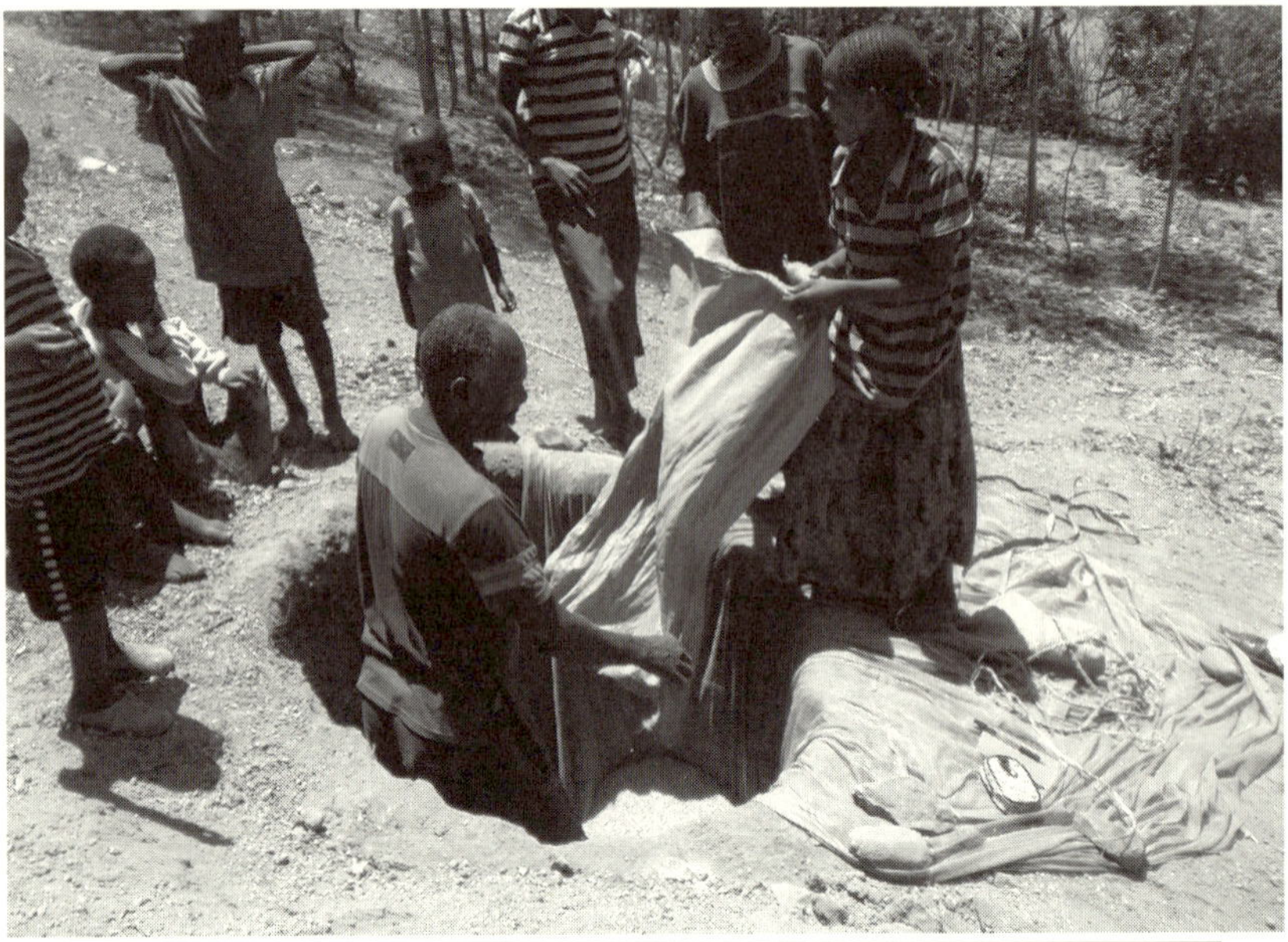

写真 86　ポロタにモロコシを入れるところ

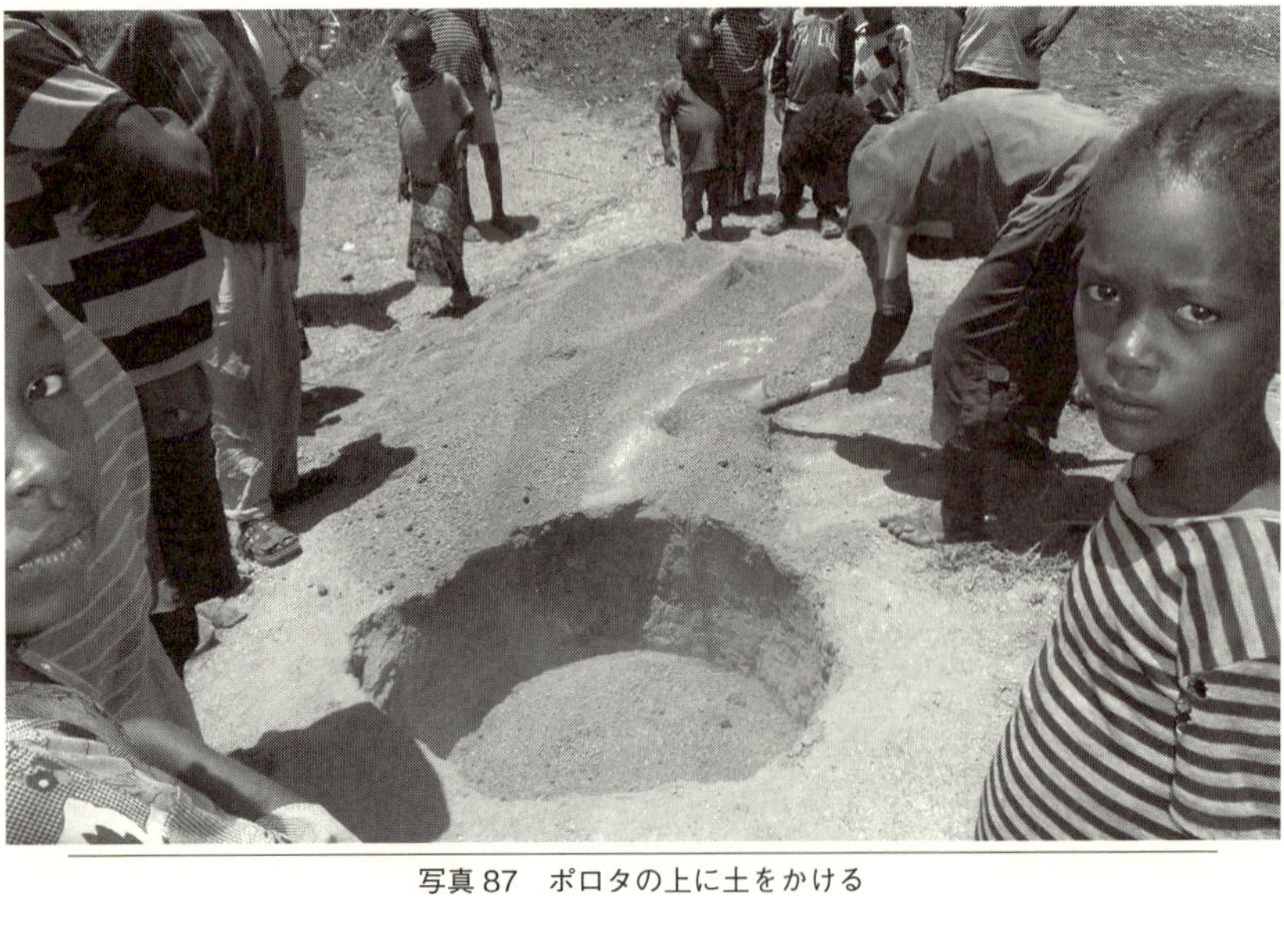

写真 87　ポロタの上に土をかける

写真88　ポロタを開ける前

首の部分はカバダ（kabada）、さらに下の直径を広げながら膨らんでいる部分はタラシャデ（talashade）と呼ばれる。ポロタにモロコシを貯蔵する際には、フラスコ状のマカラの部分にモロコシを入れ（写真86）、円盤状の石でマタブに蓋をして、蓋の隙間から水が入らないように粘土で塞ぎ、その上から土をかぶせてワケの部分を完全に埋め戻す（写真87）。こうして密閉されたポロタは、地上からはどこにあるのかわからない（写真88）。

図32のポロタでは、ワケの直径が八〇センチメートル、深さが五〇センチメートルであった。マカラは深さが二〇〇センチメートルあり、その入り口、マタブの直径は四〇センチメートル、そこから径を維持したまま四〇センチメートル掘り下げられてカバテを形成していた。その下に広がるタラシャデの空間は、マタブから深さ一八〇センチメートルのところで最大直径一六〇センチメートルになっていた。ポロタの容積は約二二〇〇リットルで、モロコシを約一七トン入れることができる。入口が小さく内部

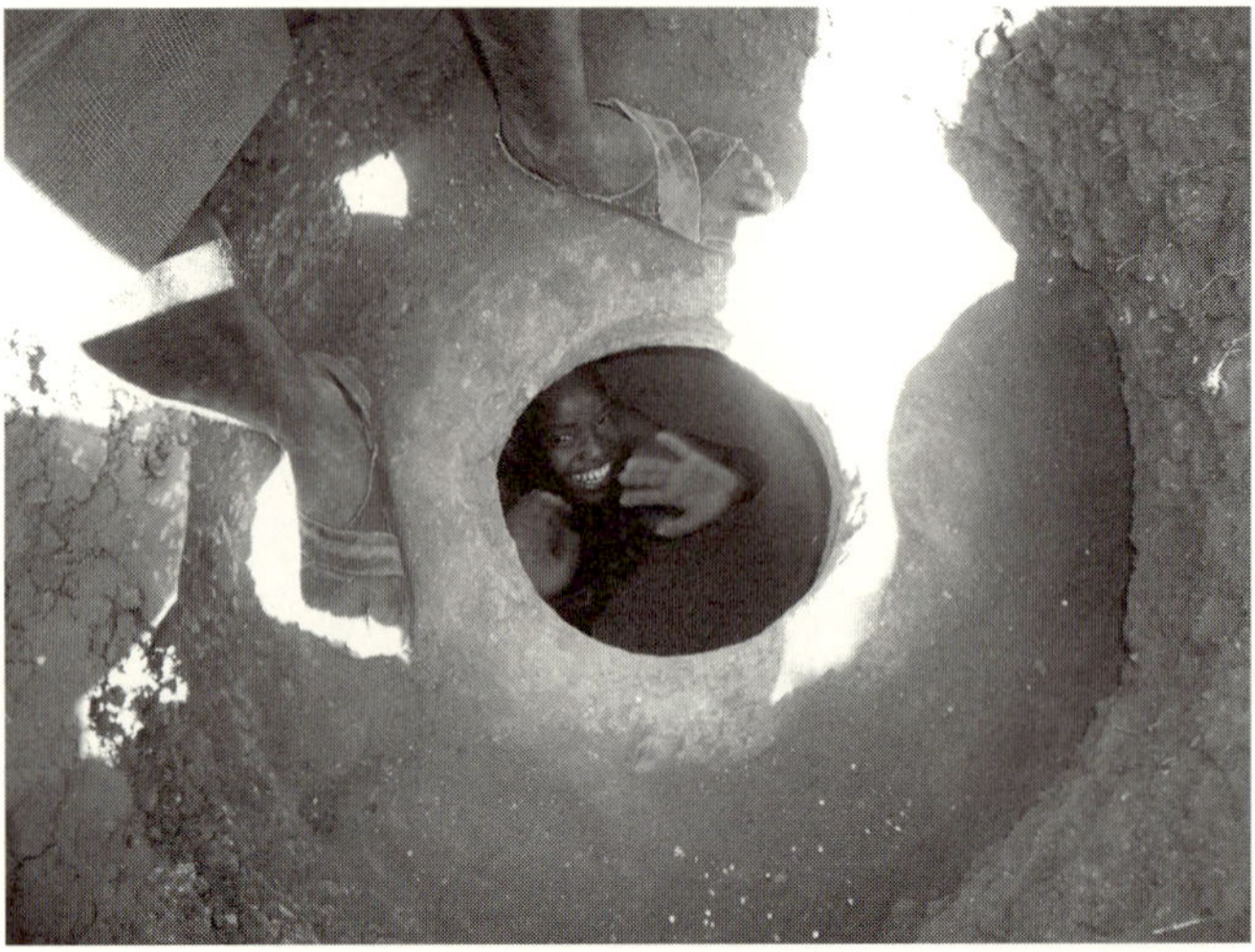

写真 89　ポロタの中から手を振る少年

写真 90　ポロタから出るのを手伝う男性

が広がった構造によって、ポロタは地表面から浸透してきた雨水が貯蔵穴内部に入り込み難く、できるだけ多くの穀物が収納できるようになっている。

さらに、フラスコ状の構造は、ポロタを使用する際の安全性を高めるという点でも重要な意味をもっている。ポロタからモロコシを取り出す作業は、男性がふたり一組でおこなうのだが、一人の男性がマタブの縁に立ち、もう一人の男性がマカラの中に入る（写真89）。中に入った男性は、直径約四〇センチメートルのクンナ（kunna）と呼ばれるタケを編んでつくった籠にモロコシを入れて、外に立つ男性に手渡す。この作業を何度も繰り返してモロコシを取り出していく。必要量のモロコシを取り出し終わると、マカラの中にいる男性は入口に向かって両手を伸ばし、もう一人の男性がその手を掴んで引っ張り上げる（写真90）。そして再び、石の蓋と土でポロタを密閉する。こうした一連の動作をおこなうときに、マタブから急激に内径が広がっていると、外に立つ男性の重みでポロタの入口が崩落する危険性がある。なで肩のようなフラスコ状の構造をもたせることによって、上からかかる重みを斜め下方に分散しているのである。

アシスタントの男性に、A村で四つ、O村で六つ、W村で八つのポロタに入って内部の大きさを測ってもらった（表19）。その結果、マカラの部分の大きさは、平均すると、深さが約一九〇センチメートル、口径（マタブ）が約四五センチメートル、最大直径が約一七〇センチメートルであり、私がA村で調べたポロタはおおむね平均的な大きさだった。一方、ワケの部分に注目すると、その直径はいずれも九〇センチメートル前後で共通していたが、深さが四〇〜九〇センチメートルとまちまちで、それは次に述べるように立地場所の透水性土層の厚さに

表19　ポロタの各部位の大きさ

各部位	最小値（cm）	平均（cm）	最大値（cm）
A	70	95	115
B	40	60	90
C	40	45	55
D	30	45	60
E	160	190	230
F	140	170	220
G	190	210	260

よって左右されていた。ポロタをつくる際には必ず土壌表層に透水性の土層が数十センチ存在し、かつオンガが厚い場所を選ぶ。はじめに透水層を直径九〇センチメートル程度の円柱状に掘り下げていき、ワケを形成する。硬いオンガ層に到達すると、直径を半分程度に縮めて掘り進み、ある程度掘り下げたら、緩やかなカーブを描くように徐々に直径を広げながらさらに掘り下げていき、フラスコ状のマカラをつくる。つまり、一八個のポロタにみられるワケの深さは、それぞれの場所の透水層の厚さなのである。これに対してマカラは深さ一九〇～二六〇センチメートルで、いずれも水を透しにくいオンガの土層に掘られていた。オンガの厚さは掘ってみないとわからない。深く掘って、オンガ層の下に透水性の土層が現れたり、オンガに亀裂があったりすると、掘るのを止めて捨ててしまう。穀物を入れるフラスコ状の部分が掘られるのはオンガだけだが、一方で、オンガが地表面に露出しているような場所にポロタはつくらない。オンガの上に存在する透水層は、オンガよりも空隙が多く柔らかい土壌であり、掘り返したあとで容易に、かつ均質に埋め戻せることから、ポロタ内部の温度変化を小さくし、人や車が通ったときにかかる衝撃を和らげ、雨水が流れ込むのを抑え、泥棒からポロタの在処を隠すなど、さまざまな役割を担っている。

4　世界の地下貯蔵穴

人類の歴史においては、ポロタのような地下貯蔵穴はとくに珍しいものではなかったようだ。紀元前数世紀頃まで、袋状や筒状、フラスコ状をした貯蔵穴（storage pit）と呼ばれる地下貯蔵庫が、アワ（Setaria italica）やヒエ（Echinochloa esculenta）などの雑穀類やナラやトチなどの堅果類の貯蔵用に世界各地で使われていた（Driver and Massy 1958, Testart et al. 1982, 坂口 一九九三、ブレイ 二〇〇七）。貯蔵穴は世界各地の乾燥した気候帯で広くつくられていたとされる。貯蔵穴は地下に穀物を貯蔵するため、雨、風、火、獣、鳥、泥棒などの害を受けにくいという利点がある（ブレイ二〇〇七）。その一方で、貯蔵穴内は湿度が高く（Dejene 2004）、温度も安定していて、コクゾウムシ属（Sitophilus spp.）、バクガ属（Sitotroga spp.）、コクヌストモドキ属（Tribolium spp.）などの害虫が発生しやすい環境でもある（Bothast 1978, Meronuck 1987, Copeland and McDonald 1995）。貯蔵中に繁殖する菌類は、穀物やマメ類、油料種子を劣化させる主な原因として知られており（Bothast 1978）、なかでも有名なものはアスペルギルス（Aspergillus）とペニシリウム（Penicillium）である（Christensen and Kaufmann 1974, Shashidhar et al. 1992）。これらの菌類は高温多湿な環境で繁殖しやすく、湿気を防ごうとした試みが各地の貯蔵穴の遺跡に残っている。「農書」では地盤が固く冷涼な北部が貯蔵穴をつくるのに適していたとしており、イギリスの遺跡からはバスケットで貯蔵穴の壁を裏打ちした痕跡が（Reynolds 1974）、キプロスやハンガリーの遺跡では貯蔵穴の壁を材木で焼いて薫蒸した痕跡が出土するなど（Bersu 1940）、防湿に苦慮していたことがうかがえる。

このような貯蔵穴の遺跡は、鉄器時代以降にはほとんど見られなくなる。オオムギやコムギの栽培が盛んになって、地上の貯蔵庫が広く使われるようになると、それと入れ替わるように姿を消していった。中国では貯蔵穴を雑穀貯蔵によく利用していたようで、その衰退については「農書」、「農政全書」、「雞助編」などの古典に詳しく記述されている。それらによると、貯蔵穴の利用は新石器時代早期に始まり、農業の発展と統治者たちの指導によって急速に広まり、隋・唐の時代まではアワの貯蔵によく利用されていたが、宋代以降は揚子江流域で発達してきた稲作と高床式貯蔵庫が中国全土に広まり、貯蔵穴は姿を消した（ブレイ二〇〇七）。ポロタのように現存する貯蔵穴は珍しく、世界的に見ても、アフリカのエチオピア・ハラリ州とスーダンでモロコシ用貯蔵穴が利用されるのみである（Niles 1976, Gilman 1968, Lynch et al. 1986, Abdalla et al. 2002a; 2002b, Blum and Bekele 2002, Lemessa 2008）。

5　ポロタ内の温度と湿度

地下室は、温度が一定していて湿度が高いので、害虫やカビの繁殖には都合がよい。右でも述べたように、世界各地の古い貯蔵穴でも過湿対策には苦労していたようであるが、ポロタではどうなっているのだろうか？　A村において、三分の二の深さまでモロコシが入ったポロタの蓋をわずかに開いて熱電対温度センサーを設置し、再び土を戻して密閉し、二日間にわたって温湿度を測った。比較対照としてすぐ近くの茅葺きの屋根の民家に温湿度計を設置して、室内の温湿度を測った。その結果を図33と図34に示した。

家屋の温湿度は日中と夜間で大きく異なり、温度が摂氏二〇〜三〇度、相対湿度が四五〜八五パーセントのあいだで変動していた。一方ポロタでは、温度摂氏三一度、相対湿度九二パーセントと終日一定の高い温湿度で推移した。このことからも、ポロタの優れた気密性がわかる。しかし、これは害虫やカビが繁殖しやすい温湿度域である（Dunkel 1992）。本来であればポロタの中は害虫やカビが大繁殖してもおかしくないが、デラシャは「ポロタの中でモロコシを一〇年、二〇年保存しても、劣化しない」と語る。

6　害虫が死ぬほど薄い空気

三分の二の深さまでモロコシが入ったポロタと、何も入っていない空のポロタの内部空気を採取し（写真91）、空気の酸素濃度（パーセント）を測定した。酸素濃度は、モロコシの入ったポロタでは二・七パーセント、空のポロタでは一七パーセントだった（表20）。通常空間の酸素濃度は二一パーセント（厚生労働省 二〇〇八）ほどであ

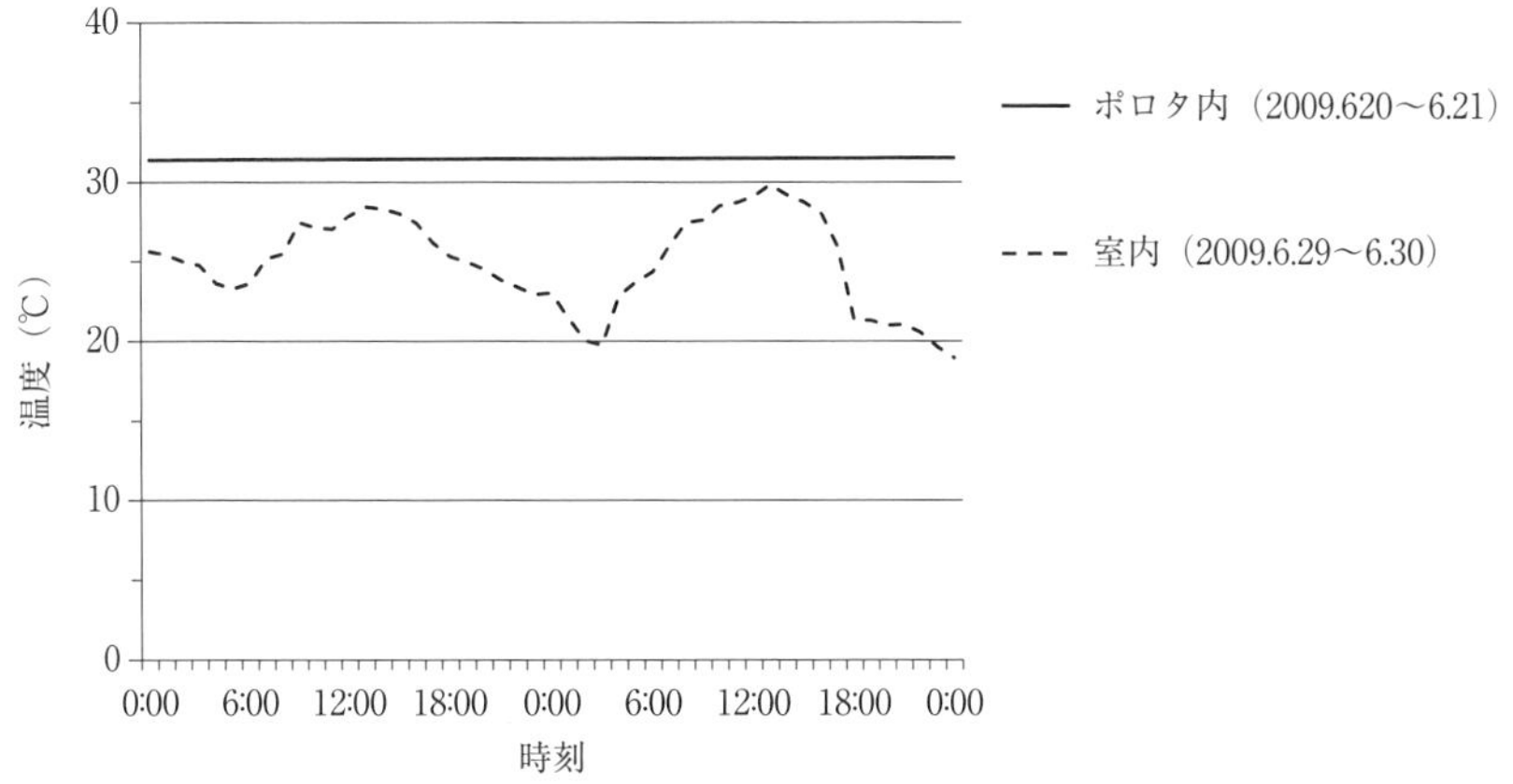

図 33　ポロタと室内の温度変化の比較

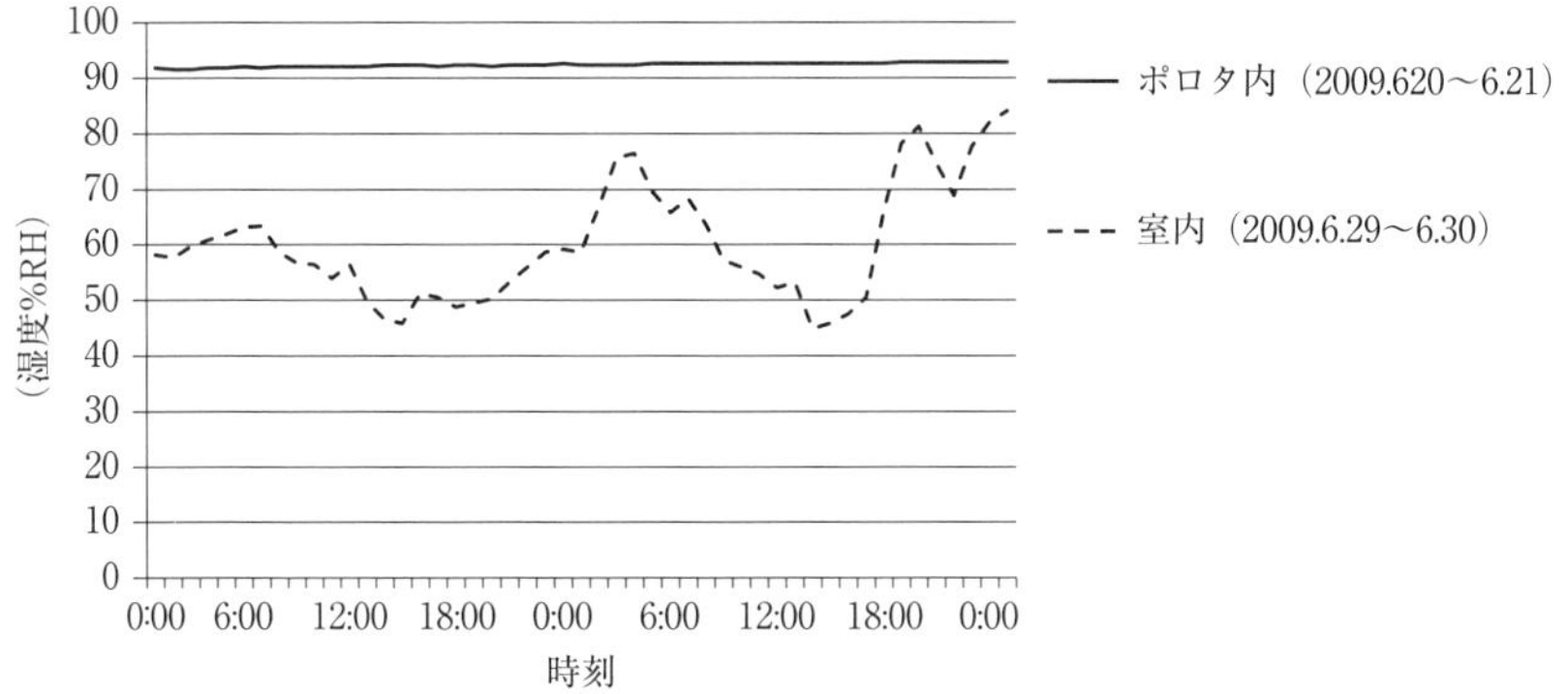

図 34　ポロタと室内の湿度変化の比較

表 20　ポロタの中の酸素濃度・二酸化炭素濃度

採取場所	酸素濃度（%）	二酸化炭素濃度（ppm）
空のポロタ	17.0	40020.0
三分の二までモロコシが入ったポロタ	2.7	160000.0

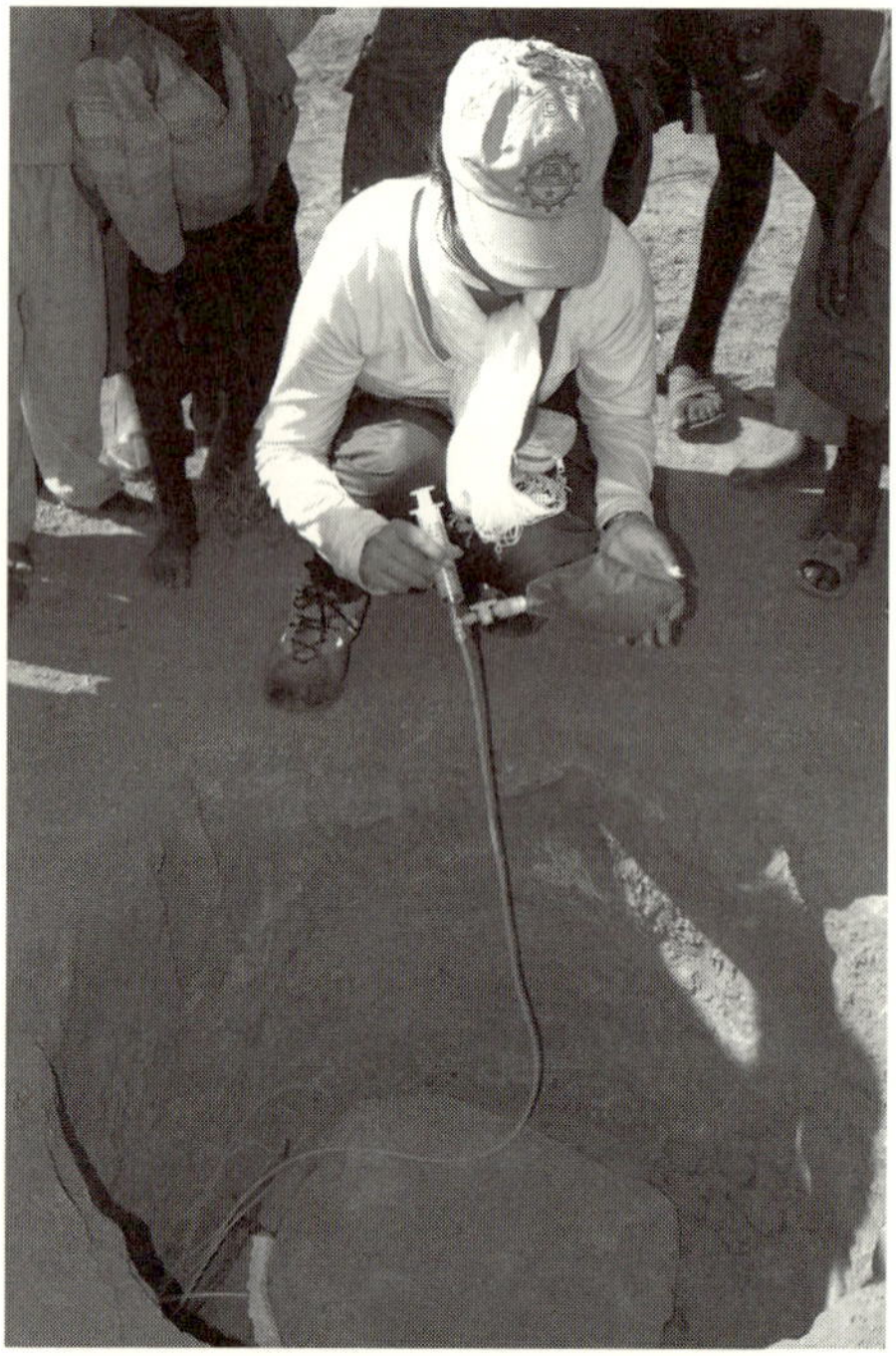

写真91　ポロタの中の空気を採取するところ

るが、モロコシの貯蔵してあるポロタの空気はそれを大きく下回っていた。人間は、酸素濃度が一八パーセントを下回ると酸欠状態に陥るという。そして、酸素濃度が八パーセントで意識を失って七～八分で死にいたり、六パーセント以下になると即死する。ポロタ内部はモロコシを貯蔵することで極端に酸素が薄い状態がつくりだされていたのである。

開いたばかりのポロタが危険であることは、当然のことながらデラシャもよく知っている。かれらは、ポロタに入って穀物を取り出す二時間～二日前から入口を開け放して、中の空気を入れ替える。乾季になると村ではいくつものポロタの入口が開けっ放しにされているが、たとえ周りに誰もいなくても、その中に入ろうとする者はいない。ポロタからモロコシが盗まれたという話も聞いたことがない。まれに、空気の入れ替えが不十分なうちに穀物の取り出し作業をはじめてしまい、ポロタの中で酸欠によって倒れる事故もある。私が二〇一一年二月にO村を訪れたとき、ポロタに入って穀物を取り出していた少年とその父親が酸欠で倒れるという事故が起こった。幸い命は取り留めたが、穀物を取り出すという日常的な作業で危うく幼い命が犠牲になるところだった。過去には亡くなった事例もあるという。

このように生命を脅かすほど酸素の欠乏したポロタ内部は、害虫にとっても厳しい状態であることに変わりはない。ポロタの中は、害虫が繁殖しやすい高温多湿条件になっているが、繁殖はおろか、羽化することすらできず、モロコシが食害を受けることはない。また、ポロタの低酸素濃度は好気性細菌の繁殖も防いでいるにちがいない。

7　種子休眠を導く高濃度の二酸化炭素

酸素濃度を測定した空気サンプルを使って、今度は二酸化酸素の濃度（ppm）を測定してみた。その結果、モロコシの入ったポロタでは一六万ppm、空のポロタでは四万二〇ppmだった（表20）。これらの値は、通常の外気の二酸化炭素濃度三八〇ppmと比べてはるかに高い値であった（WMO 2014）。

このような空間はどのように形成されたのだろうか？　ポロタは高い気密性を持ち前としているが、蓋をした当初は、激しい雨が降ると多少は蓋の隙間から雨水が中に入ってしまうのだという。ポロタの中は発芽に適した摂氏三〇度前後に保たれており、蓋から滴る雨水に触れた上面のモロコシは、濡れて吸水する。給水した種子のなかではアミラーゼが活性化しデンプンの糖化が始まるが、その際、ポロタ内の酸素を使いながら大量の二酸化炭素を発生させる。しかし、やがて蓋の隙間は粘土で勝手に塞がり雨水の供給は途絶え、発芽に必要な酸素もなくなって種子は枯死してしまうと考えられる。

長期間モロコシを貯蔵しておいたポロタを開けると、モロコシの上面を発泡スチロール状に変性したモロコシの種子が覆っている。それにも名前がついていて、プットコータ（putcot）あるいはカマ（kama）と呼ばれている。ポロタの底にも同じような状態のものが溜まっていて、それはムタイタデ（mutaitade）と呼ばれる。ムタイタデは、土が混ざっていて食べられないので家畜の餌にされる。これらは、糖化したモロコシの種子に、嫌気性細菌であるアスペルギルスやペニシリウムが繁殖し（Christensen and Kaufmann 1974, Shashidhar et al. 1992）、発泡スチロールのように変性させた（Brown et al. 1995, Niles 1976, Neergaard 1979）と考えられる。雨漏りが止まるとデンプンの糖化も止まり、細菌の繁殖も停止する。そして、ポロタの中では、高温多湿で、酸素がきわめて少なく、二酸化炭素が非常に高いという状態がずっと保たれることになるのである。

穀物やマメ類のなかには、二酸化炭素濃度が高い空間に入れると、種子中のタンパク質と二酸化炭素が物理的に結合して、品質の劣化が抑えられるものがある（満田ら 一九七二）。劣化の抑制とは具体的に、種子呼吸の減少や種子中のビタミンB_1含量の変化の防止、パーオキシーゼ活性の保持、脂質成分の酸化にともなった遊離脂肪酸生成の抑制、カルボニル化合物生成の抑制などである（満田ら 一九七一；一九七二）。このように高二酸化炭素空間を人為的につくることで、種子中のタンパク質と二酸化炭素を物理的に結合させて穀物を貯蔵する方法を「炭酸ガス冬眠貯蔵法」という。日本では、コメをガスバリア性の高い積層フィルム包装の中に入れてから、人工的に二酸化炭素を注入してフィルム内の二酸化炭素の濃度を上げ、炭酸ガス冬眠貯蔵したものを、「冬眠米」という商品名で販売している。ポロタに入れられたモロコシも、ポロタ内が高二酸化炭素濃度となったことで種子中のタンパク質と二酸化炭素が結合し、内的劣化が抑制されたのかもしれない。

8 モロコシを長期貯蔵する理由

8-1 不安定な気候への対応

デラシェ地域では、雨の多い二～七月の雨季（カシャナ）に約五〇〇ミリメートル、雨が少ない八～一一月の雨季（ハガイテ）に三〇〇ミリメートル弱の雨が降る。年間降水量も少ないうえに年格差も大きく、平均降水

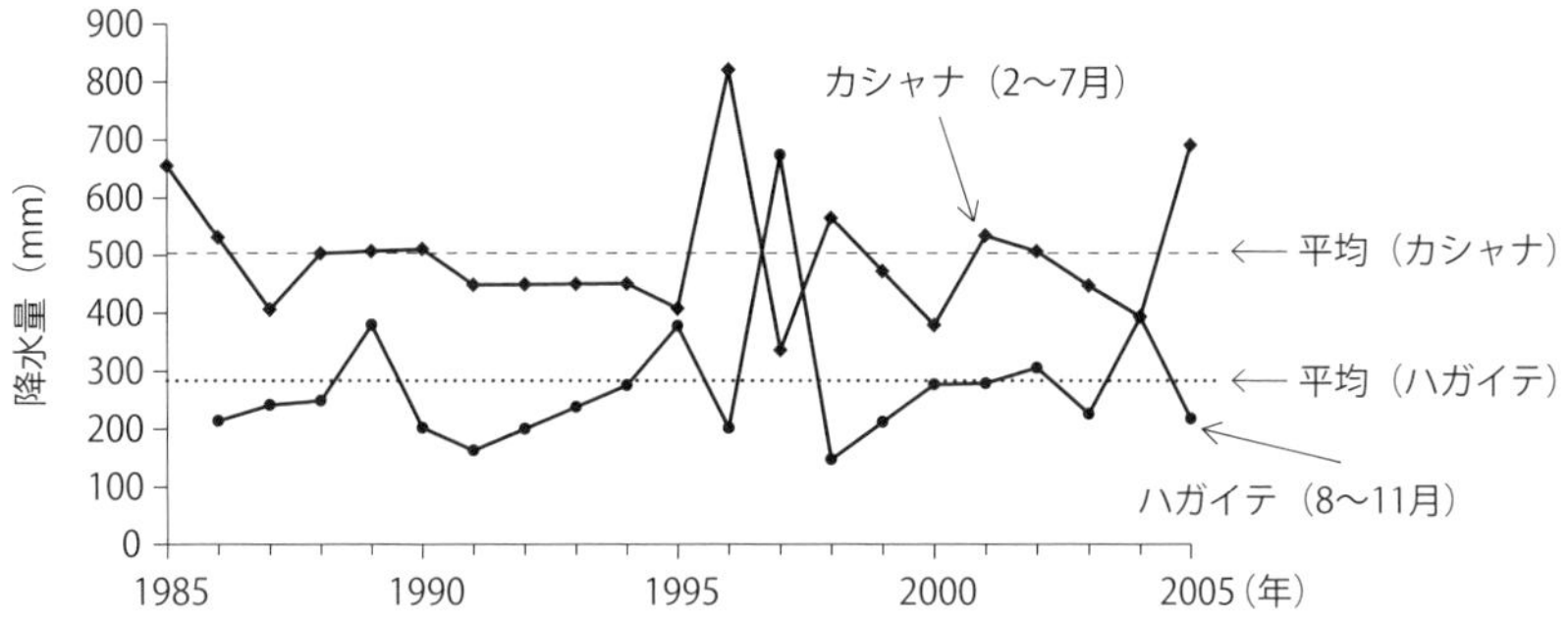

図35　カシャナとハガイテの降雨量の推移

量を下回る年がほとんどである（図35）。とくにハガイテでは、一九八五〜二〇〇五年の二一年間で、モロコシの栽培に必要とされる限界降水量三〇〇ミリメートルを下回る年が一二回もあった。耐乾性に優れたモロコシでさえも、毎年安定した収穫があるわけではない。その一方で、四〜七年に一度の周期で必ず降水に恵まれた年があり、そのような年は大豊作となる。A村においてハガイテで豊作だったときのモロコシ収量を調べたところ、一九九七年は平均一三〇〇キログラム／ヘクタール、二〇〇四年は平均七五〇キログラム／ヘクタールで、二〇一一年のハガイテの三一〇キログラム／ヘクタールの二〜四倍に相当する収量があった。

デラシェ地域は、農外就労も含め、安定した現金収入源がない。換金作物といえば、耐乾性の弱いトウモロコシやテフだけで、干ばつによる凶作年に農作物を買って食料不足を補うということはできない。雨が不安定なこの地域で生きていくためには、豊作年の食料を蓄えて、凶作年に振り分けるしかないのである。

A村で暮らす世帯Sの事例を見てみよう（図36）。この世帯Sは、祖父七〇代、父親五〇代、母親四〇代、長女一五歳、次女一三歳、長男一〇歳、三女三歳が一緒に暮らしている。二〇一二年の収穫量はモロコシ約五〇〇キログラム、トウモロコシ約二〇〇〇キログラムであり、その一年間にモロコシを約五九〇キログラム、トウモロコシを約五一〇キログラム消費した。不足したモロコシ約九〇キログラムはポロタから補充し、消費しなかったトウモロコシ約一四九〇キログラムは販売した。また、W村のT世帯は、三〇代の夫婦、一三歳の長女、一〇歳くらいの長男、六歳以下の次男と次女からなり、二〇一二年にモロコシを約七〇〇キログラム、トウモロコシを約六五〇キログラム収穫し、その一年にモロコシを約八一〇キログラム、トウモロコシを約一〇〇〇キログラム消費した（図37）。やはりモロコシの不足分一一〇キログラムをポロタから補給し、トウモロコシの余剰分五五〇キログラムは販売している。

A村ではハガイテのみでモロコシを生産するが、ほとんどの年で消費量を下回る収穫量しか得られていない。A村の人々は四〜七年に一回程度の豊作に得た余剰のモロコシをポロタに備蓄し、それを使って平年の不足分を補っているのである。

8-2　抗争が頻発する社会情勢への対応

デラシェ地域は気候が不安定であるほか、社会情勢も安定しない時代が続いた。現在のデラシャは、一六〜一七世紀にエチオピア東南部から移住してきたオロモが、先住していた人々と共住する過程で生まれてきた民族である。その当時、ガルドゥラ山塊の麓に広がるセゲン渓谷平野には、ボラナ、グジ、グンマイデなどの牧畜民たちが暮らしていた。エチオピア帝

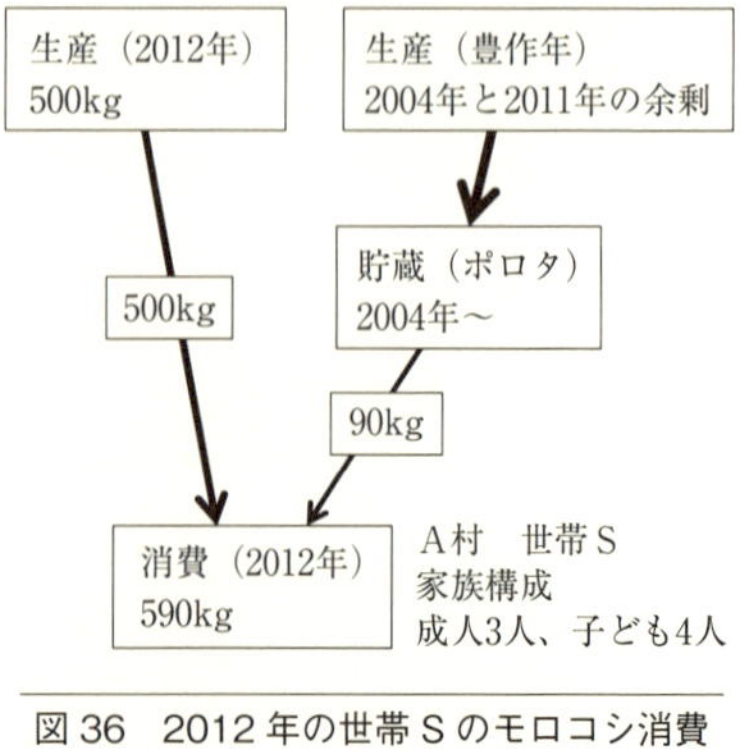

図36　2012年の世帯Sのモロコシ消費

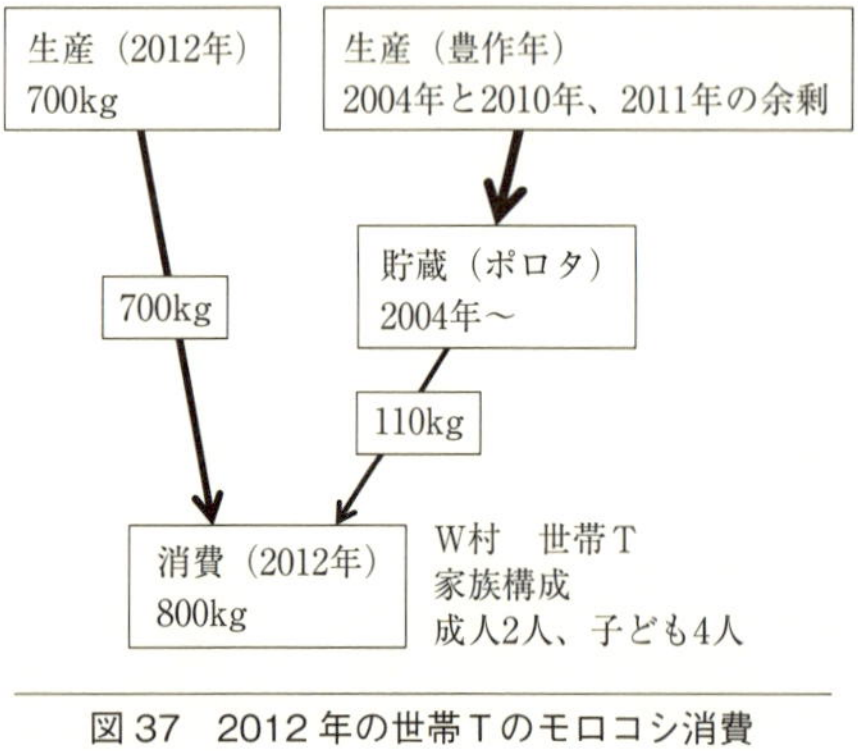

図37　2012年の世帯Tのモロコシ消費

国による南部征伐によってボラナやグジがセゲン渓谷平野から追い出されたのは、一九世紀末のことである。それまでの約四〇〇年間、デラシャは幾度となくこれらの牧畜民たちと衝突してきた。牧畜民の飼っている家畜がデラシャの畑に侵入して荒らしたり、逆にデラシャが飼っている家畜が牧畜民の領域に侵入したり、デラシャが領域を超えて畑を開墾したりするたびに小競り合いが繰り返されてきた。これらの小競り合いは、しばしばデラシャと牧畜民の大規模な争いに発展した。この地域一帯では、抗争のときに敵対する人々の集落に火を付ける。デラシェの家屋、地上の貯蔵庫、家畜小屋などはすべて木材でできているうえに、屋根は茅葺きなので、火が出ると火の粉が密集している隣家に飛び移ってすぐに村中に燃え広がり、地上の建造物はすべて消失してしまう。

一九世紀末にセゲン渓谷平野から牧畜民が去り、平野一帯はデラシャのほか、コンソやザイセといった農耕民の人々が畑を開くようになった。デラシャと牧畜民との争いはなくなったが、今度はデラシャ同士や隣接する農耕民と土地をめぐってたびたび争うようになった。一九九三年にはザイセのWa村がA村に火をつけ、二〇〇八年にはデラシャのO村が隣りのK村を焼き討ちしている。K村が焼き討ちされたとき、私もギドレに滞在していた。抗争の二週間後にO村にある高台からK村を見ると、村は完全に消失して、何も残っていなかった。

こうした焼き討ちが繰り返されるなかで、食料の消失を防いできたのがポロタである。ポロタは地下貯蔵穴であるため、焼失することはない。さらに、ポロタがつくられている場所には目印がないため、同じ村の住人でもないかぎり、どこにポロタがあるのかわからない。そのため、盗難にも遭わない。一九九三年にA村が焼き討ちされたときのことを振り返り、A村に暮らす古老たちは「家屋やゴタラが燃えて村は跡形もなくなってしまった。しかし、ポロタの中には食料があったので、生きていくことができたし、村を復元することもできた」と語った。また私自身、二〇〇八年にK村が焼失した事件のすこしあとにK村を訪れたときに、焼け跡に村人たちが戻ってポロタからモロコシを取り出しているのを見た。

この他にも、一九世紀末にエチオピア帝国の支配を受けたときに、デラシャはポロタの数や容積が地上からではわからないので重税を免れたという昔話も残っている。

9 デラシャの穀物の使い方

モロコシの長期貯蔵が可能なポロタの他にも、この地域ではデラシェ語でウングラと呼ばれる貯蔵庫（写真92）と、アムハラ語でゴタラと呼ばれる貯蔵庫が使われていることは、これまでもたびたび述べてきた。ウングラはポロタと同じように、デラシャが伝統的にモロコシを貯蔵するのに使っていた。タケを縦に細く裂いて編み、最大直径平均一・〇メートル、高さ平均〇・九メートルで上部が開いた卵形の容器をつくり、その周りに泥を貼り付け、タケと藁で編んだ円柱形の屋根をのせるだけの簡素なものである。平均的なウングラのサイズは容積約八八〇リットルで、約六六〇キログラムのモロコシを貯蔵できる。ウングラでモロコシを貯蔵する際は防虫剤を使用しておらず、コクゾウムシやバクガによる食害が激しく、デラシャは、「ウングラにモロコシを入れておける

写真92　A村のウングラ

のは、せいぜい三ヵ月が限界だ」と語る。先にも述べたように、デラシェは飢饉に備えて豊作の年のモロコシをポロタの中で長期間貯蔵してきた。ポロタの中の低い酸素濃度と高い二酸化炭素濃度がモロコシ種子の劣化を防いでいるが、ポロタからモロコシを取り出すたびに庫内に酸素が入って劣化が進んでしまう。そのため、ポロタを開ける回数をできるだけ少なくするため、一時的な保管庫としてウングラを使っている。

二〇一一年八月に、A村とW村のそれぞれ五〇世帯を対象に貯蔵庫の所有状況について聞き取り調査をおこなった。その結果、W村ではポロタを二〜五個とウングラを一〜二個もち、A村ではポロタを一〜六個とウングラを一個もっていた。そして、W村では五〇世帯すべてがモロコシを所有し、かつポロタとウングラの双方でモロコシを貯蔵していた。一方、A村では四七世帯（九四パーセント）がモロコシを所有し、三世帯はモロコシを所有していないが、ポロタとウングラは所有していた。かれらは、前年に収穫したモロコシをすべて消費し終えており、足りない分を親から分けてもらうことで生活していると言っていた。モロコシを所有する四七世帯のうち、四五世帯はポロタとウングラの双方でモロコシを貯蔵しており、二世帯はウングラでしかモロコシを貯蔵していなかった。この二世帯にさらに詳しく話を聞いたところ、前年末に収穫したモロコシを一旦すべてポロタに貯蔵したのち、一部のモロコシをウングラへ移し変えて消費するというやり方を繰り返していて、ポロタのモロコシが残り少なくなったので、すべて取り出し、今はウングラだけで貯蔵していると言っていた。収穫したモロコシは、当面の二〜三ヵ月分はウングラへ、残りはポロタに残しておくというのが一般的な使い方なのである。

一方、ゴタラはトウモロコシの貯蔵庫として、幹線道路沿いのA村やG村を中心に導入された高床式貯蔵庫で、エチオピアでは広い地域で見る貯蔵庫である。ゴタラは、シロアリに耐性のあるシクンシ科の樹木テルミナリア・ブラウニイ（Terminalia brownii）の材で高床式穀倉の土台と骨組みをつくり、タケを編んだ壁面に泥を塗り付け、タケと茅でつくった円錐形の屋根をのせてつくる。平均的なサイズは、直径が約二メートル、高さが約一・五メートル、容積約四七〇〇リットルで、約二・八トンのトウモロコシを貯蔵できる。アフリカの農村では、コクゾウムシなどの害虫による貯蔵ロスが深刻で、ゴタラもその例にもれず、トウモロコシをそのままに貯蔵したのではひどい食害を受けることになる。防虫剤を加えるとなんとか一年間は虫害を抑えることができるが、それ以上の貯蔵は難しい。防虫剤も安くないので、A村やG村をはじめとするトウモロコシを栽培する村では、ゴタラに貯蔵したトウモロコシをなるべく早く販売し、補助的な食用として必要に応じて少しずつ消費しながら、一年以内で使い切っている。二〇一一年八月に、A村とW村において五〇世帯の三〇代後半～五〇代男性世帯主に対して、ゴタラの有無を聞き取りした。換金目的でのトウモロコシ栽培が盛んなA村では、全世帯がゴタラを一個ずつ所有し、トウモロコシ用の貯蔵庫として用いていた。一方、W村では、モロコシ栽培が主体で、トウモロコシの栽培と販売が盛んではないため、五〇世帯のうちゴタラを所有していたのは八パーセントにあたる四世帯のみだった。それ以外の世帯は、トウモロコシの貯蔵にもポロタを用いていた。ただし、理由はまだわからないが、ポロタでも、トウモロコシは最長一年間しか保存できないと言っていた。

このように、デラシャは防虫剤を使って数ヵ月から一年間ゴタラにトウモロコシを貯蔵し、必要に応じて販売して現金を獲得している。モロコシはポロタで長期貯蔵しつつ、必要な分を小分けしてウングラに貯蔵して、頻繁にポロタを開けなくてもすむようにしていた。

10　ポロタを所有することが重要な社会

10–1　ポロタをもつ社会的意義

デラシャの社会では、土地、家、畑、貯蔵庫（ポロタを含む）、家畜といった財産の大半を長男が相続する。デラシャの多くの村で長男は一八歳ころから一人前の男として扱われ、村の会議に出席したり、古老たちと共に酒を飲んだりするようになる。長男は結婚すると両親の敷地の一画に自分の家を建てる。長男と両親の世帯は生計を共にしており、両世帯は共に畑を耕し、収穫したモロコシを共同のポロタに入れて一緒に管理し、そこから取り出したモロコシを長男の嫁が料理し、一緒に消費する。もちろん、ウングラやゴタラといった他の貯蔵庫に保存されている食料や家畜も一緒に管理する。長男は両親のほぼすべての財産を相続するかわりに、年老いた両親の面倒をみる。長男以外の男性は、二〇歳前後になると村内にわずかな土地や畑を分けてもらい、家を建てて独立する。裕福な家庭は広大な畑と数多くのポロタをもつため、長男以外にも畑の一部やポロタを分け与え、また新しい土地を購入したり、新たにポロタをつくったりすることもある。しかし一般的には、二〇〜三〇代前半の長男以外の男性には、〇・五ヘクタール未満の畑しかもたず、一つのポロタももっていない者も珍しくない。そのような男性は、現金を貯めて新しい畑を買うか、セゲン渓谷平野の開拓に参加し、数年かけて徐々に自分の農地を広げるしかない。十分な畑を開拓するまでは、両親や親族から援助してもらうこともよくある。

農地を拡大して自分が食べていくのに十分な収穫量を得られるようになると、豊作年に備えてポロタをつくる。ポロタをオンガに掘るのは重労働で、家族だけで掘ることもあるが、ふつうは二〜五人くらいの若い男性に手伝いを頼む。ポロタを掘る手伝いを頼むとき、依頼人の家族がモロコシからつくったパルショータを用意し、休憩時間に振る舞う。ポロタづくりの作業で人を集めるには、パルショータが欠かせない。デラシャ社会では、ポロタをもつと一人前の男になったと見なされ、長男のように村の会議に出席したり、古老たちと一緒に村の集会所モッラでパルショータを飲んだりできるようになる。ポロタは広場や道、庭など、少し開けた場所ならどこでもつくられるので、掘削作業は村人の目にとまりやすい。誰がどこにポロタをつくったかは、すぐに村中の知るところとなる。男性が新しいポロタを完成させると、家族や友人、近所の人々がパルショータをもってお祝いにやってくる。また、ポロタをつくった男性もお祝い返しに、自分の家族がつくったパルショータを振る舞う。ポロタができた日や翌日は、お祝いに来た人たちとパルショータを飲んで過ごす。

デラシャはパルショータをほとんど唯一の食事としており、その材料のモロコシやトウモロコシを切らすということは、すなわち飢えを意味する。モロコシの貯蔵穴であるポロタは生命を維持するために欠かせない。家族を養うためにポロタをもつことは、家長にとって必須の条件なのである。ポロタが完成した日の祝い酒は、成人男性にとって非常に大切な日なのである。

10－2 ポロタをもつための土地所有制度

デラシャにとって、ポロタをもつことはパルショータを確保するうえでも、独立したと認められるためにも重要である。しかし、ポロタはどこにでもつくることができるわけではない。ポロタに適した場所は、地表面から深さ四〇～九〇センチメートルまでが透水層で、その下に難透水性の土層オンガがなければならない。また、穀物を出し入れしやすいようにポロタの周囲が少し開けているとなおよい。どの村でも、このような条件をすべて満たす場所はかぎられている。そのため、デラシャ社会にはポロタを平等にもてるように、地上と地下で土地の所有制度が異なっている。

一九八〇年代にセゲン渓谷平野の開拓村としてつくられたA村で、ポロタの在処を尋ねてみた。五〇世帯のうちの九六パーセントに相当する四八世帯がボロボロ（boroboro）と呼ばれる同じ広場のなかにポロタをもっていた（写真93）。ポロタを掘るのに適した場所はかぎられているため、ポロタが密集するのはよくある。図38は、A村に居住する五〇世帯がポロタをつくった場所を示している。ポロタは自分の敷地だけでなく、公共の広場や道（写真94）、さらには他人の敷地内（写真95）にまでつくることがある。公共の場所では、ポロタを掘るのに十分な

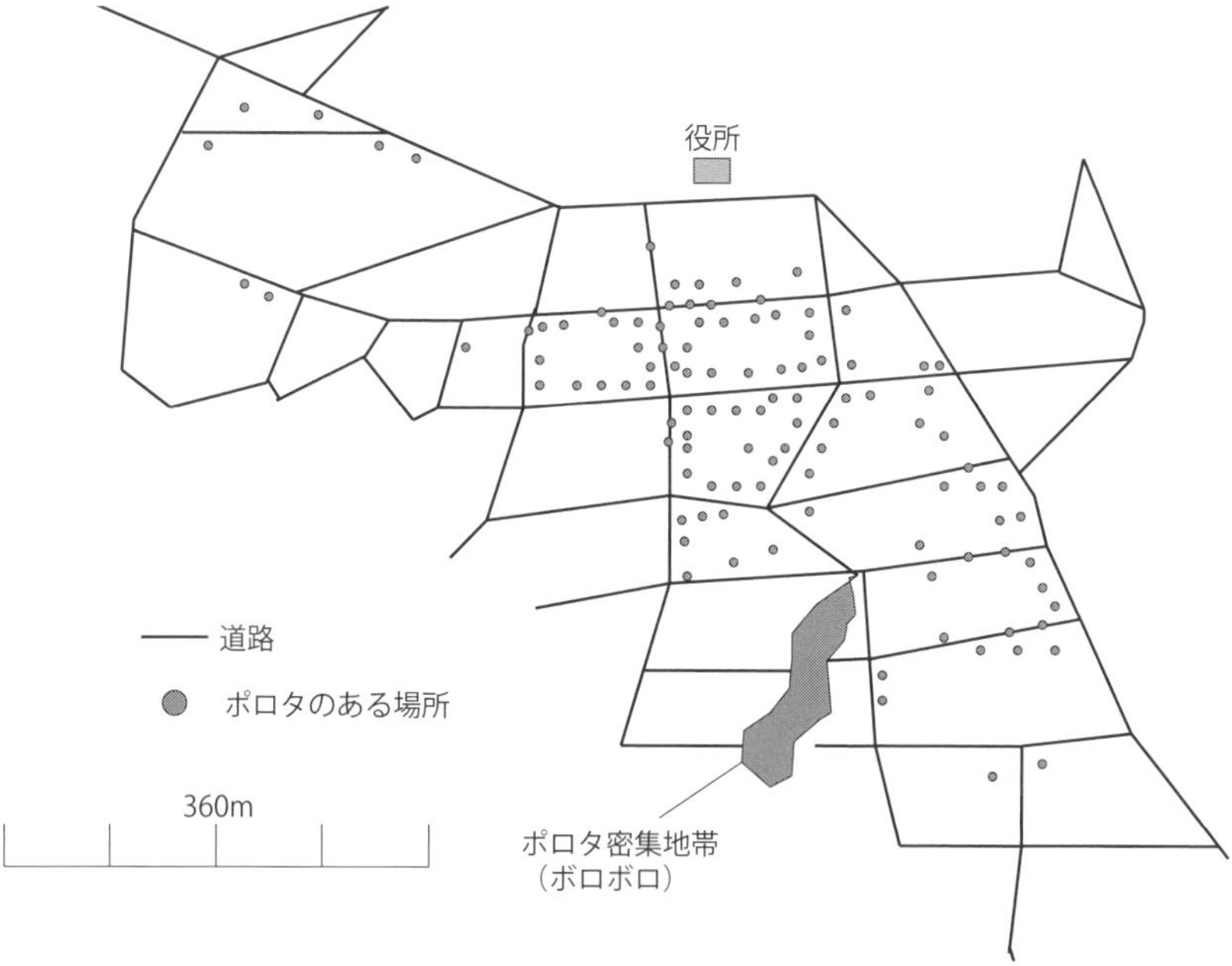

図 38　A 村に造られたポロタ

写真 93　A 村のボロボロ

写真 94　At 村の道に造られたポロタ

写真 95　人の家に掘られたポロタ

スペースさえあれば、誰でも自由にポロタをつくることができる。他人の敷地でも、土地の所有者から許可を得ればポロタをつくれる。ポロタをつくりたいと頼まれた人は断ってはいけないというのが、暗黙のうちに了解されているのだという。デラシェ地域では、どの村でも、他人が勝手に自分の敷地に入ってこないように、家の周りに生垣や石垣を張りめぐらせていて、私有地の領域はきわめてはっきりしている。畑においても同様で、デラシャ社会における土地所有はかなり厳格である。しかし、地下に関しては利用の制限が緩く、とくにポロタに適した場所は村人全員に共有されているといってよい。A村で調査した五〇世帯のうち一七世帯までが他人の敷地内にポロタをもっていた。かれらに敷地の所有者との関係をたずねると、一二世帯は祖父母や両親、兄弟、従兄弟などの親族関係、残りの五世帯は仲のよい近隣住民であった。誰でも許可さえあれば他人の敷地にポロタをつくれるのだが、できるだけ親密な者を選んではいるようではある。

一方、歴史のあるW村でも五〇世帯にポロタの在処を尋ねたところ、一一世帯が他人の敷地にポロタをもっていた。そのうち四世帯のポロタは、自宅から徒歩で二〇分ほどかかる遠い場所にあった。これらのポロタの所有者と敷地の所有者は、いずれも親族関係はなく、とくに親しいわけでもなかった。ポロタの所有者たちに、親しくない人たちの敷地にあるポロタがいつつくられたのかを尋ねると、「正確な時期はわからないが、何世代も前だ」という答えがかえってきた。なかには、「先祖がポロタをつくったときに、その敷地の所有者と親族関係にあった」、「先祖はそのポロタの近くに住んでおり、敷地の所有者と親しかった。しかし、祖父が新しく土地を得て現在の場所に引越してからは、関係がほとんどなくなった」といった来歴を語ってくれる人もいた。

一度つくられたポロタは、壊れないかぎり、何世代にもわたって長男に引き継がれていく。ポロタは地上貯蔵庫や家屋とは異なり、引越しをするときに動かすことができないので、それがつくられた当時の住居の近くにとり残されたまま、使い続けられる。土地の所有者は、ポロタのもち主との関係性が変わってからも、他人のポロタが自分の敷地内に存在し、使われるという状況を受け入れている。食料を安全に長期間貯蔵するためには、ポロタが欠かせない。一方で、ポロタの造成適地はかぎられている。そうしたなかで、デラシャ社会では、ポロタをつくろうとする住民にその場所を保障するような土地利用の慣習が築かれ、地面は私有地であるが、地下は共有地という特殊な土地保有制度が定着したのである。このポロタを誰でももてる土地保有制度が、不規則な気候のなかでデラシャが生き抜いてこられた重要な要素なのである。

10−3　集団レベルでのポロタの利用

デラシャにとってポロタはパルショータを飲むためには必須のアイテムであり、デラシャの男性はポロタをもとうと努力し、ほとんどの世帯は一個以上のポロタを所有する。しかし、両親からポロタを相続できるのは長男だけである。ポロタをもつ契機となるのは十分な畑をもつ者が豊作に恵まれたときで、長いあいだポロタをもてずにいる者もいる。ポロタをもてない間は凶作年への備えがない。通常は、親や親族が穀物を分け与えるが、数年間も深刻な凶作が続いてしまうと、親や親族にも援助する余裕がなくなってしまう。そのようなときは、余剰のポロタをもつ者たちが、ポロタを開けて無利子・無期限でモロコシを貸与してくれる。多くのポロタをもつ人は、アパオラ〔apaora: 老齢の場合ショルギア（偉大な老人）と呼ぶこともある〕と呼ばれている。

デルグ政権は一九七九年以降にエチオピア南部の開拓に力を注ぎ、デラシャの村々を統轄していたポルダッ（porda）と呼ばれる村長に強い権限を委譲して農村開発を推し進めていった。しかし、一九八七年になってなぜかポルダッの権限を剥奪した。A村をはじめとする一部の開拓村では、ポルダッの一族やその仲間たちがセゲン渓谷平野の開拓を積極的に推し進め、すでに広大な私有地を獲得している者たちがいた。現在、かれらはアパオラと呼ばれ、広大な土地と多くのポロタを所有している。アパオラの一人であるK氏は、Y村とA村を行き

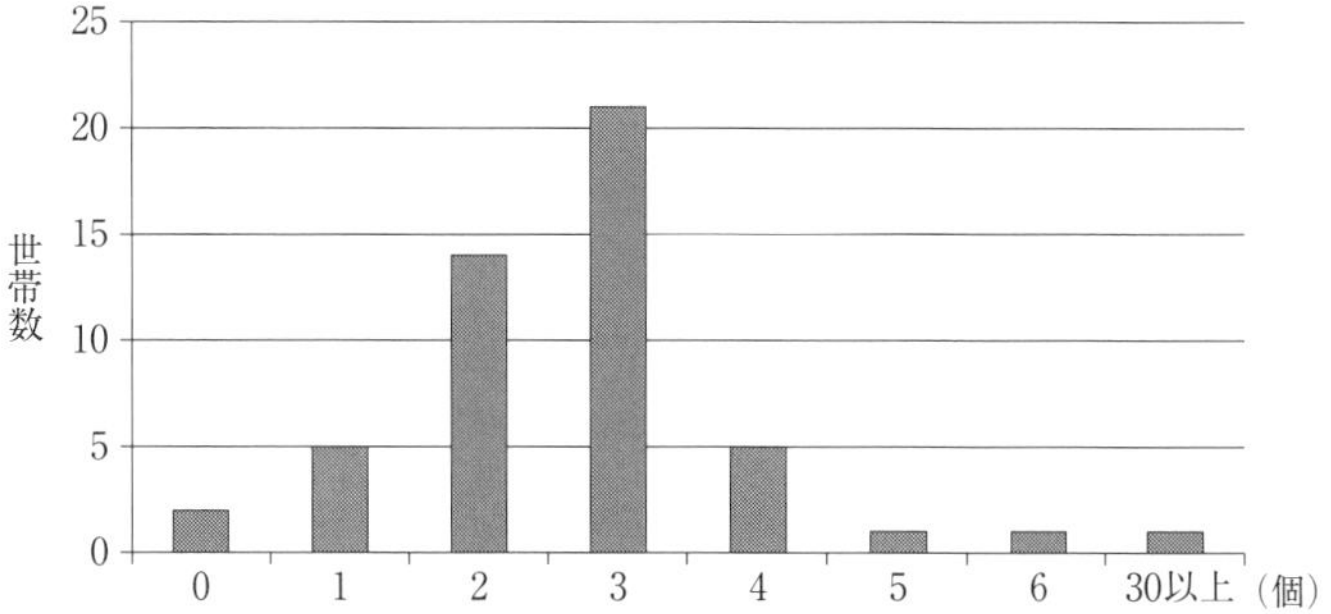

図 39　ポロタの保有状況

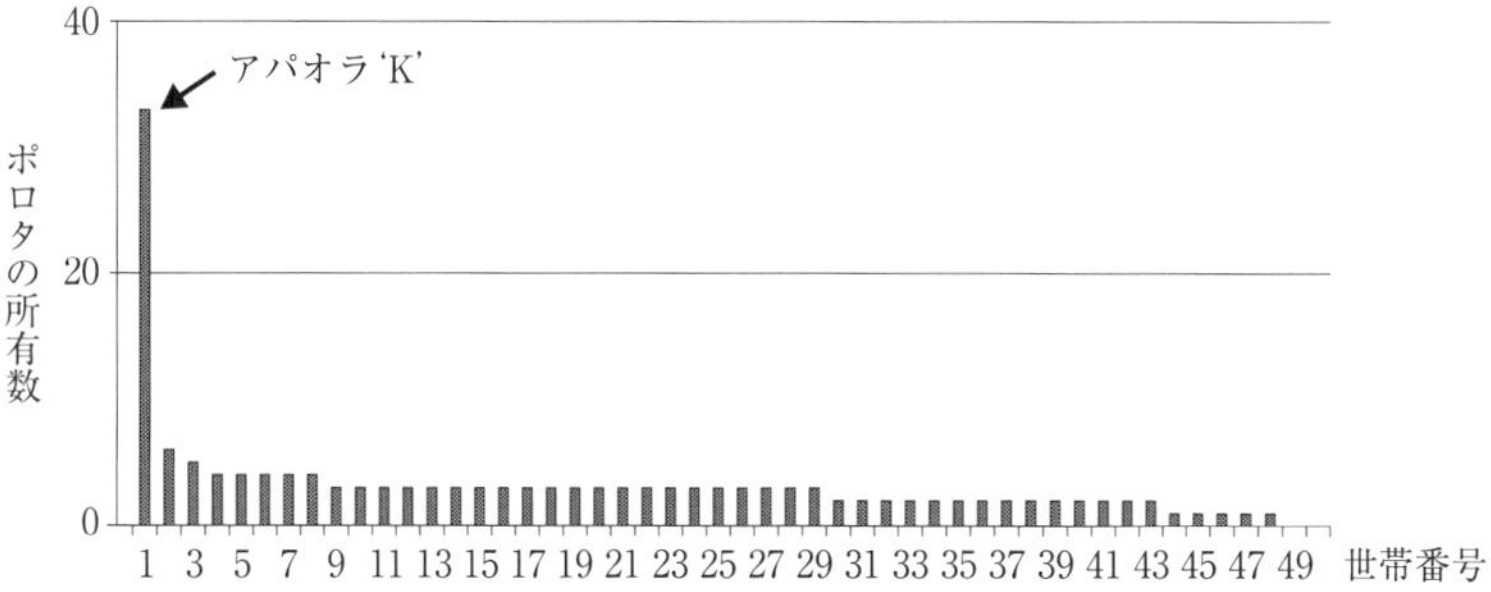

図 40　個人のポロタの保有数

来して暮らしている。社会主義時代の一九七九年に、Y村のポルダッだったK氏の父親は、長男のK氏と親族を開拓要員としてA村に送り込んだ。当時三〇代だったK氏は、A村に連れてこられた二〇〜三〇代の若者たちのリーダー格となって開拓をすすめ、畑を拡大していった。現在のK氏は、ダガのY村とコラのA村の大アパオラとしてよく知られた存在で、平野に広大な畑を有し、三〇個以上のポロタをもっていると言われている。他のアパオラたちも同じような経緯で広大な土地を有し、収穫したモロコシを蓄える多数のポロタをもつ。A村では一般的な世帯が二〜三個のポロタを所有しているのに対して（図39）、アパオラたちは一世帯で二〇〜三〇個ものポロタを所有すると噂されている（図40）。

広大な農地を所有するアパオラは、干ばつのたびに村人に食料を提供してきた。A村の村人にアパオラK氏の評判を訊いてみると、多くの人が「彼は二〇〇三年に村が食料不足に陥ったときに二つのポロタを開けてモロコシをみんなに貸してくれた」と語った。K氏は血のつながりや親密さに関係なく、困窮した村人に無利子・無期限でモロコシを貸し与えたという。独立して間もなかった若い男性の多くが、このときK氏からモロコシを借りたことを記憶していた。干ばつ年にアパオラがポロタを開けてくれたという話は、O村やW村でも聞いた。O村ではアパオラが、W村ではアパオラではないが数多くのポロタをもつ古老が二〇〇三年にポロタ一つを開けたという。アパオラからモロコシを借りた人は、数年に一度おとずれる豊作のときにモロコシを返済する。一度にすべてを返すのは難しいので、数年から十数年かけて少しずつ返済する。モロコシを借りた側は、貸与されるモロコシを「贈り物」と言っているように、アパオラがモロコシの返済を迫ることはなく、貸与したモロコシの回収率が低くても気にしていないように私には見えた。

いざという時に村人に食料を分け与える役割をもつアパオラの権威は絶大である。村で起こったもめ事が解決しないときや、村の会議の最終決定について、必ずアパオラの意見が尊重される。アパオラは親族の助けを借りても管理しきれないほど広大な畑をもっていて、播種や収穫の際には人手を募る。このときに畑仕事を手伝った男たちには、モロコシからつくったパルショータが振る舞われるものの、労賃が支払われることはまずないのだが、アパオラが声かけると大勢の若い男たちがすぐに集まってくる。かれらの大半は、長男以外の男性である。過去にアパオラからモロコシを借りた経験がある者もない者も、等しくすすんで作業に参加する。そこには、干ばつのときに穀物を貸与してもらえる関係をつくろうとする思惑があるのだろう。ポロタは、パルショータの材料であるモロコシを数年に渡って貯蔵することが可能で、アパオラという多数のポロタ、すなわち多くの富をもつ者を生み出している。デラシャはパルショータの材料であるモロコシが唯一の栄養源といってもよく、モロコシを切らすことは飢えを意味する。そのため、ポロタを多数もち、社会全体のパルショータを確保する役割をもつアパオラに権力が集中する、「格差社会」を生み出していると言い換えることができるかもしれない。

普通の貯蔵庫では一年しか穀物を蓄えることができないが、ポロタではモロコシを数十年にわたって保存することができるため、広大な土地と多くの労働力をもつアパオラは、果てしなく富を蓄積することが可能になっている。デラシャは昔から、土地をめぐって周辺に暮らすボラナ、グジ、グンマイデなどの牧畜民や、ザイセ、コンソ、アレなどの農耕民と争ってきた。そして、現在はデラシャ同士でも争うようになってきている。デラシャやその周辺の民族は、抗争の際に火を用いて相手民族を攻撃することが多く、火を放たれた村は地上のほとんどの財産を失う。しかし、ポロタに貯蔵された食料だけは消失を免れる。

二〇世紀にエチオピア全土で数万人の死者を出した大飢饉が二回も起っているが、生産性が低いとされるデラシャでは、このとき一人の餓死者も出なかった。かれらは、ポロタという優れた貯蔵システムが基幹穀物を守り、穀物から醸造酒をつくるという食文化によって総合食品をつくりだしていたのである。ただ、火に対しても耐性のあるポロタが、富の固定を許し、それにともなう格差が、デラシャ社会のなかで抗争が繰り返される一因になっているのは皮肉なことである。

11　ポロタの欠点と酒づくり

デラシャは、ポロタに貯蔵する前と後、さらにはポロタから取り出したときの状態によってモロコシを呼び分けている。ポロタに入れる前の種子はマーシャ（masya）と呼ばれる。そして、ポロタから取り出したモロコシは総称してメンナと、そのうち発泡スチロールのように固まった状態のものをプットコータ（putchot）、もし

写真96　プットコータ

くはカマ（kama）と呼ぶ（写真96）。ポロタのなかで普通の状態を保たれたモロコシは、コッタバ（kotaba）、もしくはオタンタ（otanta）と呼ぶ。プットコータもコッタバも、発酵したような、カビが生えたような独特の臭いがする。この臭いは、菌類がプットコータのタンパク質や糖を分解して生成した揮発性塩基窒素と、脂質を分解して生成した脂肪酸やカルボニル化合物に由来すると考えられる。

マーシャとコッタバを一〇〇粒ずつ五ヵ所の畑に播いて発芽率を比べたところ、マーシャは約七割の種子が発芽したのに対して、コッタバは約二割しか発芽しなかった。コッタバは、ポロタの中で種子中のタンパク質が二酸化炭素と結合したことで、一部の種子の発芽機能が低下したのかもしれない。発芽率が落ちることはデラシャもよく承知していて、コッタバはもっぱらパルショータの醸造に用いられ、栽培に使うことはない。炭酸ガス冬眠貯蔵された穀物やマメ類は、貯蔵空間の酸素濃度を通常通りに戻すと、種子中のタンパク質と二酸化炭素の結合が切れて種子の急速な劣化が始まる（満田　一九九一・一九九二）。外見は収穫直後のモロコシと変わらないコッタバも、ポロタから取り出したあと、急速に劣化しているのかもしれない。デラシャは播種に使うモロコシは必ず台所や部屋の天井につり下げて保存しており、ポロタに入れたモロコシはけっして播種しない。

アルバミンチから来た商人や近隣に暮らす農耕民のザイセやコンソは、ポロタから取り出したプットコータやコッタバに付く臭いを嫌って買いたがらない。しかし、デラシャは、「ポロタから取り出したモロコシも収穫した後のモロコシも味は同じ」と語り、時間の経過とともにポロタに入れたモロコシがまずくなるとは考えていない。また、取り出したあとの匂いも「食べるのには何の問題もない」と言っている。食材を発酵させると、発酵に関わる乳酸菌や酵母の働きによって味や匂いが変化することは広く知られており、パルショータをつくる過程でも、乳酸発酵やアルコール発酵の際にそうした変化が起こっている。醸造工程の初期段階で、乳酸菌が付着したケールの葉や抗菌作用をもつモリンガの葉をプットコータとコッタバの粉末に加えて水と一緒に練り、二〜三ヵ月かけて乳酸発酵を進める。これはシュッカづくりの工程で、始めはアンモニア臭を含んだ不快な臭いがするが、徐々に変化して糠漬けのような、酒粕や味噌のような甘さを含んだ匂いへと変化していく。このときにシュッカでは、乳酸菌によって、コッタバやプットコータの悪臭のもとになる揮発性塩基窒素が分解・再合成されて脂肪酸や有機酸に変わり、不快な臭いが消えているのである。さらに、乳酸発酵のときに乳酸菌とともに作用する酵母が生成するエタノールと塩基窒素が結合して、芳香性のあるエステル化合物となり、ぬか漬けのような匂いを呈するようになる。デラシャはこの匂いを好み「収穫直後のマーシャよりも、ポロタに入れた後のプットコータやコッタバを使った方が、発酵がうまくいき、パルショータもおいしくなる」と言う。

ポロタは酵母を育成する「室」ともなっている。マーシャとコッタバ、プットコータのそれぞれに付着している酵母の菌株数を定量してみた。すると、菌株数はマーシャでは一〇〇〇以下／グラムだったのに対して、コッタバでは一万以下／グラム、プットコータでは一〇万以下／グラムだった。ポロタに貯蔵した後の方が、モロコシに付着する酵母の菌株数が増えており、とくにプットコータでその傾向が著しい。パルショータづくりの工程で、乳酸発酵が十分に進んだシュッカに穀物粉を混ぜたあと、加熱して糊化をすすめてから、室温で放冷し、そこにコッタバとプットコータを混ぜた粉末を振りかける作業がある。このときに、アルコール発酵を担う酵母を添加しているのだと思う。コッタバとプットコータの粉末を振りかけた生地は土器の中に入れて蓋をして一〜

一〇日間置いておく。これはソカテタと呼ばれ、この間にコッタバとプットコータに付着していた酵母を増殖しているのだろう。このとき、プットコータとコッタバの配分によっても、パルショータの味が変わってくる。デラシャの女性たちは、多数の酵母が付くプットコータを大量に入れすぎると、「ソカテタが、あまり長持ちしない」とか、「パルショータのアルコールが強くなってしまう」などと言ってその加減の微妙さを表現する。デラシャの女性たちに聞くと、シュッカづくりでも、ソカテタに振りかけるときも、プットコータが粉末の一割強を占めているのが好ましいようだが、普通は五パーセント前後になっているという。プットコータをまったく入っていないと、それはそれでおいしくないのだそうだ。だからデラシャは、ポロタの中に少量のプットコータができることを歓迎しており、プットコータがわずかにできるようなポロタが優れていると評価する。

デラシャは誰がよいポロタをもっているのかをよく認識している。ポロタをつくるのに適したオンガのある場所には、密集してポロタが掘られている。豊作になると、新しいモロコシを入れる前に中に入っているポロタを全部取り出して一旦空にしてから、新しいモロコシを入れることがある。このとき、ポロタが空になったことを祝ってパルショータが村人に振る舞われる。このような振る舞い酒をするのは、複数のポロタと広大な農地をもつ裕福な者に多い。よい場所のポロタが空になるのを、みんなよく観察していて振る舞い酒ができるのを楽しみにしている。つくり置きしてあったシュッカを使うので、ポロタを空にした数日後には酒が振る舞われるのだが、大勢の人が押し寄せてパルショータはすぐになくなってしまう。こうした振る舞い酒も、富を平準化する機会になっているのだろう。

このように、ポロタはモロコシを数年~二〇年間も貯蔵できるが、一部のモロコシは劣化してしまい、その臭いが中に貯蔵していたモロコシ全体にもついてしまう。しかし、デラシャは取り出したモロコシのほとんどをパルショータにするため、発酵に作用する菌類の働きで、むしろ不快だった匂いや味が食欲を増進する匂いやコクへと変化すると感じている。また、ポロタに入れることでモロコシに大量の酵母が付着しており、これはパルショータがいつも同じ酵母で発酵する、つまりいつも同じ味に仕上がることに役立っている。このように、通常はポロタに貯蔵することで生じる欠点が、パルショータを飲むという食生活にとっては利点となっているのである。

エチオピア内ではデラシャ以外に、東部のハラリ州で暮らすオロモがフラスコ型の地下貯蔵穴を使っているという情報を得たので、二〇一一年一月にハラリ州で広域調査をおこなった。ハラリ州のオロモは地下貯蔵穴のことをボッラ（bora）と呼んでおり、その中でモロコシを数ヵ月〜一年間貯蔵している。ボッラの形はポロタと同じくフラスコ型であるが、サイズはさまざまで、一〇個のポロタを測定したところ、もっとも小さいものは直径が一メートルで深さが一・四メートル、もっとも大きいものは直径が一・八メートルで深さが三・三メートルであった。聞き取りによると、深さが四メートルにもなる大型のものもあって、中に入るときには木のはしごを使うということだった。また、ハラリ州にはオンガのような難透水性の土層は存在せず、ボッラは比較的水が浸透しにくく崩壊しにくい場所を選んではいるが、普通は砂質の土層や砂利混じりの土層につくられる（Dejene 2004）。雨水の侵入を完全に防ぐことはできず、次の収穫期までの一年足らずの間でさえ十分な食料を貯蔵することができない。ハラリ州内のボッラに入れたモロコシの何割かは害虫や菌類の被害にあっているという報告があった（Blum and Bekele 2002）。相対湿度が五八・三〜八六・一パーセントの通常の貯蔵穴においてモロコシを七ヵ月間貯蔵したことで、種子の容積が四パーセント、質量が二〜一三パーセント減少して、発芽率が二七パーセントまで低下したという報告もある（Dejene 2004）。ボッラの内部に入ってみたところ、貯蔵中のモロコシの劣化を少しでも防ごうと壁面にビニールシートが張ってあった。また、虫害を防ごうと防虫剤を一緒に入れる世帯もある。ボッラの中に入れたモロコシの一部は、色や味が変化し、酸敗臭が付着するが、これらのモロコシを食べると身体を壊す可能性があるので食用にはされず、もっぱら家畜の飼料や畑の肥料にされるという（Blum and Bekele 2002）。これらの劣化したモロコシは人が食べることができず無駄になってしまうので、ハラリのオロモはボッラを性能のよくない貯蔵方法だと考えているようだった。

デラシャにおける食文化と貯蔵穴の関係のルーツを見たくてハラリ州まで行ってみたが、そこにはもはや二つをつなぐ痕跡は何も残っていなかった。酒を主食にする食文化も、貯蔵穴を使う習慣も、本当にデラシェ地域でしか見られないのだと改めて感じる旅だった。

終章

1 酒を食べるとは

農耕がはじまって以来、エネルギー効率の高いデンプンに富んだ食物が農耕民の主食とされてきた。コムギ、イネ、トウモロコシに代表されるイネ科の穀類やキャッサバ、ジャガイモ、バナナに代表される根菜類が、主食を構成する基幹作物となっている。どの作物が主食に選ばれるかは、地域の生態、社会、文化、生業様式、歴史的な背景などによって異なるだろう。本書で紹介した南部エチオピアに暮らすデラシャは、モロコシを基幹作物として選んだが、かれらが主食としてきたのはそれを発酵させた濁酒だった。

古い時代において、酒を主食にしていたという記録は少なくない。古代エジプトとメソポタミアでは、パンとビールが同じ材料からつくられることは広く認識されていて（Chazan and Lehner 1990, Hartman and Oppenheim 1950）、遺跡からはビールの醸造所とパン屋が隣接して出土することはよくある（Darby et al. 1977, Geller 1993, Samuel 1996）。それらはともに主食として扱われており、大量に摂取されていたようである（Samuel 1996）。中世のヨーロッパでは、ビールは飲み物というよりはパンと並ぶ主要な栄養源であり、ビールの原型とされるセルヴォワーズは濃厚な濁酒の一種で、カロリーが高いためパンや粥と一緒に毎食大量に食べられていたという（ロリウー 二〇〇三、堀越・甚野 二〇一三）。中世のヨーロッパにおける王侯貴族と農耕民の食生活は全く異なっており、王侯貴族がパンとともに肉や乳製品を大量に摂取しワインを飲んでいたのに対して、農耕民が肉や乳製品を口にできるのは運良く狩りで獲物が手に入った時にかぎられており、稀であった。農耕民にとっては、パンと粥、セルヴォワーズが唯一安定して手に入る主食であり、肉体労働に従事するためのカロリーと栄養を全てこれらから得ていた。コムギやオオムギ、ライ麦からつくられたパンや粥の欠点として、ビタミンやアミノ酸の不足が挙げられ、中世ヨーロッパ農耕民はこれらの不足によるペラグラやくる病に悩まされていたようだ。パンと比べて、アミノ酸やビタミン、ミネラルを多く含むビールは（Chevassus-Agnes et al. 1976, Bamforth 2002）、不足する栄養を補うためにも不可欠であった。

しかし、現在では酒を主食にする文化はことごとく姿を消し、エチオピア、ギニア、ネパール、ブータン、モンゴルの、それもごく一部の地域で見られるだけになってしまった。酒食の衰退には高タンパク質食品の普及が関係していたともいわれている。極東アジアの人々の多くは主な必要タンパク質を大豆食品から得ているといわれ（Kiple 2000）、中尾（二〇一二）は、東アジアで巨大な人口を養えたのはコメとマメを組み合わせた食文化があったことが関与しているとしている。また、高タンパク質食品がない地域では、タンパク質含量の低い食品を大量に摂取することで、必要な絶対量を補っていたとされている（伏木 二〇〇六；二〇〇八、石毛 一九八五）。低タンパク質食品を大量に摂るために、東アジアでは穀醤、東南アジアでは塩辛そのものや、これらに味付けされた野菜を副食に大量の米や雑穀を食べていた。また、発酵による風味をもち、液体で飲みこみやすい濁酒に加工するという手段が執られてきた。アルコールは、胃のホルモン（ガストリン）の分泌を促し、炭酸ガスの刺激も加わって胃液の分泌も促進され食欲を増進（十川 一九九〇）させたであろう。

一八〜一九世紀になると、ヨーロッパで家畜飼養をともなう農法が普及し（ネッド・ハリー 二〇〇七）、高タンパク質の畜産物が手に入りやすくなって低タンパク質食品を大量に摂る必要がなくなった。アジアでもマメ科作物の栽培と加工、乳製品の利用が普及し、濁酒を主食とする文化が廃れていったと考えられる。ただ、実際に酒を主食にする社会で暮らしてみると、それが単にタンパク質の問題だけでは説明できないことに気がつく。酒食には、さまざまな要素が複雑に関連しているのはわかるのだが、今は私にそのすべてを解明する技能もデータもないので、「主食」の意味を分解し、要素ごとに酒との関連性を考えてみることにした。

地域社会が「主食」に求めるものを考えたとき、まず第一に思うのは材料の供給量であろう。すべての住民が日々の主要なエネルギー源にできるだけの生産量・供給量がなければ、主食と呼ぶにはふさわしくない。そして、自給的な生活を基盤とする社会であれば、その量を確保するために、地域の生態環境や技術水準にあった生産・貯蔵のシステムが確立されていなければならない（生産性・貯蔵性）。また、味も主食になるための重要な要素である。嗜好性は地域によってさまざまであろうが、主食にかぎっていえば、それは毎食でも食べられる飽きのこない淡泊さと奥深さを兼ね備えているはずである（嗜好性）。そこには、誰が料理してもある水準の味を再現できるルーチン化した調理方法も準備されているであろう（安定性）。さらに、健康を害さないように安心な食べ物であることも求められる（安全性）。

ここでは、一般的な食事を想定し、あえて主食と副食を分けて説明したが、主食だけでは人間が生きていくのに必要な栄養素を充たすことができない。副食からタンパク質、ビタミン類、ミネラルなどの栄養分をバランスよく摂取することで、健全な栄養状態を維持することができる（栄養供給）。ところが、デラシャの食事は主食と副食に分けることができない。かれらは日常的にはほぼパルショータしか食べない。この発酵食品を、主要なエネルギー源とし、すべての栄養の供給源にしているのである。

かれらが暮らす過酷な生態・社会環境がこのような食文化を創り出したのかもしれないが、そこには、極限的に少ない作物種を省力的に育て、そのわずかな糧をパルショータという濁酒に濃縮することで、上述した主食と副食に求められるすべての要素を満たしているのであろう。本章では、そのことを意識しつつ、デラシャの生活に見られるさまざまな現象をもう一度振り返ってみたい。そして、最後に酒が主食であるとはどういうことなのかを意識しながら、パルショータを主食とする文化の今後について考えてみたい。

2　生産性

デラシャはガルドゥラ山の山腹に点在する集落に居を構えながら、住居のまわりや遠いセゲン渓谷平野の畑を耕して生活している。自給的な生活を続けてきたデラシャも最近では市場経済の影響を強く受けるようになり、換金用の作物であるトウモロコシを栽培するようになってきた。この地域には年に大小二回の雨季があり、かれらは雨の多いカシャナでモロコシとトウモロコシを、雨の少ないハガイテでモロコシを栽培している。デラシャの主食パルショータはもともとモロコシでつくられていたが、畑をトウモロコシに奪われてしまったので、最近ではモロコシとトウモロコシを混ぜてパルショータをつくるようになっている。残ったトウモロコシは販売して現金を得る。この現金は農業生産に還元されず、生活必需品や家財道具の購入、医療、教育、交通などの費用として使われる。

デラシェ地域の雨はきまぐれで、年較差は非常に大きい。また、斜面の土地は狭く、その土壌は長年の耕作によって多くが流されている。唯ひとつ、母材が玄武岩であったことは幸いしていた。デラシェの土壌はこの玄武岩が風化してできた肥沃なアロフェンを多く含むため、作物残渣を畑に戻すことで長期にわたって利用することができる。

雨が少ないといっても降るときは短期間に強く降る。山斜面は急なため、何らかの手段を講じなければ、土壌はどんどん流れていってしまう。デラシャは、畑内の岩や石を使ってテラスをつくり、または畑内に複数の凹地を設けるなどして、表流水の流下を抑えつつ、畑の土壌に水を溜め込んでいく。土を耕せばそれだけ土は流れやすくなるので、デラシャは斜面畑を耕そうとはしない。これも斜面を長く薄く使うための知恵なのである。

3 貯蔵性

デラシャの農業は雨に強く依存していて、降水量の多寡でその年の豊凶がきまる。二〇年間の降水量を気象局の統計データで見てみると、五年のうち四年は雨が少なく、一年はまともに雨が降っていて、豊作年度は農民の記憶とみごとに一致していた。凶作年の穀物の収穫量は、世帯の年間消費量を下回る。逆に豊作年は、消費量を大きく上回る穀物を収穫している。年によるこの過不足を調整しているのが地下貯蔵穴ポロタである。

モロコシは貯蔵ロス、とくに害虫による食害を受けやすいことで知られているが、ポロタではモロコシを二〇年間も保存できるという。それは、世界で唯一の数年単位での貯蔵が可能な現役で活躍している地下貯蔵穴であり、その貯蔵メカニズムに迫ることができたのは幸運だった。その貯蔵の秘訣は、わずかな漏水が引き起こす不思議な現象に隠されていた。以下は私がたてた仮説である。

デラシェに降った雨は土に染み込み、しっかり閉じたはずのポロタの蓋のわずかな隙間をとおって庫内に滴り落ちる。その雫は貯蔵したモロコシの表層を濡らし、種子デンプンを糖化して発芽を促す。このとき、種子は呼吸によって庫内の酸素を消費し、逆に二酸化炭素を放出する。しかし、庫内の酸素はかぎられている。酸素濃度が低くなると、種子は発芽できないまま枯死してしまう。種子の糖は嫌気性の乳酸菌や酵母のエサとなって、それらの繁殖を助ける。蓋の隙間から雨水が滴り落ちるのは最初だけで、やがて水を吸った粘土が隙間を塞いで完全な密閉状態になる。こうして、低酸素かつ高二酸化炭素の状態が保たれて長期間の貯蔵を可能にする。

デラシャは、この優れた貯蔵システムをもつおかげで、生産と消費のサイクルを、少なくとも五年くらいの長い期間で考えている。つまり、五年に一年だけまともに雨が降れば、あとは年間消費量を下回る収穫でも生きていけるのである。

デラシャは、生活を根底から支えるポロタを誰もがもてるよう、暗黙のうちに了解している。ポロタは玄武岩が定容積風化した土層につくられるのだが、そういう土層が地表近くにある場所はかぎられている。そのような場所では、たとえそれが公共の場所であろうが、他人の敷地内であろうが、ポロタを掘ってよいことになっているのである。また、多くのポロタを所有する富者は、飢饉が続くと、ポロタをまだもっていない若者のためにポロタを開けてモロコシを貸し与えるといった慣習もあり、弱者を社会全体で支えるためのツールとしてポロタが使われている。

4　嗜好性・安定性

デラシャが常飲しているパルショータは、奈良漬けや糠漬けのような発酵臭が強く、モロコシに含まれるタンパク質やアミノ酸によるコクとタンニンの渋み、糖の甘み、乳酸発酵による酸味が合わさった、独特の風味をもつ酒である。ドロッとしているのでそのままでは少し飲み込みづらいが、水で希釈すると喉越しがよくなり味もまろやかになる。ただ、他の民族には味も香りも癖が強すぎて、大量に飲むのは難しいようだ。逆にデラシャは、他の民族がつくる濁酒に対しては、食欲をそそる香りがなくて物足りないらしい。嗜好性の高く食べ慣れた食べ物の摂取は、より多くの消化液の分泌を促し、摂食後の消化吸収を円滑にする（Hawkins et al. 1994, 鳥居一九九五：一九九七）というから、自分の民族の酒ほどたくさん飲めるのだろう。

そもそもパルショータを食事として飲むデラシャと、それを酒として飲む他民族で評価が異なるのは、むしろ当然なのかもしれない。栄養素が豊富な食物ほどおいしく感じるのは、人間と動物に共通する見解で、必要な栄養素を含む食材を特別においしく感じるのだという（伏木 二〇〇六：二〇〇八、山本 二〇一〇：二〇一七）。デラシャはパルショータのほかにも、ネッチ・チャガとカララというモロコシやトウモロコシからつくる白い濁酒も飲む。普段、ネッチ・チャガは「酒」、カララは「子どもの飲み物」として扱われているので、非常時以外でパルショータの代わりに飲むことは少なく、これらも比較の対象にはならない。とにかく、デラシャはパルショータをもっともおいしい食事と考えていて、塩で味付けされるハワラタやラッコトは塩分の補給を兼ねているので比較的よく食べるが、そのほかの肉、イモ、野菜、マメなどの固形食を積極的に食べようとはしない。パルショータで十分な栄養素が摂取できていると解釈すべきなのだろう。

ポロタの石蓋の隙間から染み込んだ雨水によって一部のモロコシがアンモニア臭の混じった不快な匂いを発し、その匂いはポロタ内の全モロコシに染みついてしまう。デラシャ以外の民族はポロタのこの臭いが嫌いで、この臭いのするモロコシをけっして買おうとはしない。しかし、デラシャは、「ポロタに保存していたモロコシの方がおいしいパルショータはできる」と言う。ポロタから取り出したモロコシを天日で干し、粉砕後にケールまたはモリンガの乾燥葉粉末と水で練って生地シュッカをつくる。ダガではエンセーテの葉でシュッカを包んで二週間以上、コラではシュッカの表面を水で洗いながら穀物粉を混ぜ込む作業を二〜三ヵ月繰り返す。こうすることで乳酸菌が増殖すると同時に、アミノ酸を再合成する。そのアミノ酸と酵母の生成するエタノールが結合して新たな芳香が生まれる。パルショータにすることでポロタに入れるとつく不快な臭いは消え、逆に食欲をそそる香りを発しはじめる。このシュッカを少し取ってアルコール発酵させればパルショータができあがるので、乳酸菌が繁殖したシュッカを維持しておけば、日々の調理は楽である。

ポロタに入れたモロコシには大量の乳酸菌や酵母が付着している。ポロタは酵母を培養する室《むろ》のような働きをしていて、ポロタで繁殖したいつもと同じ酵母がアルコール発酵をすすめる。このように、いつもと同じ材料を使い、しっかりとルーチン化された調理と、いつもと同じ酵母によって発酵したいつものパルショータが今日も食卓にあがる。この安定した調理の繰り返しは、主食に求められる重要な要素なのである。

5　安全性

高田・嗜好品文化研究会（二〇〇八）と鳥居（一九九五：一九九七）によれば、人間は食事の際、過去の食体験の記憶と視覚、嗅覚、および咀嚼中に知覚する味との微妙な相違により、摂取した食物が安全か否かを判断し、好ましい場合は空腹を感じて食が進み、好ましくない場合は摂取を中断するのだという。デラシャの主婦は、毎日大量に食べるパルショータの安全性をじつに巧妙に保っている。

パルショータの醸造には、乳酸菌の添加源となるケールの葉や、乳酸菌以外の雑菌繁殖を抑えるモリンガの葉が欠かせない。穀物粉にこの乾燥葉の粉末を加えて練り上げると、乳酸発酵によってシュッカのpHは一気に低下して雑菌の繁殖が抑えられる。また乾燥葉を加えることでビタミンなどが添加されて栄養価が高まる。二～三ヵ月かけて少しずつ穀物粉を加えてシュッカを増やしていくと、乳酸菌や酵母などの菌類のはたらきでタンパク質の分解と再合成、糖の合成がすすみ、デラシャが好む強い乳酸発酵の香りとコクのある風味がつくりだされていく。この時期に生地では好気性の産膜酵母、つまり白カビが発生しはじめるので、毎日それを水で丁寧に洗い流し、シュッカを練り直すことで白カビの繁殖を抑えている。

熟成したシュッカに穀物粉を加えてソフトボール大の団子に丸めて煮沸する。これは滅菌とデンプンの糊化（糖化）を目的としているが、わざわざ団子状にして煮沸するのは、糊化の状態にむらをつくるためだと考えている。このあと、ポロタで増殖した酵母を加えてアルコール発酵させるのだが、一部（団子の表面）だけを糖化しておくことで発酵の基質が増えないようにしている。つまり、デンプンがすべて糖化してしまうと、アルコール濃度が高くなりすぎてしまう。デラシャが低タンパク質の食品からタンパク質の必要量を確保しているとするならば、毎日大量のパルショータを飲まなければならない。実際、かれらは一日に五キログラムものパルショータを飲んでいる。アルコールは低濃度であれば食欲を増進させる効果があり、大量摂取を手助けしてくれるだろう。しかし、濃度が高くなれば、肝臓への負担を増やし、飲み続ければ肝臓疾患を引き起こすことになる。その点パルショータのアルコール濃度は三〜四パーセントに抑えられている。そして、パルショータの飲み方も、食の安全性と関係している。かれらの食事時間は非常に長く、朝起きてから寝るまでのうち四〜七割の時間はパルショータを飲んで過ごす。低い濃度のパルショータを長い時間かけてゆっくりと飲むことで、デラシャは肝臓への負担を抑えているのである。

6　栄養供給

これまでにも述べてきたように、デラシャは1日に必要なカロリーと栄養素のほとんどすべてをパルショータから摂っている。アルコール発酵することで食品の栄養価が高まるという報告は数多い。ビタミンやミネラルについては、ビールはパンよりも多くのビタミンB、ミネラルを含み（Bamforth 2002）、アルコール発酵によってミネラル、ビタミンの含有量が改善され（Chevassus-Agnes et al. 1976）、さらに発酵で増殖する乳酸菌や酵母の増殖はビタミン含有量の増加やプロバイオティクス効果を及ぼすという（Dhankher and Chauhan 1987）。タンパク質やアミノ酸についても、アルコール発酵によってタンパク質とアミノ酸の消化率が高まり（Chevassus-Agnes et al. 1976）、砂野（二〇一三、sunano 2017）はパルショータのアミノ酸スコアがその原料である穀物をそのものよりも高い値を示したことを報告している。また、デラシャが実践していることだが、発酵中に加える発芽種子が必須アミノ酸の消化率を一〇倍も高くする（Taylor 1983）という指摘もある。

パルショータは発酵に作用する菌類の働きでアミノ酸やビタミン類などが合成・再合成されるため、モロコシやトウモロコシをそのまま食べるよりも栄養価が高くなっているが、高タンパク質食品である肉類や卵、乳製品、マメを使った料理よりも、含まれるタンパク質の量や質は低い。そこで、デラシャはパルショータを長い時間をかけながら毎日五キログラムも飲み、体が一日に必要とする絶対量を確保しているのである。食品に含まれる栄養価だけでなく、地域で実践されている飲み方や摂取量を考慮すれば、パルショータはそれだけで必須栄養素を摂取できる総合食品なのである。

7　パルショータの行方

栄養面から言えば、酒を食べる文化は、低栄養の食品から必要な栄養を得るために、それを大量に食べる手段として始まったと考えることもできるだろう。世界中で畜産が広まり、マメ栽培も盛んになったことで高タンパク質食品が普及し、酒は栄養食品としての価値を失っていった。酒を主食としてきた民族の多くは、他の食事を食生活に取り入れていった。慢性的にタンパク質が不足している地域や、季節的にタンパク質が欠乏する地域では、部分的あるいは一時的に酒でタンパク質を補うこともある。たとえば、馬乳酒を食事とするモンゴルでは、馬の乳が取れる季節は栄養分を全面的に馬乳酒に依存する（石毛・和仁 一九九二、越智 一九九七）。ギニアのマノンでは、他の食事を得にくい端境期に、カロリー源としてもっぱらヤシ酒を飲んで栄養源にしている（伊藤 二〇一〇）。双方とも、酒を食事とするのは一年のうちの数ヵ月である。また、ネパールのグルンやチェパンも、シコクビエやトウモロコシからつくった醸造酒を主食としつつ、同じ穀物の粉末からつくった練り粥を野菜やマメ料理と一緒に食べている。かれらの食生活を比較すると、野菜やマメを食べる機会が少ないチェパンほど醸造酒を飲む機会が多く、ここでも高タンパク質食品と酒を食べる文化には負の関係がうかがえる。

ブータン（Tamang 2001）やネパールではスパイスや醤で調理した副食や練り粥も食べられており、一般的な食事と酒が併存している。エチオピアのコンソでも、それは同じである。これらの地域では、酒は重要な栄養源であり続けており、食生活のなかに酒が組み込まれてはいるが、それがすべてではない。おそらく現代社会において、濁酒だけで生き、濁酒から全てのカロリーと栄養を得ている民族はデラシャだけではないだろうか。デラシェ地域が特別不便というわけではなく、畜産物やマメ類のような高タンパク質食品がまったく手に入らないというわけでもない。デラシェ地域の土壌の肥沃さから考えれば、集約的な農業を営むことでマメ類や野菜の栽培、家畜の飼養も可能となるかもしれない。かれらがパルショータを手放さないのは、それが好きだからであり、パルショータを飲み続けることに何ら不都合を感じていないからである。

さらにいえば、パルショータはかれらの食文化そのものであり、農耕様式、生活リズム、財の貯蓄形態、味覚（嗜好性）、慣行儀礼、健康状態など、日常生活のあらゆる面と密接に結びついているのである。そう考えると安定しているようにも見えるが、エチオピア社会が大きく変わろうとするなかで、多くの要素と結びついていることがかえって不安定な要素になる可能性もある。たとえば、生産性の向上を目論んで不耕起栽培を止めて農業の集約化に向かえば、労働時間が長くなってパルショータを飲む時間が減り、大量に摂取できなくなるだろう。それにともなうタンパク質不足を補うために肉食を取り入れれば、タンパク質を強く求める味覚、パルショータを強く嗜好する感覚が薄れていくかもしれない。これは想像に過ぎないが、パルショータを中核とする食文化の動きを今後も注意深く見守っていきたい。

今世界では、タンパク質の増産をめぐる動きが活発化している。大規模なダイズ生産は熱帯林の破壊を、過密化した家畜群は深刻な感染症のアウトブレイクを頻繁に起こしている。私が研究を始めたころは、まさか濁酒が環境や感染症の問題と関係してくるとは夢にも思っていなかったが、希薄なタンパク質を穀物から大量に摂取するという古代のやり方からも学ぶところがあるのかもしれないと感じている。はじめはとても苦しめられたパルショータであったが、今はこの貴重な食文化がずっと続いてくれることを願ってやまない。

あとがき

本書の基礎となるエチオピアと、ネパールでのフィールド調査、資料の整理と分析には、下記の財団からの助成を受けている。日本学術振興会・科学研究費補助金（若手研究（B）、科研番号15K16188）、財団法人日本科学協会笹川科学研究助成（二〇〇九年度）およびグローバルCOEプログラム「生存基盤持続型の発展を目指す地域研究拠点（フィールドステーション等派遣支援プログラム）」（二〇一〇・二〇一一年度）、ASAFASフィールドワーク・インターンシップ・プログラム（二〇一一年度）。これらの助成金のおかげで研究を進めることができた。厚くお礼申し上げる。

研究をすすめるにあたって、多くの方のお世話になった。京都大学大学院アジア・アフリカ地域研究研究科に在籍中に主指導教員をつとめて下さった伊谷樹一先生には、実際にA村に滞在していただいて農村調査の心構えや現地の人との接し方、データの取り方と分析方法、論文執筆にいたるまで多くのことを教えていただいた。とくに、常に調査地の方々への感謝の気持ちをもち恩返ししようとする姿勢や多角的な視点でおもしろいトピックを探し出す技法に多くのことを考える機会をいただいた。現在、アフリカやアジアのさまざまなフィールドに入るときの学ぶべき基本姿勢となっている。重田眞義先生（京都大学）にはデラシェ地域の調査地まで導いていただいた。デラシャという特異な食文化をもつ人々と出会ったおかげで、酒を食事と考えるきっかけを頂き、現在のアフリカやアジア、日本、ヨーロッパにおける地酒研究をおこなうことができている。荒木茂先生（京都大学）

には、土壌や地質分析について相談にのっていただいた。また、実際にデラシェ地域とコンソ地域に来てくださり、地質と農業、土壌流防に関する広域調査を指導していただいた。山越言先生（京都大学）には、お酒の成分の科学的な分析方法、論文を執筆するために必要なデータ解析や考察方法について丁寧にご指導いただいた。また、研究科の皆様には、ゼミや研究会を通して貴重なアドバイスをいただいた。

名古屋大学大学院農学部生命農学研究科の原田一宏先生には、ネパールでの調査を進めるきっかけを与えていただき、南アジアでの調査や論文執筆について多くのご助言をいただいた。また、同研究室のカンデル・サロジさんには、ネパールでの調査地やインフォーマントをご紹介いただいた。ネパールでの調査をはじめたことで、各民族の飲む酒についてデラシャだけではなく、酒そのものについて広い地域から考えるきっかけとなった。山内章先生と東村博子先生には、エチオピアとネパールへの出張のご許可をいただき、調査を進めることができた。

日本放送協会の佐藤匠さんには、二〇一八年と二〇一九年に四年ぶりにデラシェ地域を訪れ、お世話になった方々と再会する機会をいただいた。滞在中には、株式会社ボイスの川村誠さんと日本放送局の渡邊雅己さん、庄司光一さんにもお世話になった。

準備段階では、昭和堂の鈴木了市編集部長にはなかなかでない原稿をお待ちいただき、私の遅筆が原因で時間のないなか、丁寧に編集作業をしていただいた。そして、伊谷先生には草稿内容について一緒に考えていただき、休日や夜間を割いて原稿を見ていただいた。これらのことに深くお礼申し上げたい。

エチオピアでの調査中には、デラシャ地域とコンソ地域に住むホストファミリーやその親族、友人たち、およびアジス・アベバやアルバミンチの友人たちにとてもお世話になった。二〇一八年一一月および二〇一九年一月に、取材協力のために再びデラシェ地域を訪れた。二〇〇九年にA村に入ったときには生後三ヵ月だった赤ちゃんが少年になり、私にパルショータを注いで渡してくれたのだが、久しぶりに飲むパルショータのクセのある香と味を懐かしく感じた。A村に訪れるのは四年ぶりだったので、再会したホストファミリーたちは、「日本でひどい災害が起こったと聞いた。それからユイは村に来ないから、死んでしまったと思った。生きていてよかった」と無事を喜んでくれた。はじめはいやいや入った村であり、何度も逃げたいと思った調査地ではあるものの、デラシャ地域を訪れることができなかった四年間は、ずっと調査地のことが気になってしかたがなかった。アジアやヨーロッパの他の地域を調査するほどに、デラシェ地域ほど過酷で独特、中毒性のある環境はないと感じた。このような面白さに気づかせてくださったのは、私を受けいれてくれたデラシャの人びとのおかげで、とくにギドレのホストファミリーのマオさんとハニーさん一家、A村の今は亡きリャンマ氏とそのご家族、W村の友人タマリ氏に深く感謝している。この場を借りて、お礼申し上げたい。

本書は、京都大学アフリカ地域研究資料センター・アフリカ研究出版助成「平成三〇年度総長裁量経費（若手研究者に係る出版助成事業）」によって出版が実現した。

二〇一九年春

砂野　唯

索　引

さ

な

は

引用文献

日本語文献

アーベル、W. 1989。『食生活の社会経済史』高橋秀行、中村美幸、桜井健吾（訳）晃洋書房
荒木茂　1996。「土とミオンボ林――ベンバの焼畑農耕とその変貌」田中二郎・掛谷誠・市川光雄・太田至（編）『続自然社会の人類学』アカデミア出版会 306-338。
石毛直道・和仁皓明（編）1992。『乳利用の民族誌』中央法規出版社。
石毛直道　1998。「酒造と飲酒の文化」石毛直道（著・編）『論集　酒と飲酒の文化』平凡社、25-85。
伊藤美穂 2010。「ヤシ酒と共に生きる――ギニア共和国東南部熱帯林地域におけるラフィアヤシ利用」木村大治・北西功一（編）『森棲みの生態誌――アフリカ熱帯林の人・自然・歴史Ⅰ』京都大学学術出版 243-261。
今井正武・平野進・饗場美恵子　1983a。「糠床の熟成に関する研究――熟成中のフレーバー成分の変化」日本農芸化学会誌 57: 11-13。
今井正武・平野進・饗場美恵子　1983b。「糠床の熟成に関する研究 熟成中の菌叢および糠床成分の変化」日本農芸化学会誌 57（11）: 1105-1112。
大橋淳史・福山勝也・大場茂　2009。「アルコール発酵の際適温度の測定」慶應義塾大学日吉紀要 45: 1-13。
小川了　2004。『世界の食文化 11 アフリカ』、農山漁村文化協会。
越智猛夫　1997。『乳酒の研究』八坂書房。
神崎宣武　1997。「食文化の変化と飲酒文化」『シリーズ◇酒の文化第 4 巻――酒と現代社会』社団法人アルコール健康医学協会、19-36.
加藤正彦　2002。「タンザニア・マテンゴの掘り穴耕作とコーヒー栽培――『土造り』と『木造り』による集約的農業」掛谷誠（編）『アフリカ農耕民の世界――その在来性と変容』京都大学学術出版会、91-123.
久馬一剛　2001。「熱帯土壌学」名古屋大学出版会。
厚生労働省　2008。「酸素欠乏症等の労働災害発生状況の分析について」『基安労発第 0701001』（http://www.mhlw.go.jp/topics/2008/07/tp0715-1.html#honbun）（2010 年 11 月閲覧）。
坂口　隆　2003。『未完成考古学行書⑤ 縄文時代貯蔵穴の研究』アム・プロモーション。
重田真義　1987。「白いトウモロコシ――植民地政策の産物」米山俊直（編）「アフリカ人間読本」河出書房。
重田眞義　1988。「ヒト－植物関係の実相――エチオピア西南部オモ系農耕民アリのエンセーテ栽培と利用」季刊人類学 19（1）: 191-281。
重田眞義　1991。「エチオピア西南部におけるエンセーテの品種保存」『ヒトの自然誌』, 田中二郎・掛谷誠（編）平凡社 213-231。
重田眞義　1992。「ヒトとエンセーテの共生的関係」季刊民族学 59: 100-109。
重田眞義　2014。「栽培植物」日本アフリカ学会（編）『アフリカ学事典』昭和堂 566-569。
篠原徹　2000。「エチオピア・コンソ社会の農耕と家畜」松井健（編）『自然観の人類学』榕樹書林、69-94。
篠原徹　2002。「エチオピア・コンソ社会における農耕の集約性」掛谷誠（編）『アフリカ農耕民の世界――その在来性と変容』京都大学出版会、125-162。
庄子貞雄　1983。「火山灰土の鉱物学的性質」日本土壌肥料学会（編）『火山灰土――生成・性質・分類』博友社、31-72。

砂野唯　2013。「エチオピア南部デラシェ社会における主食としての醸造酒パルショーター――醸造酒の栄養価と摂取量に注目して」熱帯農業研究 6（2）：69-74。
諏訪兼位　1997。『裂ける大地――アフリカ大地溝帯の謎』講談社。
田中潔　1985。『アルコール長寿法――晩酌のすすめ』共立出版。
田中潔　1997。「飲酒と健康」『シリーズ◇酒の文化第 4 巻――酒と現代社会』社団法人アルコール健康医学協会、133-149。
十川浩　1990。「ビールの機能性」日本醸造学会誌 85（9）：588-594。
鳥居邦夫　1995。「味覚の形成とその栄養生理学的役割――味覚と嗜好性との関係」口咽科 7(3)：245-254。
鳥居邦夫　1997。「味覚と栄養――嗜好性の形成の仕組み」応用糖質科学 44（1）：105-113。
中尾佐助　2012。『料理の起源』吉川弘文館。
ネッド、ハリー　2007。『写真でみる農耕と畜産の歴史（「知」のビジュアル百科）』あすなろ書房。
東和男　2006。「発酵と醸造Ⅳ 食用作物の醸造適性（醸造は微生物と農業の結束帯）」光琳、
フィールドハウス、ポール　1991。『食と栄養の文化人類学――ヒトは何故それを食べるのか』和仁皓明（訳）、中央法規出版。
伏木亨 2006（編）。『味覚と嗜好（食の文化フォーラム 24）』ドメス出版。
伏木亨 2008。『味覚と嗜好のサイエンス』丸善出版株式会社。
ブレイ、フランチェスカ　2007。『中国農業史』古川久雄（訳）京都大学学術出版会。
ホフキンス、F. リチャード　1998。「イングランドにおける飲酒文化」石毛直道（著・編）『論集　酒と飲酒の文化』平凡社、325-341。
堀越宏一・甚野尚志　2013。『15 のテーマで学ぶ中世ヨーロッパ史』ミネルヴァ書房。
前田正男・松尾嘉郎　2009。『図解　土壌の基礎知識』農産漁村文化協会。
満田久輝・河合文雄・山本愛二郎・木村芳子　1971。「貯蔵中の米の品質変化　穀類を水中貯蔵する研究（第 4 報）」栄養と食糧 24（4）：216-226。
満田久輝・河合文雄・久我睦男・山本愛二郎　1972。「穀類による炭酸ガス吸着現象とその包装への利用（第 1 報）」栄養と食糧 25（8）：627-631。
宮尾茂　2005。「漬物と微生物」日本食品微生物学会雑誌 22（4）:127-137。
宮脇幸生・石原美奈子　2005。「『地方』の誕生と近代国家エチオピアの形成」福井勝義（編）『社会化される生態資源――エチオピア　絶え間なき再生』京都大学学術出版会、1-34。
山本隆 2010。「おいしさとコクの科学」日本調理科学会誌 43: 327-332。
山本隆 2017。『楽しく学べる味覚生理学』建帛社。
ロリウー、ブリュノ　2003。『中世ヨーロッパ 食の生活史』吉田春美（訳）原書房。

外国語文献

Abbink, J. 2006. Ethnicity and Conflict Generation in Ethiopia: Some Problems and Prospects of Ethno-regional Federalism. *Journal of Contemporary African Studies* 24: 389-413.
Abdalla, A. T., K. H. Ali, C. J. Stigter, I. A. Adam, H. A. Mohamed, A. E. Mohammed and M. C. Gough 2002a. Impact of Soil Types on Sorghum Grain Stored in Underground Pits in Central Sudan. *Journal of Agricultural Engineering Research* 11: 219-229.
Abdalla, A. T., K. H. Ali, C. J. Stigter, N. I. Bakhiet, M. C.Gough, H. A. Mohamed, A. E. Mohammed and M. A. Ahmed. 2002b. Traditional Underground Grain Storage in Clay Soils in Sudan Improved by Recent Innovations. *Tropicultura* 20（4): 170-175.
Adams, W. R. 1995. Guatemala. In D. B. Health（Ed.）*International Handbook on Alcohol and Culture*. Westport, CT: Greenwood. 9-109
Araki, S. and K. Kyuma. 1985. Lithological Grouping of Red and/ or Yellow Colored Soil

Materials Based on Total Chemical Composition and Quartz Content. *Soil Science and Plant Nutrition*. 31: 391-401.

Bamforth, C. W. 2002. Nutritional Aspects of Beer: A Review. *Nutrition Research* 22: 227–237.

Barrows, W. M. 1907. The Reactions of the Pomace Fly, Drosophila Ampelophila Loew, to Odorous Substances. *Journal of Experimental Zoology* Part 4: 515–537.

Bekele, A. J., D. O Ofori. and A. Hassanali. 1997. Evaluation of Ocimum kenyense London, (Ayobangira) as Source of Repellents, Toxicants and Protectants in Storage against Three Major Stored Product Insect Pests. *Journal of Applied Entomology* 121: 169-173.

Bersu, G. 1940. Excavations at Little Woodbury, Wiltshire. *Proceedings of the Prehistoric Society* 6: 30-111.

Blanc, F., Z. Joomaye, P. Perney, V. Roques, V. and C. Chapoutot. 2001. Troubles somatiques [Somatic disorders]. *Alcoologie et Addictologie* 23: 319–333.

Blum, A. and A. Bekele. 2002. Storing Grains as a Survival Strategy of Small Farmers in Ethiopia. *Journal of International Agricultural and Extension Education* 9 (1):77-83.

Bothast, R. J. 1978. Fungal Deterioration and Related Phenomena in Cereals, Legumes and Oilseeds. In Hultin, H.O. and M. Milner (Eds.), *Post-harvest Biology and Biotechnology*. England: Food and Nutrition Press. pp210-243.

Brodsky, A. and S. Peele. 1999. Psychosocial Benefits of Moderate Alcohol Consumption: Alcohol's Role in a Broader Conception of Health and Well-being. In S. Peele & M Grants (Eds.) Alcohol and Pleasure: a Health Perspective. Philadelphia: Brunner/Mazel. 187-207.

Brown, H. T. and G. H. Morris. 1890. XXX.—Researches on the Germination of Some of the Gramineæ. Part I. *Journal of the Chemical Society* 57: 458.

Byung, K. B. and E. S. Ullrich. 2008. Barley for Food: Characteristics, Improvement, and Renewed Interest. *Journal of Cereal Science* 48: 233-242.

Chavan, J. K. and S. S. Kadam. 1989. Nutritional Improvement of Cereals by Fermentation. *Food Science & Nutrition* 28: 379-400.

Chazan, M. and M. Lehner. 1990. An Ancient Analogy: Pot-baked Bread in Ancient Egypt and Mesopotamia. *Pale' orient* 16: 21–35.

Chevassus-Agnes, S., J. C. Favier, and A. Josef. 1976. Traditional Technology and Nutritive Value of Sorghum Beer from Cameroon (in French). *Cahiers de Nutrition et de Diététique* 11: 89-104.

Christensen, C. M. and H. H. Kaufmann. 1974. Microflora. In Christenson, C. M. (Ed.), *Storage of Cereal Grains and Their Products*. St Paul MN: American Association of Cereal Chemists.158-192.

Copeland, L.O. and M. McDonald. 1995. *Principles of Seed Science and Technology*. New York: Springer.

Darby, W. J., P. Ghalioungi and L. Grivetti. 1977. *Food: The Gift of Osiris*. London: Academic Press.

Dejene, M. 2004. Grain Storage Methods and Their Effects on Sorghum Grain Quality in Hararghe, Ethiopia. Ph.D. Thesis, Swedish University of Agricultural Sciences.

Dhankher, N. and B. M. Chauhan. 1987. Effect of Temperature and Fermentation Time on Phytic Acid and Polyphenol Content of Rabadi-A Fermented Pearl Millet Food. *Journal of Food Science* 52 (3):828-829.

Dorn, N. 1981. Youth Culture in the U.K.: Independence and Round Drinking Implications for Health Education. *International journal of health education* 24: 77-82.

Driver, H. E. and W. C. Massy. 1958. Comparative Studies of North American Indians. American Anthropologist 60 (6): 1204-1206.

Dunkel, F. V. 1992. The Stored Grain Ecosystem: A Global Perspective. Journal of Stored Products Research 28 (2): 73-87.

Ebinger, C. J., T. Yemane, G. Woldegabrile, J. L. Aronson and R. C. Walter. 1993. Late Eocene-Recent Volcanism and Faulting in the Southern Main Ethiopia Rift. *Journal of the Geological Society*, London 150: 99-108.

Ebinger, C. J., T. Yemane, D. J. Harding, S. Tesfaye, S. Kelley and D. C. Rex. 2000. Rift Deflection, Migration, and Propagation: Linkage of the Ethiopia and Eastern Rift, Africa. *The Geological Society of America Bulletin* 112 (2): 163-176.

Edenberg, H. J., Dick, D. M., Xuei, X., Tian, H., Almasy, L., Bauer, L. O., Crowe, R.R., Goate, A., Hesselbrock, V., Jones, K., Kwon, J., Li T-K, Nurnberger, J.I., Jr, O'Connor, S.J., Reich, T., Rice, J., Schuckit, M.A., Porjesz, B., Foroud, T., Begleiter, H. 2004. Variations in GABRA2, Encoding the α 2 Subunit of the GABAA Receptor, are Associated with Alcohol Dependence and with Brain Oscillations. *The American Journal of Human Genetics* 74: 705–714.

Eilert, U., Walters, B., and A. Nahrstedt. 1980. Antibiotic Principles of Seeds of M. oleifera and M. stenopetala Lam. *Journal of Medicinal Plant and Natural Product Research* 39: 235.

El-Swaify, S.A. 1997. Factors Affecting Soil Erosion Hazards and Conservation Needs for Tropical Steep Lands. *Soil Technology* 11: 3-16.

Eticha, F. and A. Tadesse. 1999. Insect Pests of Farm-stored Sorghum in the Bako Area. *Pest Management Journal of Ethiopia* 3: 53-60.

FAO, WHO, UNU. 2007. Protein and Amino Acid Requirements in Human Nutrition. Report of a Joint. WHO/FAO/UNU Expert Consultation Technical Report Series 935. WHO. Geneva, Switzerland. 276.

FAO, IFAD, UNICEF, WFP and WHO. 2018. The State of Food Security and Nutrition in the World. [Online] http://www.fao.org/3/I9553EN/i9553en.pdf. (2018年12月閲覧)

Fletcher, L. J. 1998. Moringa oleifera (The Kelor Tree). *The Australian New Crops Newsletter Issue* 9: 1-6.

French, M. T. and G. A. Zarkin. 1995. Is Moderate Alcohol Use Related to Wages? Evidence from Four Worksites. *Journal of Health Economics* 14: 319–344.

Gaffney-Stomberg E., K. L. Insogna, N. R. Rodriguez and J. E. Kerstetter. 2009. Increasing Dietary Protein Requirements in Elderly People for Optimal Muscle and Bone Health. *Journal of the American Geriatrics Society* 57 (6): 1073–1079.

Gebrekidan, B. 1981. Salient Features of the Sorghum Breeding Strategies Used in Ethiopia. Ethiopian *Journal of Agricultural Sciences* 3: 97-105.

Gebrekidan, B. and G. Belaynesh. 1981. Sorghum Injera Preparations and Quality Parameters. Proceedings of the International Symposium on Sorghum Grain Quality. International Crops Research Institute for the Semi-Arid Tropics India Press: 55-65.

Geleta, M. Z. Asfaw, E. Bekele and A. Teshome. 2002. Edible Oil Crops and Their Integration with the Major Cereals in North Shewa and South Welo, Central Highlands of Ethiopia: An Ethnobotanical Perspective. *Hereditas* 137: 29-40.

Geller, J. 1992. From Prehistory to History: Beer in Egypt. In R. Friedman and B. Adams (Eds.), *The Followers of Horus: Studies Dedicated to Michael Allen Hoffman*. Oxford: Oxbow Books. 19-26.

George, R and N. Rogers. 2002. Plume Dynamics Beneath the African Plate Inferred from the Geochemistry of the Tertiary Basalts of Southern Ethiopia. *Contributions to Mineralogy and Petrology* 144 (3): 286–304.

Gill, K., M. Eagle Elk, Y. Liu and R. A. Dietrich. 1999. Examination of ALDH2 Genotypes,

Alcohol Metabolism and the Flushing Response in Native Americans. *Journal of Studies on Alcohol* 60: 149-158.

Gilman, G. A. 1968. Storage Problems in Ethiopia with Special Reference to Deterioration by Fungi. *Reports of Tropical Products Institute* 48: 1-50.

Gregory P. J., J. S. Ingram and M. Brklacic. 2005. Climate Change and Food Security. Philosophical Transactions of the Royal Society London B: *Biological Sciences* 360 (1463): 2139–2148.

Gwinner, J., R. Harnisch and O. Mück. 1996. Manual of the Prevention of Post Harvest Grain Losses. GTZ-Postharvest Project. p.167. [Online] http://www.gate-international.org/documents/publications/webdocs/pdfs/x0065e.pdf (2014年4月閲覧)

Hallpike, C. R. 2008 (1972). The Konso of Ethiopia: A Study of the Values of a Cushitic People. London: Oxford University Press.

Hall, W. and E. Hunter. 1995. Australia. In D. B. Heath (Ed), *International Handbook on Alcohol and Culture*. Westport, CT: Greenwood. 7-19.

Hammes, P. S. and P.S. Tichaczek. 1994. The Potential of Lactic Acid Bacteria for the Production of Safe and Wholesome Food. *Zeitschrift für Lebensmittel-Untersuchung und -Forschung* 198: 193-201

Hartman, L. F. and A. L. Oppenheim. 1950. On Beer and Brewing Techniques in Ancient Mesopotamia. *Journal of the American Oriental Society suppl.* 10.

Hawkins, R. L., M. Inoue, M. Mori and K. Torii. 1994. Lysine Deficient Diet and Lysine Replacement Affect Food Directed Operant Behavior. *Physiology & behavior* 56 (5): 1061-1068.

Health, D. B. (Ed.) 1995. *International Handbook on Alcohol and Culture*. Westport, CT: Greenwood.

Heath, D. B. 1999. Drinking and Pleasure Across Cultures. In S. Peele & M. Grant (Eds.), *Alcohol and Pleasure: A health perspective*. Philadelphia: Brunner/Mazel. 61-72.

Heath, D. B. 2000. *Drinking Occasions: Comparatives on Alcohol and Culture*. Philadelphia: Brunner/Mazel.

Hepperly, P. R., C. Feliciano and A. Sotomayor. 1982. Chemical Control of Seedborne Fungi of Sorghum and Their Association with Seed Quality and Germination in Puerto Rico. *Plant Disease* 66: 902-904.

Hill, D. S. 1990. Pests of Stored Products and Their Control, London: Belhaven Press.

Hossain, A., A. Khatun, M. K. Munshi, M. S. Hussain, M. Islam, A. Hossain and R. Huque. 2016. Study on Antibacterial and Antioxidant Activities of Raw and Fermented Moringa oleifera Lam. Leaves. *Journal of Microbiology and Biotechnology Research* 6 (4): 23-29.

Hulme M, R. Doherty, T. Ngara, M. New and D. Lister 2001. African Climate Change: 1900–2100. *Climate Research* 17: 145–168.

International Center for Alcohol Policies (ICAP). 2003. International Drinking Guidelines. ICAP Report 13. Washington, DC: Author.

International Center for Alcohol Policies (ICAP). 2004. *Table: International Drinking Guidelines*. [Online] http://www.icap.org/PolicyIssues/Drinking Guidelines?guidelinesTable/. (2012年10月閲覧)

International Center for Alcohol Policies (ICAP). 2005. *Blue Book. Practical Guides for Alcohol. Policy and Targeted Interventions*. Washington, DC: Author.

Intergovernmental Panel on Climate Change (IPCC). 2001. Climate Change 2001: Impacts, Adaptation, and Vulnerability. Contribution of Working Group II to the Third Assessment Report of the Intergovernmental Panel on Climate Change. Cambridge University Press,

Cambridge, p. 1032. [Online] http://www.grida.no/climate/ipcc_tar/wgl/pdf/wgl_tar-front.pdf.（2013 年 5 月閲覧）

Jahnke, H. E. 1982. Livestock Production Systems and Livestock Development in Tropical Africa. *American Journal of Agricultural Economics* 65（2）: 462–463.

Jarvenpaa, T., Rinne, J. O., Koskenvuo, M., Raiha, I., and Kaprio, J. 2005. Bingedrinking in Midlifeand dementiarisk. *Epidemiology* 16: 766–771.

Kiple, K. K.（Ed.）2000. *The Cambridge World History of Food.* Cambridge: Cambridge University Press.

Lemessa, F. 2008. Under and Above Ground Storage Loss of Sorghum Grain in Eastern Hararge, Ethiopia. *Agricultural Mechanization in Asia, Africa, and Latin America* 39（1）: 49-52.

Lukmanji Z, E. Hertzmark, N. Mlingi, V. Assey, G. Ndossi and W. Fawzi. 2008. Tanzania Food Composition Table. Boston: Harvard School of Public Health Press.

Lynch, B. M Reichel, B Salomon and W. Kuhne. 1986. *Examination and Improvement of Underground Grain Storage Pits in Alamaya Wereda of Hararghe Region, Ethiopia.* Alamaya: Alamaya University of Agriculture.

McCann, C. J. 2001. Maize and Grace: History, Corn, and Africa's New Landscapes, 1500–1999. *Comparative Studies in Society and History* 43（2）: 246-272.

McCann, C. J. 2005. Maize and Grace: Africa's Encounter with a New World Crop, 1500-2000. Cambridge: Harvard University Press.

McGovern, P. E. and H. M. Rudolph. 1996. The Analytical and Archaeological Challenge of Detecting Ancient Wine: Two Case Studies from the Ancient Near East. McGovern, P. E. S. J. Fleming and S. H. Katz（Eds.）, *The origins and ancient history of wine.* New York: Gordon and Breach. 57–67.

McGovern, P. E. 2006. Ancient Wine: The Search for the Origins of Viniculture. Princeton Univ Press.

Mendesil, E., A. Chemeda, T. Abush, S. Zekariase and J. Habte. 2007. Farmers' Perception and Management Practices of Insect Pest on Stored Sorghum in Southwestern Ethiopia. *Crop Protection* 26: 17-25.

Meronuck, R.A. 1987. The Significance of Fungi in Cereal Grains. *Plant Disease* 71, 287-291.

Morais, J. A., S. Chevalier and R. Gougeon. 2006. Gougeon. Protein Turnover and Requirements in the Healthy and Frail Elderly. *The Journal of Nutrition Health and Aging* 10（4）: 272-83.

Neergaard, P. 1979. *Seed Pathology Vol. I and II. Revised Edition.* London: The MacMillan Press.

Negash, A. and A. Niehof. 2004. The Significance of Enset Culture and Biodiversity for Rural Household Food and Livelihood Security in Southwestern Ethiopia. *Agriculture and Human Values* 21: 61–71.

Nelson, M. 2015. *The Barbarian's Beverage: A History of beer in ancient Europe. Languages, Literatures and Cultures Publications Press.*（https://scholar.uwindsor.ca/cgi/viewcontent.cgi?referer=&httpsredir=1&article=1025&context=llcpub）（2018 年 12 月閲覧）

Neumark, Y. D., Y. Friedlander, R. Durst, E. Leitersdorf, D. Jaffe, V. A. Ramchandani, S. O'Connor, L. G. Carr, T. K. Li. 2004. Alcohol dehydrogenase polymorphisms influence alcohol-elimination rates in a male Jewish population. *Alcoholism: Clinical and Experimental Research* 28（1）:10-4.

Nicholson, S. E. 1978. Climate Variations in the Sahel and Other African Regions During the Past Five Centuries. *Journal of Arid Environments.* 1: 3-24.

Niles, E.V. 1976. The Mycoflora of Sorghum Stored in Underground Pits in Ethiopia. *Tropical Science* 18: 115-124.

Nyambo, B. T. 1993. Post Harvest Maize and Sorghum Grain Losses in Traditional and Improved Stores in South Nyanza District, Kenya. *International Journal of Pest Management.* 39 (2): 181-187.

O'Brien, M. 2011. *Fermenting Revolution: How to Drink Beer and Save the World.* New Society Publishers.

Peele, S and Grant M. (Eds.) 1999. *Alcohol and Pleasure: A Health Perspective*, Philadelphia: Brunner/Mazel. 1-7.

Phillips, S. M. 2006. Dietary Protein for Athletes: from Requirements to Metabolic Advantage. *Applied Physiology, Nutrition, and Metabolism* 31 (6): 647-654.

Pinstrup-Andersen, P. 1999. Selected Aspects of the Future Global Food Situation. 25th International Fertilizer Industry Association Enlarged Council Meeting. Rome, Italy.

Posthumus, H. and L. Stroosnijder. 2010. To Terrace or not: The Short-term Impact of Bench Terraces on Soil Properties and Crop Response in the Peruvian Andes. *Environment, Development and Sustainability* 12 (2): 263-276.

Proctor, D. L. (Ed.) 1994. *Grain Storage Techniques Evolution and Trends in Developing Countries.* FAO Agricultural Services Bulletin 109.

Rahmawati, E. 2017. Protein Content, Ph, and Lactic Acid Bacteria in Yoghurt with Addition Moringa Leaves Extract and Different Fermentation Period. *International Proceedings of Chemical, Biological and Environmental Engineering* 102: 81-86

Reed, J. P. 2000. Dispensable and Indispensable Amino Acids for Humans. T*he Journal of Nutrition* 130 (7): 1835S-1840S.

Rehm, J., G. Gme, R. Room and U. Frick. 2001. Average Volume of Alcohol Consumption, Drinking Pattern and Related Burden of Mortality in Young People in Established Market Economies of Europe. *European Addiction Research* 7: 148-151.

Reynolds, P. J. 1974. Experimental Iron Age Storage Pits: An Interim Report. *Proceedings of the Prehistoric Society* 40: 118-131.

Samuel, D. 1996. Archaeology of Ancient Egyptian Beer. *Journal of the American Society of Brewing Chemists* 54 (1): 3-12.

Sargent, M. 1979. *Australian Studies. Drinking and Alcoholism in Australia: A Power Relations Theory.* Sydney, Australia: Longman Cheshire.

Schaafsma, G. 2000. The Protein Digestibility-corrected Amino Acid Score. *The Journal of Nutrition* 130 (7):1865S-7S.

Shashidhar, R. B., Y. Ramakrishna and R. V. Bhat. 1992. Moulds and Mycotoxins in Sorghum Stored in Traditional Containers in India. *Journal of Stored Products Research* 28: 257-260.

Shewayrga, H. and P. A. Sopade. 2011. Ethnobotany, Diverse Food Uses, Claimed Health Benefits and Implications on Conservation of Barley landraces in North Eastern Ethiopia Highlands. *Journal of Ethnobiology and Ethnomedicine* 7 (19): 1-15.

Stemler, A. B. L., J. R. Harlan and J. M. J. De Wet. 1977. The sorghums of Ethiopia. *Economic Botany* 31: 446-460.

Sunano, Y. 2017. Nutritional Value of the Alcoholic Beverage "Parshot" as a Staple and Total Nutrition Food in Dirashe Special Worenda, Sounthern Ethiopia. *Journal of Food Processing & Beverages* 5: 1-9.

Sverdlov, L. S. 2001. Cultural Aspects of the Social Attitudes toward Alcohol in Russia: Alcohol in Russia. *Common Health.* 9: 14-18.

Tamang, J. P. 2001. Food Culture in the Eastern Himalayas. *Journal of Himalayan Research*

and Cultural Foundation 5 (3-4): 0971-9318.

Taylor, J. R. N. 1983. Effect of Malting on the Protein and Free Amino Nitrogen Composition of Sorghum. *Journal of the Science of Food and Agriculture* 34: 885-892.

Teets, G. L. and B. B. Pendleton. 2000. Insect Pests of Sorghum. In Frederiksen, R. A. (Ed.), *Sorghum: Origin, History, Technology and Production*. New York: Wiley.

Teshome, A., J. K. Torrance, B. Baum and L. Fahrig. 1999. Traditional Farmers' knowledge of sorghum (Sorghum Becolor[Poacear]) Landrace Storability in Ethiopia. *Economic Botany* 53: 96-78.

Testart, A., R. G. Forbis, B. Hayden, T. Ingold, S. M. Perlman, D. L. Pokotylo, P. R. Conwy, and D. E. Stuart. 1982. The Significance of Food Storage among Hunter-gatherers: Residence Patterns, Population Densities, and Social Inequalities. *Current Anthropology* 23 (5):523-37.

Trenk, M. 2001. Religious Uses of Alcohol among the Woodland Indians of North America. *Anthropos* 96: 73-86.

Turner T. B., Bennett V. L., Hernandez, H. 1981. The Beneficial Side of Moderate Alcohol Use. *The Johns Hopkins Medical Journal* 148 (2): 53-63.

Unger, R. W. 2004. *Beer in the Middle Ages and the Renaissance*. Pennsylvania: Univ of Pennsylvania Press.

United Nations Development Program (UNDP). 2007. Human Development Report 2007/2008 Fighting Climate Change: Human Solidarity in a Divided World. New York, USA: UNDIP. [Online] http://hdr.undp.org/sites/default/files/reports/268/hdr_20072008_en_complete.pdf. (2018年1月閲覧)

Vavilov, N. I. 1951. *The Origin, Variation, Immunity, and Breeding of Cultivated Plants: Selected Writings*. By K. Starr Chester (Transl.) Waltham: Chronica Botanica.

Veldkamp, E. and A. M. Weitz. 1994. Uncertainty Analysis of δ 13C Method in Soil Organic Matter Studies. *Soil biology & biochemistry* 26 (2): 153-160.

Verdin J, C. Funk, G. Senay and R. Choularton. 2005. Climate Science and Famine Early Warning. *Philosophical Transactions of the Royal Society of London, B: Biological Sciences* 360 (1463): 2155–2168.

Warner-Smith, M., M. Lynskey, W. Hall and M. Monteiro. 2001. Challenges and Approaches to Estimating Mortality Attributable to the Use of Selected Illicit Drugs. *European Addiction Research* 7: 104-116.

Woelk, G., K. Fritz, M. Bassett, C. Todd, and A. Chingo. 2001. A Rapid Assessment in Relation to Alcohol and Other Substance Use and Sexual Behavior in Zimbabwe. Harare: University of Zimbabwe Press.

World Health Organization (WHO). 2004. Global Status Report on Alcohol 2004. Geneva: Author.

World Meteorological Organization (WMO). 2014. WMO Greenhous Gas Bulletin. No. 10. [Online] https://www.wmo.int/pages/mediacentre/press_releases/pr_1002_en.html (2014年12月閲覧)

Yewelsew, A., B. J. Stoecker, M. J. Hinds and G. E. Gates. 2006. Nutritive Value and Sensory Acceptability of Corn and Kocho Based Foods Supplemented with Legumes for Infant Feeding in Southern Ethiopia. *African Journal of Food, Agriculture, Nutrition and Development* 6: 1-19. [Online]http://www.ajfand.net/Volume6/No1/Stoecker1655.pdf (2012年10月閲覧)

Young, V. R., and P. L. Pellett. 1994. Plant Proteins in Relation to Human Protein and Amino Acid Nutrition. *The American Journal of Clinical Nutrition Suppl* 5: 1203S-1212S.

◎ 著者略歴

砂野　唯（すなの　ゆい）

1984 年京都府生まれ。京都大学大学院アジア・アフリカ地域研究研究科博士課程修了。博士（地域研究）。京都大学大学院アジア・アフリカ地域研究研究科科研研究員及び同大学院農学研究科科研研究員、総合地球環境学研究所プロジェクト研究員、名古屋大学大学院生命農学研究科農学部特任助教、広島女学院大学人間生活学部生活デザイン学科専任講師を経て、現在は新潟大学人文社会科学系創生学部助教。専門は生態人類学。

主な業績として、“Procedure of Brewing Alcohol as a Staple Food: Case Study of the Fermented Cereal Liquor “Parshot” as a Staple food in Dirashe Special Woreda, Southern Ethiopia”, *Food Science & Nutrition* Vol.3 (2015) pp.1-11.

“Structure and Function of Storage Pit, Polota, for Long-Term Storage of Sorghum: A Case Study of Storage Pit in Dirashe Special Woreda, Ethiopia”, *Journal of Food Processing & Technology* Vol.7, no.3 (2016) pp.1-8.

第Ⅰ部 2 章「酒を主食にするネパールとエチオピアの人びとの暮らし」横山智編『世界の発酵食をフィールドワークする』農山漁村文化協会（2022）pp.40-53.

第Ⅱ部第 6 章「富を蓄えつつ分配する人びと——エチオピア農耕民の地下貯蔵庫」寺嶋秀明編『生態人類学は挑む 2：わける・ためる』京都大学学術出版（2021）pp.11-188.

酒を食べる ——エチオピア・デラシャを事例として——

2019 年 3 月 30 日　初版第 1 刷発行
2025 年 4 月　1 日　初版第 2 刷発行

著　者　砂　野　　唯
発行者　杉　田　啓　三

〒 607-8494　京都市山科区日ノ岡堤谷町 3-1
発行所　株式会社　昭和堂
TEL（075）502-7500 ／ FAX（075）502-7501

印刷　亜細亜印刷

ISBN978-4-8122-1827-3

＊乱丁・落丁本はお取り替えいたします。
Printed in Japan